追尋現代中國

從共產主義到市場經濟

The Search for Modern CHINA

史景遷作品集 8

史景遷 Jonathan D. Spence

溫洽溢、孟令偉、陳榮彬 ——— 譯

貝加爾湖
石勒喀河
黑龍江
克魯倫河
松花江
戈壁沙漠
遼河
鴨綠江
日本海
黃河
北京★
朝鮮
太原
現今黃河河道
濟南
黃海
蘭州
黃河
渭水
西安
淮河
南京
太湖
漢水
長江
杭州
長江
成都
武漢
鄱陽湖
涪江
洞庭湖
南昌
岷江
東海
湘江
贛江
烏江
福州
臺灣
明
右江
西江
廣州
南寧
左江
海南島
南海
菲律賓

中國晚明
現代邊界參考
巴爾喀什湖
阿爾泰山
天山
塔克拉瑪干沙漠
阿爾金山
祁連山
崑崙山
羅布泊
青藏高原
唐古拉山脈
長江
喜馬拉雅山
雅魯藏布江
湄公河
恆河
孟加拉灣
英里
0
300

貝加爾湖
烏蘭巴托
黑龍江
齊齊哈爾
雞西
海參崴
哈爾濱
牡丹江
吉林
長春
吉林
內蒙
通化
阜新
瀋陽
撫順
日本海
張家口
鞍山
河北
大同
遼寧
丹東
北韓
呼和浩特
平壤
黃河
包頭
北京
唐山
旅順
大連
天津
漢沽
首爾
穎川
太原
石家莊
南韓
濰坊
釜山
寧夏
延安
山西
邯鄲
濟南
青島
黃海
黃河
山東
蘭州
陝西
甘肅
西
鄭州
開封
徐州
西安
寶雞
河南
江蘇
蚌埠
南陽
淮南
合肥
南京
上海
襄樊
新陽
安徽
湖北
杭州
南充
萬縣
長江
宜昌
武漢
長江
成都
沙市
浙江
景德鎮
重慶
自貢
南昌
東海
溫州
長沙
湖南
湘潭
江西
遵義
吉安
福建
漢陽
貴陽
贛州
臺北
貴州
福州
明
桂林
臺灣
韶關
柳州
汕頭
臺南
廣西
廣州
廣東
南寧
香港
澳門
（葡屬至1999）
湛江
河內
海防
海口
越南
南海
海南
菲律賓

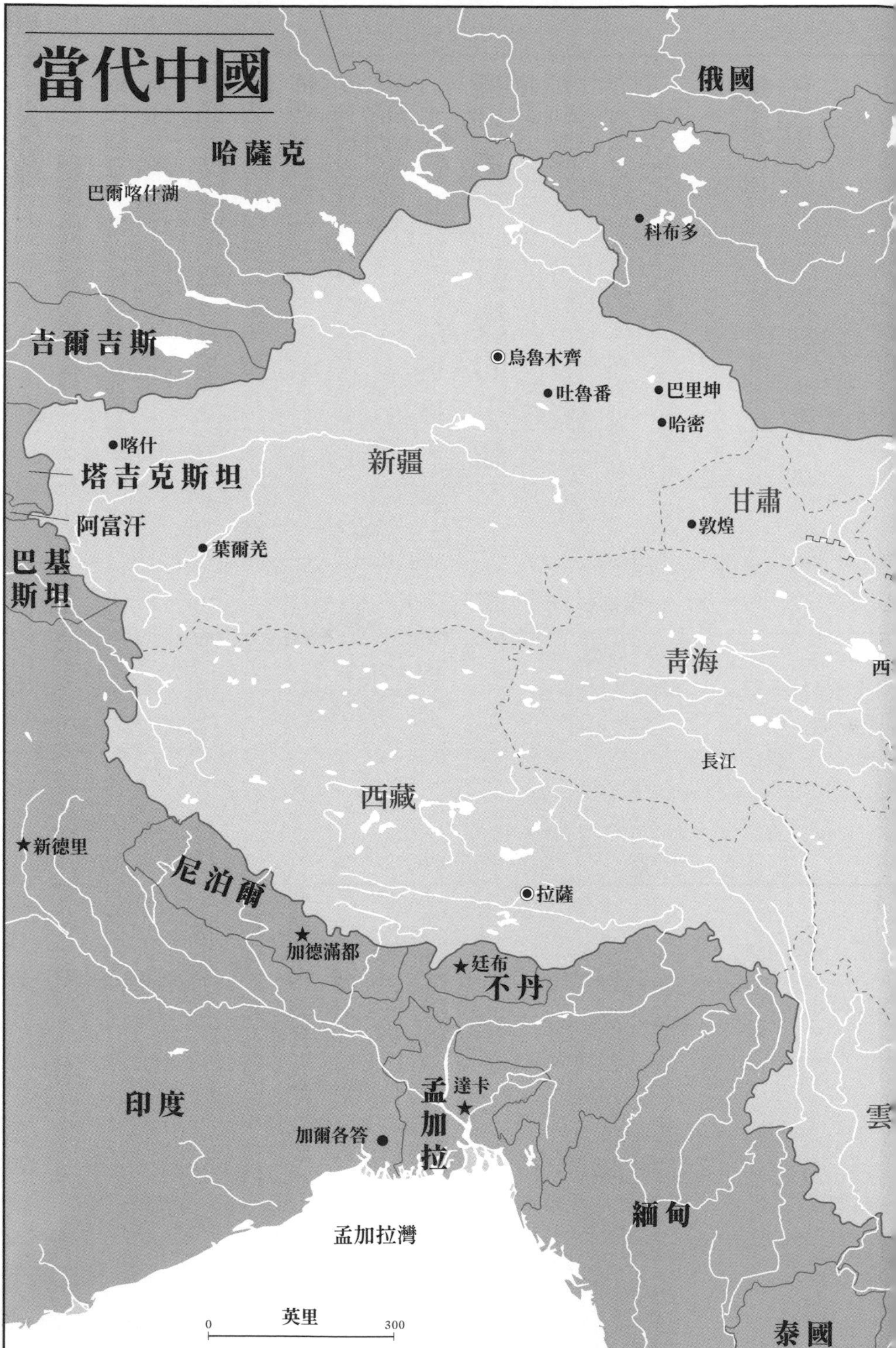
當代中國
俄國
哈薩克
巴爾喀什湖
科布多
吉爾吉斯
烏魯木齊
吐魯番
巴里坤
哈密
喀什
新疆
塔吉克斯坦
甘肅
阿富汗
敦煌
葉爾羌
巴基斯坦
青海
西
長江
西藏
新德里
尼泊爾
拉薩
加德滿都
廷布
不丹
孟加拉
達卡
印度
加爾各答
雲
緬甸
孟加拉灣
英里
0
300
泰國

目次

上冊 最後的王朝

第一部 征服與鞏固

中冊　革命與戰爭

下冊

從共產主義到市場經濟

第五部　生活在人間

第三版序

才沒多久以前，二十世紀中葉的中國在外界眼中仍舊是個謎。白天靜悄悄，入夜後的黑暗時刻也沒有任何照明設備開著，馬路上幾乎沒有汽車或卡車，僅有的幾部車輛也為了省油、節約花費等原因不開大燈。這個國家的人民好似都以步行或腳踏車作為交通方式，在路上也不發一語。即便在理應車水馬龍的交通要衝上，也難得聽見一聲腳踏車鈴響。這裡的體制似乎會限制人們發聲，國內儘管確實存在大規模的政治集會運動，但多半屬於向國家公敵示威，或是精心策畫過的愛國歌曲頌唱活動。除此之外，入夜後的街道與不開大燈的汽車一般，陷入靜謐、幽暗的氛圍之中。那寥寥無幾的車輛在腳踏車與行人之間安靜、緩緩地滑行著，它們在黑暗中隱約存在的輪廓令路旁行人提高警覺，因為那車內應該坐著共產黨高官。大家身上的衣服多半是深藍色、卡其色或是黑色，整體看來也是灰暗無光，與身處的時空相符。任何人見如此場景，都會認為當今的中國人已遭噤聲。

到了一九七〇年代，中共政權成功取代國民黨政府在聯合國的中國代表地位。與此同時，毛澤東欽點的接班領導忽地離奇死亡*，接著在一九七二年，當時的美國總統尼克森

（Richard Nixon）在訪華期間祕密拜訪年邁的毛澤東。即便局勢出現如此巨變，異樣的沉默仍然籠罩著這片大地。不過，毛澤東在一九七六年病逝後，微小的聲響與光線逐漸浮現，穿透這層層迷霧。新的中共領導人從文革清算後的倖存者中異軍突起，其中最具影響力的鄧小平，便是毛澤東時代最頑固，同時也最精明幹練的副手。漫長的政治生涯中曾三度下臺，但在毛澤東死後重獲自由的他，便大膽握起權柄，展現自己的領導作風。鄧小平快速地掌握了藉著開放國際貿易、旅遊自由、語言學習與文化交流所產生的機會，公然揭露了他心目中國家應有的未來，以精練的四個字「致富光榮」＊＊一言以蔽之。整個國家正開始迎接大量觀念的改變。人們開始重新思考農耕的本質與獲利的方式、開拓新的市場、以驚人的速度開發不動產投資、大量鋪建鐵路、高速公路、港口與機場，並大量縮減國營產業的數量，轉型成為私營。顯然一直以來中國的情勢並不總是靜默無聲，而如今也已經準備好迎接改變了。在這一波充滿改革動力的浪潮下，鄧小平在一九八〇年代早期特別准許國家進行大規模的實驗，甚至允許中國重新探索自身在文化方面的種種機遇與可能性。但向世界重啟進入中國的大門，即便不提國家未來成長的可能性為何，改革開放也為國家領導階級帶來許多麻煩。當前的「開放局勢」顯然依舊受到共產中國從前固有的規則與政治方針限制：人們不難察覺他們的領導階層在呼籲進行激進革命與團結一心時，會暫時把自己身上已經逐漸習慣的西裝、領帶等西式服裝換成傳統的暗色中山裝——也就是毛澤東的標準服飾。

第三版《追尋現代中國》的敘述時序，多少與前兩版有著相同之處。故事的起點是明朝開始走向頹敗的十七世紀初，最後畫上句點之處，是共產黨為了迎接全球貿易而進行經濟變革的二十一世紀初。儘管本書仍隨著時間推移的順序進行敘述，但我為了回應中國學界與閱聽人迅速變化的關注重點，這次重新編輯、改寫第三版時我希望呈現的核心已有所不同。這些年來，中國陸續面臨了大規模的變化，其中不乏極度痛苦的變革。如今，不論是研究中國的外國學界或一般外國民眾，由於這段時間巨變頻仍，大家關注中國歷史的視角肯定已有所轉移，重視的地方已經不同。面對這樣的時勢，而且為了不讓本書篇幅過於冗長，我必須去蕪存菁，大量刪修原有的文字，藉此為新發掘的史料、論證核心與史學方法留下論述的空間。

第三版《追尋現代中國》的敘事主軸依舊緊緊圍繞著中國的政治領導人以及在文化上活躍的人士。但我也將一些採取不同研究方法的新興學術研究例證納入了去蕪存菁後的空白篇幅之中。我們當今會提及的這些新興研究之中，來自「滿洲」（Manchu）的中國統治者，不論從族群或文化的角度切入，都相當難以精確定義其確切的起源為何，而近年的新興研究所產生的相關詮釋也從不間斷。但為了理解中國國內在帝制年代晚期的弱點以及外族統治的問

＊　譯注：此處應指一九七一年的林彪與九一三事件。

＊＊　譯注：許多西方媒體都曾報導過鄧的這一句「名言」：to get rich is glorious。但他是否真的說過，仍有爭議，因為沒有人能找出中文原文。

題，探究中國的滿洲統治者起源顯然是必要的舉動。進一步將滿洲人視為中國統治者及論述主軸的作法，迫使我們使用更多篇幅將中國視作一個「整體」，觀察中國近現代明確的族群分野如何從此時開始逐漸成為人們習以為常的觀念，是一個相當有趣的過程。而反過來說，上述的那種思考方式，會將以往還沒有映入歷史學家眼簾的領域，重新納入我們過去所建構的歷史敘事之中，這些研究領域包括國際法的理論與實踐、外國人士旅居中國的情況，以及那些在當時迅速發展，包括大英帝國、中國、印度與美國等國在內的新興國際貿易模式。

第三版中，也許是受到我們當下重視經濟取向的顯著影響，關於「金錢」的細節將會比前兩版多上不少。其中我新增的內容之一，在於滿清歷任皇帝確實曾經嘗試著灌輸八旗軍民一種得以累積自身資本的創業精神（entrepreneurial spirit）。雖然這些嘗試並不總是有所成效，但此類政策確實有效影響了國內外的商人。十九世紀初，滿洲人與漢人擁有了一定程度的資本，得以進一步了解他們主動挑起的中英鴉片戰爭背後的意義與動機。第三版中收有另一個迥異的例子：本書內容依舊為讀者保留了了解中國共產黨創建與發展的縝密細節與背景，但與此同時，本書也就當時共產黨以外的知識分子在面對諸如「自由主義」、「民主」等概念時，究竟如何處理、面對這些概念在語意方面的可能性進行初步探究。在這些探究的過程中，我們可以看到如毛澤東這種政治與意識形態的先驅，究竟採取了何種方式針對上述概念進行了有效的詮釋，以便獲取並鞏固自身權力。就今日而言，這樣子的探究依舊相當重要，得以幫助我們描述中國在一九七六年後超乎預期的發展軌跡，在毛澤東死後、鄧小平開始主導政局的背景。

第三版的內容也反映了一些我們在研究中國歷史時所產生的「重大問題」，即便這些問題根本難以解答，我們依舊在書中進行論述。舉例來說，歷史學者一直以來都認為乾隆朝（一七三六年至一七九六年）是中國在近現代期間國勢鼎盛、人民富足的年代。但我們是否可以主張，正是因為乾隆朝晚期皇帝的治理顯然開始出現瑕疵，甚至還有一廂情願的傾向，以至於國勢於一八三〇年代開始衰敗，更在一八四〇年代導致鴉片戰爭爆發？這種主張是否會比過去盛讚乾隆盛世的說法更加準確？或者，用另一種方式來表述這個問題：滿清政權在二十世紀初統治的全面崩潰，是不是肇因於十八世紀末顯而易見的社會動盪？還是傳統的解釋才對，滿清覆沒是因為中國的社會秩序在一八五〇、六〇年代全面崩毀而導致的？書中提及的這個問題以及其他問題，為中國拖沓的「現代性」歷史研究進程揭開了新的視野，即便有些研究者如今也認為「現代性」這個詞彙過於狹隘而排斥這個觀念。

在此，有些人則試圖將「公共空間」的成長視為中國尋求進一步變革的關鍵要素，而第三版的內容之中，則提及其他與社會現象發展相關的主題，並與這個主題建立起了連結。其中包括且不限於國內商幫集會空間的快速成長等等，其他與其相關並涉及較廣層面的主題，包括女性如何在晚近出現的通訊網絡中建立自身地位以及女子學校的參與，而女子學校的建立，又受到基督、天主教會及傳教士的顯著影響。然後，我們也會探索地方社會如何透過「祕密結社」的活動形成極其緊密且迥異的社交網絡。這些祕密會社中，四處遊走並居無定所的幫眾在宗教或戲劇表演場合及儀式中占據一席之地，得以順勢挑起混亂局面，要脅甚至直接動手破壞各個村落社群。同樣顯而易見且充滿挑戰性的問題，在於商業市鎮與行政中心地貌與意義的改變，會隨著交通的快速發展而劇烈改變。人們的生活方式與目標也隨著這些變革有所勃發。

我曾在本書一九八九年初版的〈序〉中寫道：

了解中國並無捷徑，一如並無方便之門去認識其他異質的文化，甚至了解我們自身。但中國的故事總是令人心往神馳，且足堪我們借鑑，據此，這樣的企圖總是值得去嘗試。本書用意在於，欲認識今日的中國就必須了解其過去；然就某種意義而言，我們應將追索的時間軸回溯至何時仍值得深究。

即便距離第一版發行至今，已度過二十三個寒暑。上述的問題依舊是本書的核心問題，也依舊是個難以回答的問題。但在第三版的修訂過程所進行的反思之中，我依舊認為從十七世紀早期開始談中國史在邏輯上具有一定的說服力，而不僅僅是那種古文物研究學者一廂情願的懷古而已。追尋中國歷史的歷程必然漫長，完整的答案依舊未得完整的詮釋。也許在我學生的這一代，這個核心問題的答案終將完整。至少我認為這個願景是有可能成真的。

史景遷寫於耶魯大學，二〇一二年一月

第三版增譯、修譯序

——陳榮彬（臺大翻譯碩士學位學程專任助理教授）

猶記得約莫二十年前我剛剛取得碩士學位，在康寧專校兼任，教授中國現代史課程時，選用的教材便是史學大師史景遷的中國近現代史巨著《追尋現代中國》（*The Search for Modern China*）。身為一位讀者，當時我的感覺是，這三冊書籍的史料豐富，鉅細靡遺，且作者能把中國史的各個方面，包括社會、政治、經濟、文化等串在一起，變成一個敘事的整體，對於任何缺乏相關背景的讀者來講都能有很大幫助；而且另一個特色是譯文流暢、用字遣詞優雅，這在翻譯的歷史書籍中確屬難能可貴。在此要感謝譯者溫洽溢教授為史景遷大師華麗代言，讓臺灣讀者能享受到不一樣的閱讀經驗。

但事實上，史景遷初次被譯介到臺灣，並不肇始於時報出版社找溫洽溢來翻譯《追尋現代中國》。據我粗淺的了解，在臺灣，史景遷的作品最早是由臺北絲路出版社於一九九三年出版，也就是《知識份子與中國革命》（*The Gate of Heavenly Peace: The Chinese and Their Revolution, 1895-1980*），譯者為張連康，而且那時候甚至沒有把作者的名字翻譯成他的漢名史景遷，而是音譯為「史班斯」。後來還有唐山出版社推出《胡若望的疑問》（*The Question of Hu*）、臺灣商務印書館出版《大汗之國》（*The Chan's Great Continent: China in Western Minds*），接著才是時報出版社於二〇〇一年委託溫洽溢譯出《追尋現代中國》，而且他幾乎成為史景遷在臺灣的御用譯者，陸續有《雍正王朝之大義覺迷》、《康熙》、《前朝夢憶》、《改變中國》等譯作，也重譯了*The Gate of Heavenly Peace*，將書名從舊譯的《知識份子與中國革命》改成《天安門》，繼而更有《前朝夢憶：張岱的浮華與蒼涼》、《曹寅與康熙》等書的推出，且全由時報出版社出版。

《追尋現代中國》是史景遷於一九九〇年推出的代表作，後來又於一九九九、二〇一二分別推出二版與三版，而二版就是溫洽溢舊譯所根據的文本。史景遷在三版的序言中言明，三版《追尋現代中國》與先前最大的差異，就是經過他大幅刪修，去除過多的細節，藉此挪出更多篇幅，放入一些新的資料、新的觀點，還有新的歷史發展。從章節結構看來，三版《追尋現代中國》把原有的第二十一章〈深化革命〉拆成兩章，變成第二十一章〈深化革命〉與第二十二章〈文化大革命〉，前者只論述文革前的「百花運動」、「大躍進」等由毛澤東發起的社會革命；其次，則是新加上第二十八章〈突破？〉，始於一九九七年鄧小平去世、香港回歸中國、二〇〇〇年臺灣政黨輪替，終於中共前總理溫家寶任內處理的幾件大事，例如汶川大地震、溫州高鐵追撞事故等等。

細心的讀者如果把二〇〇一年的舊版《追尋現代中國》拿出來與這一套全新增譯、修譯的新版加以比較，會發現兩者之間有數百處不同之處。首先是新增文字多達幾十處，從一到二十七章大多由我翻譯，全新的二十八章之譯者則為孟令偉。從這部分我們就可以看出，作者史景遷在推出三版《追尋現代中國》時雖已高齡七十六，但仍能重新檢視整本書，增補各種新的史料，此等創作活力實屬難能可貴。其次，由於這近二十年來《追尋現代中國》的譯文享有極高討論度與關注度，備受兩岸讀者矚目，因此時報出版社編輯團隊感覺有必要把誤譯或可以譯得更為流暢的部分重新修正改譯，所以特別與臺大翻譯碩士學位學程合作，由黃怡瑋、吳侑達、蔣義、蔡惟方、Jonathan Lee（李小慧）與徐嘉煜等六位同學對照一至二十七章中英文，校訂出值得商榷的譯文，最後由我進行修正改譯。

當然，我的原則是尊重原譯者的創作，唯有在讀起來真的非常難以理解或明顯有錯誤之處才會修改。不過，我的另一原則是尊重原文，凡有漏譯之處全都會補上去，也會力求在語意上貼近原文。例如，第一章第一段作者用了「most sophisticated」一詞，原譯是「人文薈萃」，並不能算錯，但修譯後改為比較接近英文原意且也符合前後的「各方面發展最為成熟」——因為「人文」顯然特指文化、文學等方面，不過「most sophisticated」卻可能包含政經體制、典章制度等各種文明面向，意味著中國在明朝已經發展出人類文明極致的國家與社會。

最後，除了感謝令偉、怡瑋、侑達、蔣義、惟方、小慧與嘉煜等七位同學在過去一年多來的辛苦付出，也衷心向相關人員致敬：時報出版社人文線主編怡慈提供的各項協助與百分百的信任，責編佩錦、瑷寧在編輯上花費了無數心血與時光，鉅細靡遺的程度令我印象深刻。能夠讓《追尋現代中國》這一本中國近現代史巨作以全新風貌問世，與新一代的臺灣讀者見面，我想對於推廣歷史教育與促進歷史思考來講是很有意義的；當然，我們也很期待那些跟我一樣，已經把舊版《追尋現代中國》納為藏書的老讀者再度把這一套三版《追尋現代中國》帶回家，肯定會有不太一樣的閱讀經驗。

三版《追尋現代中國》總審訂兼增譯、修譯者

陳榮彬

二〇一九年八月二日

第二版中文版序

《追尋現代中國》是我試圖縱觀中國過去四百年歷史的著作，對於中譯本能在臺灣出版，個人深表欣喜。我是在一九六三年秋天初次造訪臺灣，為了我在耶魯大學撰寫有關曹寅生平的博士論文查閱中文史料。那時，清史檔案還存放在霧峰的山上；而中國的「大躍進」餘波蕩漾，「無產階級文化大革命」山雨欲來，所以我無從接觸中國大陸方面蒐羅的清史檔案。

如今回頭重新瀏覽《追尋現代中國》，我很驚訝自己竟會貿然嘗試如此艱鉅的工作。重讀此書也提醒了我，費正清（John King Fairbank）在六〇年代、徐中約（Immanuel Hsu）在七〇年代能以英文寫出兩部中國歷史的巨著，想必是舉步維艱。我受教於這兩本著作之處甚多，一如這兩位作者曾受益於蕭一山、錢穆和其他幾位先輩中國學者。為了把這些學者之後新出爐的歷史素材設法納入，我不得不割捨中國人經驗中的某些重要面向，尤其是在外交史和智識史的領域；這使我有餘裕收入過去幾十年來對中國經濟、社會和文化史所做的新詮釋。同時，我還試著至少放進一些令人雀躍的新素材，這些材料或從滿人的角度來理解清朝政權的特質與意識形態，以及滿人自己對於一個多元語系之「大中華」亞洲中心帝國的看法。

今日的讀者當然一眼就會注意到，臺灣無疑值得一書，但拙著並未將之含括在內。原因是我寫作時大多是在回應我所了解的北京、南京、重慶決策者心中羈絆的要務，而不是鉅細靡遺地追索臺灣迥然不同的發展軌跡。不過我還是希望，我起碼已賦予臺灣在八〇、九〇年代發展經濟與實施民主制度方面驚人成就應有的意義。臺灣的故事凸顯了中華人民共和國的中國人依然無法體驗到臺灣所做的種種變革，尤其是別具意義的民主制度變革。我深信，西方人無權要求東亞國家（或者其他地區的國家）應該追隨西方的政治模式。話雖如此，臺灣跨越隔閡，在個人與集體自由達致新的境界，在二十一世紀曙光乍現之時，臺灣人民得享自由，這個事實必須被視為是所有中國人故事中的一個重要章節。

我期盼臺灣以及其他地區的讀者，不會覺得由我這位寄居在美的英國人為理解中國近代史所做的嘗試太過於膚淺。這是一部發自內心深處、而非僅是在故紙堆裡寫成的書。種種伏流勢必匯而聚之，以對中國在過去漫漫四百年來所做的巨大奮鬥有個可掌握的敘述，而本書也反映了我對這個過程的著迷。

耶魯大學歷史系講座教授　史景遷

二〇〇一年三月三十一日

第二版序

《追尋現代中國》第一版完稿之時，適值中國政府如火如荼展開鎮壓八九年六月的天安門民主運動。事後觀之，這些事件在我心裡正凸顯了中國人在對抗國家所發出的聲音，而變革的契機似乎是如此渺茫。過了九年，我完成了第二版，此時中國與世界的局勢又大不相同。應為八九年暴力鎮壓負最大責任的鄧小平已於一九九七年初歿故；鄧小平的馬前卒、持強硬路線的總理李鵬，也於一九九八年初卸下總理職位。蘇聯瓦解成十幾個憲政共和國，由幾個東歐國家所形成的蘇聯附庸國亦各自步上不同的發展途徑。八九學運期間最傑出的學生領袖現已出獄，流亡美國，一如為七八年民主經驗代言的魏京生。

中國政府藉著否認了這兩場運動的重要性，而與這兩場運動的幽靈相安共處。更何況，整個國家把全副心力放在國內經濟成長和參與國際金融所萌生的挑戰、回饋和混沌不明。這些重要的變革讓人權人士——不管是在國內、流亡在外或外國人——難以持續經營中共領導階層拒採代議政治並騷擾異議分子等重要議題。隨著香港於一九九七年夏天安然回歸中國，臺灣已經更引人注目：中國的對港政策成為盱衡未來經濟整合模式的法碼。

在這九年間，我們對於中國過去的知識也大為增加。中國境內豐富的考古發現，扭轉了我們對於早期中國社會以及早期統治理論的見解。而在我們這個時代的無數領域中，中外學者的研究成果亦深刻改變了我們昔日的所思所知。

我為了把這些新發現納入第二版，不得不修正許多舊看法，引進新的觀點。有關清朝部分，舉其大者有：十八世紀清朝皇帝把自己變成亞洲中心統治者的途徑；自十八世紀末以降，祕密會社在不同階段挑戰國家時所扮演的主導角色；清代女性讀寫能力與受教育的特質，這些特質可用來形塑女性在當時奴從政治的圖像；中國民族主義自晚清發展以來的各種類型，以及新形態的印刷媒介對於宣揚中國民族主義的影響。

對於中華民國這個階段（一九一二至一九四九年），也必須重新思考論題的剪裁：中國共產主義的先驅者，尤其是他們與無政府主義（anarchism）、唯意志論（voluntarism）思想的關聯性；與毛澤東意見相左的共產主義積極分子，他們的人生進程與求生存的策略；中國城市商業、社會生活的特質，以及在詮釋、彰顯現代性時，城市所展現的轉變模式；毛澤東透過操縱歷史評價和高壓手段，以塑造其英雄形象；一九三七年對日抗戰爆發前後，共產黨員與國民黨民族主義分子的地下鬥爭。

至於一九四九年以降的中華人民共和國部分，我們可以注意：最近解密檔案所披露有關一九四九年在莫斯科和一九五〇年韓戰爆發時毛澤東與史達林兩人的關係；可以被視為是逐步引向一九五七年大躍進運動之不可抗拒的內在因素；開啟一九六六年文化大革命的（領導者與被領導者的）心理動機；鄧小平領導下經濟彈性政策的漸進發展；共產黨政府所公布的農業政策與農民本身自發性創新之間的關聯性；二十年來思想與文化領域的多元發展。

我盡量把這些新發現融入第二版之中，並增補新的一章，來涵蓋自一九八九年到一九九八年這段時期。為了控制第二版的篇幅，我做了許多割捨，少則略微剪裁，若我覺得可以刪減，多則一頁，甚至一整節。其結果，新版不僅內容更新，分量也較第一版為輕。此外，為使本書更容易閱讀，我在新版中先引入基本的經濟和人口分析，改變論述國民黨和共產黨那幾章的架構，以不同的形式來呈現各種外交政策的議題，並重新安排節次，來呈現自一九五八年大躍進到一九六六年文化大革命的過渡。

若干第一版的讀者和評論家希望能依論題或概念的序列、而不是依循年代的順序來組織本書的內容，也希望本書能更為關注廣泛性的社會趨勢以及各個政治中心以外地區的經驗。他們也企盼拙著能多重視時下流行的各種西方理論，像是後現代主義（postmodernism）、底層研究（subaltern studies），以及新馬克思主義（neo-Marxism）學派繁衍出的各種支系。對於這些建議，我還是不改初衷。畢竟，教歷史的老師和學歷史的學生在探究事情何以發生之前，必須先知道事情是何時發生。中國社會內部醞釀的各種力量當然會影響領導人或接班人的觀念和生活，外國強權加諸中國的力量或觀念也會有所影響。不過我還是認為，以這種歷史導論的方式，立足中心往外看待這種種衝擊，是最為恰當的。若是強依理論準則來篩選、組合歷史材料，雖然有些讀者會蒙其利，但卻會讓別的讀者迷惑、窒礙不前；從當前西方文化世界的性質來看，今天流行的理論不久也可能棄之如敝屣。

所以，在新版本的架構，中心像是一面透鏡，讀者可以用來觀照中國人經驗的大千世界。讀者若想對個別章節有更清楚的了解，可參考（英文版）附錄的進階書目。中國欲在驚濤駭浪中探索她在這個世界的定位，一九八九年是如此，一九九八年也仍是如此。我期盼，新版的《追尋現代中國》將能引領新的讀者以同理心，以及對中國人覺得迫在眉睫的議題有所認識，來跟隨中國人的探索。

第一版序

幾個世紀以來，沒有一個國家可以自外於動盪與悲劇。彷彿人心深處總是躁動不安，也有施暴的能力，是故沒有任何社會能達致完美的靜謐。然而，在每一個國度，人又往往表現出對美的愛好、對知識探究的熾熱之情、儒雅、豐美的感性、對正義的渴望，凡此皆照見幽暗，讓世界充滿光華。人須常宵旰勉行，以認識這個世界，以期免受此世摧殘，更有效率地去構築這個世界，使子孫得免於飢餓、恐懼所苦。

中國歷史的豐饒與陌生與其他國家無異，而中國在與其他國家競逐稀有資源、進行貿易往來、擴展知識之時，其命運也與其他國家休戚相關。長久以來，西方人莫不對中國感到茫然，縱然物換星移，時值今日，中、西之間仍因語言、習慣與態度的隔閡而產生嫌隙齟齬。現今，中國人口逾十億，所承受的內在壓力我們僅能揣度；中國政治的劇烈擺盪，中國文化氛圍的跌宕起伏，中國經濟的蹣跚踉蹌，在笑臉迎人的背後總是潛伏暗藏對外來影響力的敵意，以上諸多因素往往讓我們如墜五里雲霧，而不察中國的真實本質。

了解中國並無捷徑，一如並無方便之門去認識其他異質的文化，甚至了解我們自身。但中國的故事總是令人心往神馳，且足堪我們借鑑，據此，這樣的企圖總是值得去嘗試。本書用意在於，欲認識今日的中國就必須了解其過去；然就某種意義而言，我們應將追索的時間軸回溯至何時仍值得深究。中國歷史源遠流長；也沒有一個社會能像中國般縱貫歷史近四千年而活力依舊綿延不絕，並且不憚其煩地記錄下所作所為的每個細節。因此，我們可以從任一切入點鑽進這個歷史紀錄之中，找到種種事件、典範人物和文化氛圍，並以縈繞腦海、揮之不去的方式與現今呼應。

我的敘事起自一六〇〇年，因為我認為唯有從這個時間點啟始，才能認清中國當前問題的緣由，以及中國人可以訴諸哪些知識、經濟與情感上的資源來解決問題。藉由把這一故事命名為《追尋現代中國》，我個人衷心盼望能夠彰顯以下幾點旨趣。

一、在這將近四百年間，無論是統治者或他們的批評者莫不殫精竭慮，以各種策略來強化邊疆防務、讓官僚體制運作更為順利、並將己身資源的效用發揮到極致，藉此避免外國勢力介入，對內則是力求知識工具的銳利精準，如此才能衡量政治行動是否符合效能與道德上的要求。

二、儘管中國不一定有必要遵循西方列強或日本的「發展軌跡」，但在這近四百年間總是能夠在某些重要的方面做出調適與改變，同時仍勉力保有某些亙古不變的價值。在此，我所剖析的泰半歷史，無不充塞為了追求進步而展開的瓦解與鞏固、革命與演化、征服與運動的交疊循環。

三、本書敘述的是尋尋覓覓的過程，而非尋索的結果。我能理解，一個「現代的」（modern）國家既是融會一體，又能兼容並蓄，既有明確的自我認同，也能以平等的地位競逐新市場、新技術、新觀念。倘若我們能以這種開放的胸襟來使用「現代」這個概念，我們應不難察覺這個概念的含義是隨著人類生活的開展而時時刻刻處在遞嬗之中，因此不能就此把「現代」的底蘊歸隸於我們所處的當代世界，而將過去託付給「傳統」（traditional），把未來寄望於「後現代」（postmodern）。若從上述標準看來，我個人傾向於認為，到了西元一六〇〇前後已有「現代國家」出現，且在後來的幾世紀之間陸續又有更多這種國家誕生。然而在這段時間裡，中國都算不上是現代國家，在二十世紀末亦然。

四、我把「追尋」現代中國看成正在進展的行動，我希望以此為焦點可以釐清中國當前的狀況，可以從歷史得到啟示。中共政府當然可以宣稱自己是個具有正當性的革命政權。但中共政府的官僚機制依舊是一個龐然大物，其領導人仍以超絕真理之名堅持其權力，約制人民在各個生活領域中的遠大抱負。這亦與十七世紀晚明、清初的國家面貌並無二致。在與外界的關係方面，中國同樣有權宣稱她在開創自己的路。然而試圖援引外國先進技術解決自身的迫切問題，但又希圖避免人民受到腐化流風的濡染，這仍是十九世紀一再俯瞰眺望的探險之域。在單一政治體之內統治十億公民無疑是史無前例。然在十八世紀時期，中國的人口壓力即已告尖銳化；人口成長對土地、經濟、治理民間社會所形成的壓力自那時就可看得很清楚。

除了上述的政治之外，我們也可以從社會與文化領域來觀察一六〇〇年以降的中國歷史，例如導致女性社經地位持續低落的風俗習慣、讓年輕世代學會遵從長輩與孝悌等道德觀，以形成某種行為模式的教育方式、家庭作為一種組織單位所散發出的力量，還有地方社群裡若干人士如何擷取，甚至濫用權力。此外，曾經對中國做出深層改變，且至今猶存的，還包括文藝領域的美學志趣與語言創新，以及對於行政結構與程序的追根究柢式監督。

藉著以十六世紀末作為敘述的起點，也可達致另一個目標。我們可以看到，中國尋常百姓在惡劣、甚至瀕臨絕望的環境中，自己掌握命運，投身對抗國家力量的次數有多麼頻繁。我們可以認識到，一六四四年，復於一九一一年，再於一九四九年，對現況絕望，以及緬懷夙昔的情愫和懷抱未來希望的赤忱是如何彼此融會，又是如何粉碎既存的秩序，開啟了一條通往新時代的不確定道路。倚仗有關中國過去奮鬥的歷史知識，我們便能更深切體會中國內部面對彼此扞格的力量，以及中國最終能否在這現代世界中索求一席之地的機會。

推薦序一

許倬雲（中央研究院院士）

史景遷先生是中國研究的高手。在美國的漢學家中，他以文筆優美、敘事清楚著稱。他原籍英國，受過英國教育的經典訓練，因此語文根柢深厚，落筆文采斐然，不是一般美國學者能望其項背。史氏更令人欽佩之處，則是其洞察的史識，是以他能由一個焦點透視一連串的變化。他的早期著作，有一本是以清代一個民婦的生死當著眼處，鋪陳清代的社會與文化。他的《天安門》（*The Gate of Heavenly Peace*）一書，其實是從天安門的學生運動，上溯百年來中國知識分子的志業與活動。

史氏也擅長於由個別歷史人物作為焦點，上下左右，論述其時代的變化及諸於文化與社會因素交織為一時風流人物，他曾經描述康熙、洪秀全、毛澤東的生平，及其出現的背景、因素。在他的筆下，有宏觀的歷史大框架、歷史人物的行為與性格，於是歷史是活生生的人生，而不是乾燥的排比史事。

史景遷先生是西方文化孕育的漢學家。由於他有西方文化的修養及知識，他在觀察中國的歷史時，也會將西方的角度編織於中國的變化中。他有一本名著《大汗之國：西方眼中的中國》（*The China's Great Continent*），即介紹歐洲人對於中國的評價及不同時代人物對中國的愛憎與褒貶。史氏對於利瑪竇及在華耶穌會士的研究更是兼具從中國化與西方文化交流的研究中，找出一層一層的折射與映照，其中有過濾，也有選擇，甚至有誤解，以中國文化研究者的詞彙來說，他的研究正是將文化交流所發生的discourse，一層又一層地揭開——這一工作，不是為了還原，而是彰顯歷史發展的過程。

有了這些專著的研究工作為基礎，史景遷先生才能寫成這一本中國尋索「現代」的歷史。本書分為五個大段落；在每一個段落，史氏都十分注意當代人物的思想背景及思維的方式。例如，為了處理中國近代的幾次革命，他花了不少筆墨討論達爾文生物演化論，以及這一理論與社會進化論之間互為影響的過程。於是掌握了近代中國知識分子在文化方面持「進步」的理念，在政治方面給予社會主義成長的溫床。

不過，史氏並不只以思想與文化為其主題，在近代的幾個分段，他都分別提出社會與經濟發展的重要指標，既作當時情形的說明，也提供時間軸線上可為比較的尺度。例如，從清末洋務運動的業績，南京時代的十年建設，中共建國第一個五年計畫的成果，以至鄧小平改革開放以後的發展。合在一起看，讀者可有清楚的數據，觀知中國經濟發展的曲折途徑及其整體的方向。

正如史氏在他幾本專著中擅長的手法，在本書中，他描寫歷史人物的性格，也往往從細節見到性格，於是這些人物不是平面的面譜，而是有笑有淚的古人。康有為、孫中山、毛澤東……都在他的筆端復活了。中國的歷史學傳統，本來盼望史德、史識、考訂與文筆四項並重。中國史學的祖宗，太史公司馬遷，其文筆之優美，使《史記》不僅是歷史記載，也是文學作品。這一傳統，自從清代考證之學獨擅勝場，文章之美，已不受重視。史景遷先生的著作，堪為我人借鏡。國內史學界同仁，當可見賢思齊，有所激勵。

一本好的歷史著作，當有作者自己的觀點，太史公所謂「成一家之言」，亦是聲明其觀點自有獨特的角度。為此，我們不能要求任何歷史著作都滿足不同讀者的願望。雖然如此，我還是不能不表示自己的一些遺憾！我屬於在抗戰中長大的一代，我們對於那一時代的記憶刻骨銘心，永不能忘。有人詢問「抗戰的意義何在？」我的答覆是「中國人九死一生，幾乎亡國，而不肯投降，只為了打出個『國格』。」民族主義是中國當年歷史的主調。史景遷先生的大作於抗戰一役，著墨不多。抗戰八年，單以人命的損失、軍民傷亡即數千萬人，工業基礎全遭破壞，本書於中國犧牲之慘重沒有給予應有的敘述。這是我個人深以為憾的省墨！

本書的脈絡，把整個中國的發展線索放在大陸，於是臺灣部分的中國，只占了很少的比例。中國與中國社會的走向現代，五十年來的臺灣發展，在中國歷史上仍是重要的一部分。這一遺憾，不能向本書求全責難，我們自己不能逃避補足的責任。

本書（二版）以魏京生出獄及朱鎔基矢志發展經濟為發展一章的結束。史景遷先生提出了一段期許，盼望中國人能從文化遺產與歷史教訓中尋求意義，走向和諧的現代化，並提供中國人的新視野，供人類世界抉擇。他在第五部的敘言中，也向中共提出忠告，要中共自己記得他們曾經許諾終結不平，開拓未來美景；他更盼望他們不要自己成為進步的最大障礙——這兩段結語，毋寧是全書精神所注。這一位畢生研究中國文化與中國歷史的西方學者，畢竟不是僅將中國作為研究課題，他對中國一往情深，有耽憂，也有期許。為此，我向史景遷先生致敬，也致謝！

許倬雲　謹序

二〇〇一年四月四日　清明

推薦序二

陳國棟（中央研究院歷史語言研究所研究員）

時報出版公司要我為史景遷老師的《追尋現代中國》寫一個序，一時把我拉回到當年在耶魯的往事回憶。特別是史景遷老師提起這本書是在「那不勒斯披薩店」與「十字校園圖書館」完成寫作的，而在多年前，我也曾在那些地方流連。

《追尋現代中國》一書的英文版交付印刷是一九八九年年底的事。那時距我把博士論文提交給學校當局、束裝回國才兩、三個月吧！倒算回去的一整年，我自己也在為博士論文的寫作奮鬥；再繼續倒算回去一年（一九八七—一九八八），我在倫敦的印度辦公室圖書檔案館（India Office Library and Records）蒐集論文資料。看來好像也沒什麼機會看到這本書的成長。

事實倒未必如此。因為史景遷老師正是英國人，老家就在倫敦肯辛頓花園（Kensington Garden）附近。我在那裡時，他回家探望母親，與我約在國會俱樂部（Athenaeum）見面時，已曾和我談過寫這本書的事。更直接的是：我不得不在最需要時間寫作的時刻擔任史景遷老師講授的「中國近現代史」（Modern Chinese History）這門課的助教。一九八八至一九八九那年，我們拿這本書的書稿當教材。

史景遷老師在耶魯大學部教「中國近現代史」這門課，大約從一九七〇年左右就開始了。這是一學期的課，兩年才開一次，修課的學生真是如過江之鯽，多得不得了。為了確保學習品質，每次開課都要找很多助教，隨班上課，然後幫學生做課後輔導。因為助教需求量大，我的領域又靠近，因此每次都跑不掉。

在《追尋現代中國》的英文版出版以前，美國各大學差不多都用徐中約的《現代中國的興起》（*The Rise of Modern China*）當課本。我第一回當史景遷老師的助教時（一九八五年秋、冬），也是那樣的。可是隨著時間下移，徐中約的書開始變得有點過時，社會上期待一本新的綜論性的中國近現代史。史景遷老師教這門課已經很多年，他的文筆更是好得沒話說。於是，在完成《胡若望的疑問》（*The Question of Hu*）一書後，史景遷老師就開始了《追尋現代中國》的寫作。

史景遷老師在「那不勒斯披薩店」裡寫作，他用筆寫。他的筆跡雖然不能說極度潦草，卻也只有熟悉的朋友能辨認。但他不用煩惱。在一九九五年耶魯歷史系的大祕書佛羅倫斯（Florence Thomas）女士退休以前，她總是能幫他整理出一份漂漂亮亮的打字稿——史景遷老師自己是不打字的。

史景遷老師的文筆好，在他出道後不久即已受到肯定。但他為什麼文筆好，其實還有「用筆來寫」這個小訣竅。橐著一枝筆，找一個讓思緒可以自由馳騁的空間，振筆直書，文思自然泉湧。

對詩人或散文作家言，要這麼做顯然並不困難，而且說不定還正是他們普遍採用的方式呢！可是這對歷史學家來說很難；對學院派的歷史學家而言，更幾乎是種夢想。

先別說人們越來越倚賴電腦吧。只說歷史學家的職業習性通常叫他們被資料左右著工作的空間。寫作過程中，隨時都有需要去找出出處，必須字字有來歷、言說有依據。他們需要經常查資料。於是他們的書房才是最佳寫作地點。然而在書房裡，寫作的思路卻也就經常被查閱資料的便利所打斷。

史景遷老師幸免於此。然而這不表示他不科學、不尊重史實。他博采周咨、反覆詳讀相關的著作，其實早將素材融會於心中；而片片段段的念頭也早在腦海中蕩漾。於是，在「那不勒斯披薩店」一角落的一張黝黑的小桌子上，他把他獨到的見解，按照既定的構思，讓文字在稿紙上沙沙作響。「用筆來寫」，完成一個一氣呵成的草稿。接下來的工作才是查證必要的細節，於是工作現場當然就轉移到「十字校園圖書館」了。經過幾回修改，初稿漸次成形。他的博士班學生自然成了第一批讀者，然後就成了我們的試教教材。

試教是為了了解讀者的反應——史景遷老師是一位十分在乎讀者的作家。因為在乎讀者，因此在動筆時始終把讀者放在心上，特別是那些對中國歷史有些好奇、卻又所知無多的人。為了幫助這些人理解、或者加深他們的印象，他在敘事之餘，往往會來段對比。好比說，在提到中國歷史上由於政治權力高漲，因此宗教勢力相對受到壓抑，而城市也沒有獨立發展的機會，這時候他是拿歐洲來對照著說的。美國或其他英語系的讀者，多少會有點歐洲史的底子，這樣的對照也真能幫助了解。又如，在提到滿清入關與後續征服過程中，滿洲軍隊的運動路線時，他也巧妙地藉由說明這樣的行進途徑與一九四九年共產黨統一中國時的模式如出一轍，從而加深讀者的印象。

於是，親愛的中文本讀者！你們不難明白：史景遷老師的令名部分得自於他使用英文寫作在文字與風格上的成功——英語世界的讀者是他寫作時心目中預期的訴求對象。那麼，你們一定要問：把史景遷的作品譯成中文，還能保存多少文字的精髓與風格的特色？是的，是會有相當大的影響！所以，任何喜歡史景遷的人，最好讀一讀原著。

然而，拋開文字與風格不論，有中譯本可以批覽，仍然是件極幸福的事情。讀者當然因此省掉一些力氣，而且本書的優點本來也不只是寫作上的優美而已。

史景遷老師讀書甚多，而且「很會讀書」——真正能夠抓住作者的重點。這從他經常為《紐約時報》、《泰晤士報》等書評專欄寫作就看得出來。正因為這等能力，他也嫻熟地掌握住西方人研究中國文史的脈動。而在《追尋現代中國》這本綜論的大著裡，他總在最適當的地方採用或批判一九八九年以前已經出現的形形色色的議題與觀點。詳讀此書，一方面可以分享史景遷老師多年的心得，一方面也可以迅速掌握西方「近現代中國研究」的學術史。

溫洽溢先生為這本書的中譯工作花了很大的工夫，譯筆也流利通暢。外國書譯成中文時，把意思正確地說到，本來就很夠了。可是學術書，尤其是有關中國歷史的書，讀者總期待譯者能找出原來的用字。溫先生已經盡了很大的努力，雖然還有不少地方沒有完全達到這個嚴格的要求。幸好這種「還原」文字的問題，並不十分干擾閱讀。

近年來史景遷老師的書在臺灣與大陸地區似乎很受歡迎，中譯本已經出現了很多種。這本《追尋現代中國》可能是涵蓋面最廣、篇幅也最大的一本。作為學生輩的我當然覺得它的出版是件可喜可賀的事，更希望中文世界的讀者也能從閱讀的享受中獲益良多。

二〇〇一年一月二日，寫於荷蘭萊頓大學

第三版謝辭

自從二版《追尋現代中國》於一九九九年問世以來，許多讀者便持續提出仔細的評論，無論是對一、二版做出評價，抑或為三版提供建議，都令我受惠良多。儘管對於種種評論我並非照單全收，但在此要特別感謝英屬哥倫比亞大學的齊慕實（Tim Cheek）、伊利諾大學的克拉克．康寧漢（Clark E. Cunningham）、哈佛大學的沈艾娣（Henrietta Harrison）、鮑登學院的詹姆斯．霍吉（James Hodge, Bowdoin College）、密西根州立大學的艾敏妲．史密斯（Aminda Smith）、鮑登學院的趙凱倫*，還有向宰**、葉厄尼***與其他多位表示不願具名的人士。多年來我的許多學生在教書時以《追尋現代中國》為教材，或是前往中國時把書帶去用，並且與我分享他們的心得，同樣令我有很多收穫。一如往昔，耶魯大學有許多出色的圖書館與豐富資源皆能供我使用，為此我特別致上謝忱。儘管我還是不太會使用網際網路，但內子安平時時給予誠懇指引，似乎有用不完的耐心，而梅欽與亞伍****雖然忙於自己的事業，但總能撥出時間來當我的後盾。諾頓出版社（W. W. Norton）的編輯史帝夫．佛曼（Steve Forman）跟前兩版的表現一樣有條不紊，他總是有使命必達的本領。

史景遷於西哈芬（West Haven）
二〇一二年七月二十四日

* 譯注：Karen Teoh，音譯。

** 譯注：Xiang Zhai，音譯。

*** 譯注：Ernie Yeh，音譯。

**** 譯注：Mei Chin and Yar Woo，音譯。金安平的一對兒女，史景遷的繼女、繼子。

第十九章

人民共和國的締造

鄉村與城市，一九四九至五〇年

一九四九年中葉，毛澤東在〈論人民民主專政〉一文中，簡述其貫徹新中國政府政策的觀點。毛寫道，中國人民迄今為止從革命實踐過程中得到兩項寶貴經驗。首先是喚醒全國民眾，建立「工人階級領導之下國內的統一戰線」，這個統一戰線包括農民階級、城市小資產階級、民族資產階級和工人階級，並在工人階級領導之下，建立了以工農聯盟為基礎的「人民民主專政」。第二項含括革命的國際層面，包括中國與蘇聯、共產集團的國家以及各國無產階級的結盟關係，這項革命經驗教導中國人應採取「一邊倒」的政策方針，亦即中國人不是倒向帝國主義就是社會主義，絕無第三條路可走。中國革命的勝利是在中國共產黨領導下完成的，所以毛澤東說，中國共產黨「已經不是小孩子，也不是十幾歲的年輕小夥子，而是一個大人了」。[1]

接著，毛繼續闡釋他的觀點。新政府與世界上任何願意尊重中國國際地位平等和領土完整的國家建立關係。中國深信，欲繁榮就必須爭取外援。中國在實行人民民主專政的過程中將會「剝奪反動派的發言權，只讓人民有發言權」。毛澤東以揶揄的語氣揣想批判者或許會指責他「獨裁」，對此，毛的回答是：「可愛的先生們，你們講對了，我們正是這樣。」共產黨將會向「帝國主義的走狗，即地主階級和官僚資產階級、以及代表這些階級的國民黨反動派及其幫兇們實行專政，實行獨裁」。但是對於其他的人民，則賦予充分自由，並透過「農業社會化」及與之配套發展的「國有企業為主體的強大工業」兩大經濟政策來建設新中國。[2]

使上述轉變成真的憲政結構來自《共同綱領》，而《共同綱領》是由毛澤東在一九四九年九月遴選代表組成「人民政治協商會議」所草擬完成的。一九四六年也曾召開過「人民政治協商會議」，但是那次會議命運多舛。如今，「人民政治協商會議」的出席代表也是出身不同政治利益和政黨團體。《共同綱領》把蔣介石的昔日政黨界定為「封建買辦法西斯專政的國民黨」，而將新的《共同綱領》與舊的相對照，新條文中呼應了毛澤東的主張，其中第五條規定，除了「反動分子」以外，中華人民共和國人民享有「思想、言論、出版、集會、結社、通訊、人身、居住、遷徙、宗教信仰及遊行示威的自由權」。《共同綱領》也賦予婦女各項平等權利，並翦除她們生活中的「束縛」。《共同綱領》還勾勒了一項遠大的經濟計畫，希冀通過減租減息和土地重分配來進行農村改革，並發展中國的重工業。由是觀之，參與草擬《共同綱領》條文的諸位委員均以蘇聯發展模式為藍本。政協委員敦促「應以有計畫、有步驟地恢復和發展重工業為重點」，而條文所列舉的重點工業包括礦業、鋼鐵業、電力工業、機器製造和化學工業等。另外，《共同綱領》也敦促大學教育應協助達成上述發展目標。[3]

中華人民共和國建立的頭幾個月，施政重點在於抑制通貨膨脹、促進農業生產、恢復在戰火中受創的重工業，以及維護法律與秩序等實務。此外，為了重塑人民的意識形態，必須大量訓練黨的幹部。所以，中共的首要之務在說服受過教育的科技與管理菁英，放下其政治或信仰偏好，為新政府服務。同樣的，儘管中共政權一再以言辭表達反帝國主義的主張，但新政府還是積極鼓勵境內的外國科技人員和外商企業留下為新中國工作。

鄉村與城市各自有其社會律動與政治考量。新政府為了鞏固農村的革命成果，勢必藉由各種不同的土地改革，以維持農村之中的群眾基礎。政權肇建，百廢待興，新政府仍無法承擔富農與新政府疏離的後果，因其農業生產關係到全國農村的日常生活所需。結果，縱使一九五〇年中葉以後土地改革在全國各地逐次開展，但沒收土地的對象僅限於少數。雖然新政府確實徵收並重新分配地主的土地，但許多富農的土地還是未受影響。毛澤東在一九五〇年六月初給黨的一份報告中，為這項土改政策辯護，他指稱這是重新發展經濟的必然階段。他附帶說道，現在的富農不再像人民解放軍公然與國民黨作戰的時候那樣危險了。

當時，土地改革工作依循著共產黨在華北與東北地區的實踐經驗。首先，縣級政府派出由三至三十人不等所組成的「工作隊」到各地統合執行土改政策。工作隊有老幹部，也有青年學生，他們在土地改革的執行程序方面都僅接受過初步訓練。為了帶動土改的熱潮，工作隊會在與他們工作有關的地區挑選一些「重點村」，並成立「農民協會」，有利於工作隊界定地主階級，進而孤立他們，並打破地主權力所賴以維繫的尊卑傳統。如此一來，工作隊很快就能洞悉地主家庭在農村的種種虛偽、詐欺伎倆，包括刻意降低生活水準裝窮、購買便宜牲畜、讓即將被徵收的土地荒蕪，或者不再繼續從事可能被貼上地主階級標籤的善行義舉。

許多婦女也受惠於土地改革政策，是因為一九五〇年所頒布的《新婚姻法》明文規定，未婚、離婚，或者寡婦皆有權以自己的名義擁有土地。此外，被納入享有重分配權利者還包括小販、和尚、尼姑、卸甲返鄉或受傷的戰士，以及已經離開農村、但在城市找不到工作而想要回鄉的出外人。全中國重新分配土地的實際面積難以估算，不過隨著工作隊在各地的鼓吹，據估計，華中、華南地區約從地主手中徵收了百分之四十的可耕地進行重新分配，而約莫有百分之六十的人口成為受益者。其中平均每人取得六分之一至二分之一英畝不等的耕地，所以一個五口人的家庭總計可獲得一至二英畝不等的可耕地。這樣的耕地面積當然不足以讓家庭衣食無虞，但對於昔日不得溫飽的人而言，這項政策起碼帶來一線生機。

土地改革有效抑制了農村地區裡傳統地主菁英階級的權力根基。為了確保過程能夠鞏固階級對共產革命的向心力，中共的地方領導人鼓勵佃農、貧農、無土地的雇工，與地主階級暴力相向。他們遂行改革政策的暴力程度，的確可與對抗日軍和國民黨時相比。粗略估計，六個地主家庭中就有一名成員在這類暴力對峙中喪生；因此，根據中國當時可能被歸類為地主階級的人口來推算，至少有一百萬人在此一革命時期死於非命。

反之，共產黨政府在城市的主要工作是避免社會爆發暴力衝突，鼓勵工廠重新開工，工人堅守工作崗位。政府推動工會成立，不過一方面也提高警覺，因為與上海、天津等地傳統犯罪網絡掛勾的祕密會社分子或地痞流氓，經常彼此聯繫，在工會裡擴張勢力。除非新政府能完全根除這類人物，否則難以取得人民的信任。至此，一九四八年底和一九四九年的實踐經驗再次派上用場，不過中共欠缺具有城市生活背景的幹部，只能依賴出身農村家庭、僅有少許或是全然沒有城市生活經驗的幹部來推動城市工作。中共的政策是讓約百分之九十五的城市官員繼續從事現職，只要他們和教師，甚至警察加入改革小組、參加討論會、研討毛澤東的著作，就能獲得工作保障。

中共透過報紙、戲劇、電影、廣播和小組會議等宣傳手法，希冀贏得城市群眾的支持，發起一連串運動，打擊金融投機客，以穩定新政府的「人民幣」。各委員會在大城市建立網絡以處理政治、軍事、文藝、教育等問題。下至區級的所有市政工作已由市政府各機構和黨的代表接管。市民在各自工作的地點被組織成各個「學習小組」，研讀新的共產主義詞彙，認識其意義。共產黨延續一九四二年在延安所發起的整風運動，為了各學習小組成員由「專」改造成「紅」，鼓勵坦白交代內心的想法。

中共逐步控制城市之後，領導階層開始在街道設置「居民委員會」。由街坊鄰居的住戶組合而成，主要的工作是掃街、供水、接種疫苗、經營兒童書店、成立夜校。城市街道居民委員會還負責部分的公安工作，例如犯罪的偵防、執行宵禁、甚至值班巡邏。

在城市街道居民委員會與其他措施的支援下，城市裡發起一波波的反娼、反鴉片煙運動。在住戶登記、監視男訪客及其離開時間的控制方式下遏止了娼妓業；娼妓與老鴇或皮條客都必須進入類似監獄的「教養所」去接受再教育，藉此認識過去導致她們浪費大半生的階級矛盾。儘管離所後仍有許多娼妓重操舊業，但因為種種社會控制措施與持續受到監視，人數的確大幅減少了。另一方面，中共實行「冷火雞法」*的戒毒方式，並由上癮者的家人負責繼續觀察戒煙過程。群眾合力反煙、根除罌粟田、處決販賣者，確保禁煙成效。城市街道居民委員會同時對穿著華麗、打扮挑逗者施加壓力，如今的規定遠比一九三〇年代更嚴格，結果，昔日蔣介石新生活運動的某些要素被納入這個新生共產國家之中。

這種審查的習慣實不足為奇，因為許多農民出身的幹部，以及長期居留延安或游擊隊的人，他們的特質與城市的頹廢、安逸顯得扞格不入。像是一九四九年曾任華東局第一書記兼任上海市委書記的饒漱石指稱，舊上海完全仰仗帝國主義經濟活動的發展而生。一九四九年八月，一家報紙呼應其批評，指稱上海是一座非生產性的城市，它是寄生的城市、它是罪惡的城市、它是難民的城市、它是冒險家的樂園。[4] 饒漱石甚至大膽提議，把上海的人口隨學校與工廠的復員遷徙至內地，讓他們致力於生產國內消費所需的工業產品。饒漱石的建議並未被採納，不過從共產黨對其建黨地點的想法可以看出，對城市的矛盾態度正是中國共產主義的一項特質。

另一方面，南方的游擊勢力與來自北方的幹部之間也有同樣不易化解的緊張關係，南方幹部常在日軍防線後方冒險犯難或與國民黨搏鬥，如今卻被來自北方的幹部排擠。他們被告知，假若想重獲權位和影響力，最好停止說家鄉話而學習北方「官方」的口音。許多地方幹部也發現，中共所謂有效率的城市計畫，就意味著他們必須臣服於那些本應該被驅逐的資產階級手下。許多人在這革命新階段的矛盾，反映在此時流傳於南方的一段俏皮話裡：「老革命不如新革命，新革命不如不革命，不革命不如反革命。」[5]

新政府的結構

為中國建立有效率的政府是毛澤東的第一優先。這點若能成功，就能支持共產黨自稱代表新秩序力量的說法，也證明他們有能力成就孫中山、袁世凱、蔣介石與日本及其傀儡政府所無法達成的重新統合的國家。在形式制度上，新政府的體制是以黨、政、軍三大中央體系的權力分工為設計骨幹。我們可以合理推斷，這一組織架構是來自延安與內戰時期的實踐經驗。

＊　譯注：「冷火雞法」即是「自然戒斷法」。就是在戒煙毒時，不使用藥物，只供應必要的飲食，強迫戒斷。因吸毒者在戒斷時會全身發冷，起雞皮疙瘩，皮膚狀似拔了毛的火雞，故稱為冷火雞法。

在這一結構中，共產黨組織負責監控意識形態以及統合協調政軍工作。一九四九年十月，中華人民共和國宣布成立時，中國共產黨總計有黨員四百四十四萬八千零八十人。隨著國家管理的需要，黨員的人數急遽增加，一九五〇年底黨員人數達到五百八十二萬一千六百零四人，遍布各級政府機構、群眾組織、司法體系、教育機關、軍隊。黨的地方分支是由上層中央委員會統合指揮，一九四九年共計有四十四名中央委員會委員；其中十四名中央委員組成政治局，再由五名常務委員實際負責日常的運作。

一九四九年，這五名政治局的常務委員包括共產黨黨主席毛澤東、劉少奇、周恩來、朱德、陳雲。毛澤東、周恩來與朱德在公眾群中象徵了最高領導人地位，但並不意味另外兩人就不重要；我們僅能說劉、陳兩人長久以來致力黨務，使他們遠離了鎂光燈的焦點。時年五十歲的劉少奇曾於一九二〇年代求學於蘇聯，一九二〇年代至一九三〇年代初以擅長組織工會活動崛起；一九四〇年代初，劉負責於日本占領區組織共產黨小組。他所著的一本小冊子《論共產黨員的修養》（*How to Be a Good Communist*），原本是延安馬克思列寧學院的演講內容，後來在一九四〇年代和一九五〇年代成為中共幹部的主要教材。此書引人入勝，融合了儒家道統和正統馬列主義學說，並以濃烈的革命語言呈現。誠如劉少奇寫道：

> 無論是參加革命不久的共產黨員，或者是參加革命很久的共產黨員，要變為很好的、政治上成熟的革命家，都必須經過長期革命鬥爭的鍛鍊，必須在廣大群眾的革命鬥爭中、

在各種艱難困苦的境遇中，去鍛鍊自己，總結實踐的經驗，加緊自己的修養，提高自己的思想能力，不要使自己失去對於新事物的知覺，這樣才能使自己變成品質優良、政治堅強的革命家。

孔子說：「吾十有五而志於學，三十而立，四十而不惑，五十而知天命，六十而耳順，七十而從心所欲，不逾矩。」[5] 這個封建思想家在這裡所說的是他自己修養的過程，他並不承認自己是天生的「聖人」。

劉少奇此一著作作為教材，主要針對那些在革命早已勝利成功後還尋求深層解釋的新世代而發。劉以革命觀點的「純潔美麗」對照於資本主義世界的「醜陋汙穢」，強調大公無私的奉獻是目標，也是理想。為了使上層知識階級安心，劉少奇論及黨員階級的混合出身背景，他指出，其實只有少數黨員屬於工人階級行列的「城市無產階級」，但是任何人都能通過自我檢視以及不斷研讀馬列主義的過程而超越其出身背景。

政治局權力核心的第五位成員是陳雲，陳生於一九〇五年，一九二四年加入共產黨，入黨前曾在上海當過印刷廠學徒，之後成為著名的工會組織者。陳雲和劉少奇一樣，都被視為政黨理論家，他的著作在一九四二年整風運動期間被指定為共產黨員的必讀教材。到了一九四九年，陳雲已經是中共黨內制定經濟計畫的領導幹部，並負責振興經濟的工作。權位幾乎與他們相當的第三位是高崗，他出生於一九〇二年，在一九三〇年代初就是陝甘邊界蘇區的創立者之一，對於一九三五年從江西蘇區撤退的毛澤東和長征隊伍而言，高崗的陝北蘇區是比較安全的根據地。高崗曾任「陝甘寧邊區參議會議長」，東北國共內戰期間於吉林、黑龍江地區擔任「東北民主聯軍副政委兼北滿軍區副司令」。當林彪部隊擊敗國民黨軍隊、揮師入關後，高崗留守東北擔任「東北軍區司令員兼政委」，其司令部就駐紮在瀋陽。人民共和國宣布成立之前，高崗曾經率代表團赴莫斯科，協商貿易談判，以利東北工業再起飛。

中央人民政府委員會的領導團隊是一群身具豐富軍事及行政經驗的幹部，他們的工作與另一中央政府機構「政務院」（其角色功能相當於內閣*）相互配合。政務院在總理周恩來領導下成立了二十四個新部會，均以國家發展的各個重要課題為名：農業部、交通部、文化部（部長為小說家茅盾）、教育部、財政部、食品工業部、外交部（由周恩來兼任部長）、林墾部、燃料工業部、重工業部、內務部、司法部、勞動部、法制委員會、輕工業部、民族事務委員會、華僑事務委員會、郵電部、衛生部、公安部、鐵道部、紡織工業部、貿易部、水利部。在二十四個部會當中，司法部、衛生部的首長由女性擔任。

政府的體制經常與共產黨的黨組織結構重疊交錯，而政府與黨部透過群眾組織將全國各地區有著相同業務或共同利益的眾多人民團體結合起來，以擴展政府和黨的影響作用。一九四九和一九五〇年間，成立的群眾組織有：「中華全國文學藝術界聯合會」、「中蘇友好協會」、「中華全國民主青年聯合會」、「中華全國婦女聯合會」等。中華全國婦女聯合會是由蔡暢擔任主席，蔡是來自長沙的青年激進分子，一九一九年她參加勤工儉學計畫前往法國留學。蔡暢尤擅長組織工廠的女工，曾赴江西蘇區任職（江西省委組織部部長、婦女部部長）。隨紅軍參加長征，在被拔擢擔任婦聯會這一重要新職之前，是延安時期著名的政治人物。

全中國有六大行政區，每一區各自擁有軍事指揮系統，而人民解放軍的權力就透過這套系統伸展到社會中。這些大行政區是以「軍政委員會」**為統治機構，大行政區的黨部領導兼具軍事與政治權力，地位凌駕省長之上，故其權力模式類似清朝時代兼管數省的「總督」（可以管轄各省巡捕）。這種大行政區的制度是源自共產黨在內戰時期邊區政府的經驗，中共將幾個地緣和經濟單位整合為大行政區，而一些分析亦認為這種行政畫分符合自然地理區位。這些行政區包括：

一、東北局：黑龍江、吉林、熱河、遼寧。
二、西北局：甘肅、寧夏、陝西、新疆、青海。
三、華北局：察哈爾、河北、山西、綏遠。

* 譯注：一九五四年後更名為「國務院」。
** 譯注：有些地區不稱軍政委員會而稱人民政府，東北局就設東北人民政府。

四、華東局：安徽、福建、江蘇、山東、浙江。

五、中南局：河南、湖南、湖北、江西、廣西、廣東。

六、西南局：貴州、西康、四川、雲南。

依據中央政府結構黨、政、軍三大系統的性質，中共在每一行政區內設置四大職位：軍政委員會主席、黨的第一書記、軍隊司令員和軍隊政委。所以理論上，大行政區的權力應由二十四位領導幹部分享，不過因為許多幹部都是身兼二職、甚至數職，是故，實際上所有權力僅僅集中在十三個人手中。

在大行政區政府內有五位領導人別具權力。第一位是中央人民政府委員會的副主席高崗，他在東北地區權傾一時，同時身兼東北局四大重要職位。高崗與蘇聯軍、政要員均有密切往來，而俄國對東北鐵路和豐富礦藏的覬覦也讓他備顯重要。第二位是彭德懷，這位常常在攻擊敵人時故作武勇的軍隊司令官（例如，一九四〇年的百團大戰，以及一九四八年進攻四川未果），如今兼任中共中央西北局第一書記及西北軍政委員會主席。因為該地區與蘇聯接壤，境內少數民族雜處，所以中蘇關係顯得格外重要。第三位是饒漱石，他是新四軍的資深領導幹部，在華東地區權力顯赫，在這裡則同時位居三項重要職位：中共中央華東局第一書記、華東軍區政委書記、華東軍政委員會主席。此外，饒漱石還被指派擔任上海工人聯合會黨團書記一職。最後是林彪和鄧小平。同樣的，林、鄧各自有其主要的區域權力基礎：林

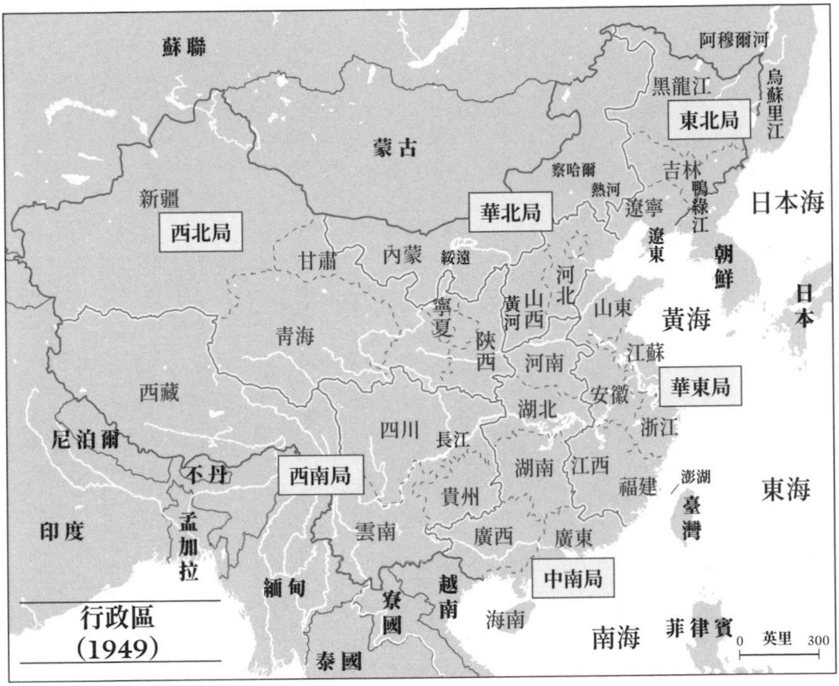

行政區（1949）

彪在中南局的四大權力職位中身兼三項（中南軍區司令、中共中央中南局第一書記、中南軍政委員會主席），鄧小平則是在西南局四大權力職位中同時擁有兩職（西南局第一書記、西南軍區政委書記）。

這五位領導人日後都分別曾與毛澤東發生衝突而遭到整肅。於今觀之，中共政府結構的重建固然成就斐然，但中國國內仍有許多懸而未決的老問題。地方與中央、平行的官僚機構之間，個人野心及其權力基礎之間的緊張關係，自晚明以來就不斷以各種形式困擾著中國，而且無法輕易根絕。

韓戰

在國民黨軍隊尚未遭徹底掃蕩之前，毛澤東便已實現他「一邊倒」的主張，前往蘇聯與史達林會面。一九四九年十二月十六日，毛澤東抵達莫斯科，適逢史達林七十歲壽辰的前夕。這趟莫斯科之旅是毛首度跨出國界遠行。對於這個深刻影響他那一世代中國人的國度，毛澤東始終未能親臨一窺堂奧。現在，中華人民共和國已經正式成立了，毛澤東必須走上國際政治的外交舞臺，而許多國家（不只是共產集團的國家）承認這個新政權，這顯示國際社會的部分成員已經迅速倒向毛澤東這一邊。

毛澤東這趟蘇聯行可謂滿布荊棘且百味雜陳。對於毛澤東而言，抵蘇後與史達林的初步晤談內容似乎相當有鼓舞作用。雅爾達協定中對於中國不利的部分，史達林表示能有很大的商議空間，他也主動提出要幫助訓練中國的空軍以及人數不多的海軍。至於毛澤東提出為了攻打臺灣而需要蘇聯援助的「志願飛行員或者祕密部隊」，史達林就語帶保留了。不過他也同意毛的提議，可以調動人民解放軍在中國與東南亞諸國邊境製造事端，同時提出中國可以擾亂香港，藉此動搖英國。在隔月的某個會議中，對於毛澤東請求蘇聯派遣空軍部隊幫助中國「攻擊西藏」的計畫，史達林也同意認真予以考慮。[7]經過中、蘇雙方八周的討價還價，毛澤東得到一份軍事安全條約，目的在防範日本再次侵略中國；蘇聯給予中國一筆三億美元的貸款，分五年攤還；承諾在一九五二年自旅順、大連撤兵，將主權歸還中國。然而中國並非沒有付出代價，毛澤東被迫承認地處新疆北方的「蒙古人民共和國」獨立，蒙古人民共和

各國對中華人民共和國的外交承認，1949至1950年[8]

1949		
	10月2日	蘇聯
	10月3日	保加利亞、羅馬尼亞
	10月4日	波蘭、匈牙利、捷克
	10月5日	南斯拉夫
	12月9日	緬甸
	12月30日	印度
1950		
	1月4日	巴基斯坦
	1月6日	英國*、錫蘭、挪威
	1月9日	丹麥、以色列
	1月13日	芬蘭、阿富汗
	1月14日	瑞典

* 中共拒絕了英國 1 月 6 日所給予的外交承認，因為當時英國仍與臺灣維持正式的外交關係。

國因而勢將無法脫離蘇聯的控制。過去毛曾數度對外宣稱，有朝一日定讓蒙古重歸中國版圖；現在他則不得不放棄收復西疆、恢復盛清版圖的希望。

不過在一九五〇年春天，外交政策畢竟並非中共領導人的第一要務，他們主要關切的課題還是在於如何建立有效運作的行政架構、抑制嚴重的通貨膨脹，以及重建國內的工業體系。在林彪軍隊於四月順利攻克海南島之後，中共軍方把焦點轉向統一中國最後的兩大障礙：收復西藏和臺灣。雖然出兵西藏在理論上十分複雜，不過對於身經百戰的人民解放軍已不成問題，特別是印度在一九四七年獨立之後，英國就已經失卻了讓西藏成為緩衝國的利益動機。中國共產黨的軍隊於一九五〇年入藏，「解放」受到「帝國主義壓迫」的國度。儘管藏人提出激烈抗議，質疑道，「從誰手中解放？自什麼狀態下解放？我們本來就是一個擁有優異政府的國家。」[9]然而聯合國並沒有採取任何行動，印度和英國同樣也未站在藏人的利益介入。一年內，中國人就已經占領了西藏各個重要據點。

比起西藏，臺灣問題更事關緊要。國民黨歷經一九四七年臺灣居民的動亂與陳儀的屠殺後，局勢已經穩定。一九四九年一月，下野六個月的蔣介石撤退到臺灣。一八九五至一九四五年間，臺灣在日本政府的殖民統治下經濟繁榮，蔣介石到臺灣之後，很快就在本島居民、流亡的國民黨、本來就已經駐守在臺灣，以及一九四九年中共占據大陸後撤退至此總計約一百萬的軍隊之間重獲領導地位。解放軍的指揮官並未妄想能夠輕易拿下臺灣，一九四九年十月，解放軍已經在臺灣的前哨站金門初嘗敗績。

一九五〇年二月，駐守在福建、浙江的人民解放軍第三野戰軍司令官原本計畫渡海攻臺，而今也不得不坦承：

首先必須指出的是東南沿海諸島嶼的解放，尤其是臺灣，是個極大的問題，且將會是近代中國戰爭史上最大的一役……占領（臺灣）需要有充分的運輸工具，適當的軍備，以及足夠的後勤補給。更何況蔣介石為數不少的陸海空兵力，連同一小撮自中國大陸脱逃的頑固反動分子都集結在那裡。他們構築堅實的防禦工事，還仗著四周大海的保護。10

基於這些困難，毛澤東和政府其他領導人對軍事行動的下一步意見分歧。一九五〇年夏天，華南的軍事掃蕩大抵完成，一支實力強大的解放軍向福建沿海地區移動，不過並未接獲進攻臺灣的命令。對於解放軍突然停止前進，除了與後勤補給和海上運輸的戰略因素有關，有一種解釋認為這是因為中共領導人寄望於臺灣人自己策畫暴動來反抗國民黨（事實上，史達林在一九四九年十二月與毛澤東會談時即已提及這一點，認為不一定需要動用到蘇俄援軍）。另一種可能的說法則是那年夏天解放軍因流行病肆虐，無力興兵動武。

中共一方面擔心軍費支出居高不下，另一方面又謹記國民黨在抗戰勝利後，一下子解除太多軍隊武裝所面臨的問題；中央委員會因而決議在政府密切監控下，先讓部分軍隊卸甲歸田。就中央委員會的話來說：

在保障有足夠力量用於解放臺灣、西藏，鞏固國防和鎮壓反革命的條件之下，人民解放軍應在一九五〇年復員一部分，保存主力。必須謹慎地進行此項復員工作，使復員軍人回到家鄉安心生產。行政體系的整編工作是必要的，必須適當處理編餘人員，使他們獲得工作和學習的機會。11

當時，雖然憤怒的美國共和黨人強烈要求通過援助法案，以支持蔣介石反攻大陸，但並沒有跡象顯示美國政府會進一步介入中國人之間的衝突。一九四九年夏天，在杜魯門總統的要求下，國務卿艾奇遜（Dean Acheson）蒐集了所有關於中國抗戰時期與內戰過程的資訊以及美國涉入的相關文件，然後在一封電文中提及：「國民政府的軍隊不一定會被擊敗；他們是自我瓦解的。歷史在在證明沒有信仰的政權、沒有士氣的軍隊，是經不起戰場的考驗。」[12] 艾奇遜的結論是，美國未來的援助或介入將會如過往一樣徒勞無功。但並非每個人都同意此一論調。五四運動前赴康乃爾大學求學期間曾一度信仰基督教的前中國駐美大使胡適，即在艾奇遜電文副本的邊緣處簡略記下〈馬太福音〉第二十七章第二十四節的內容（彼拉多見說也無濟於事，反要生亂，就拿水在眾人面前洗手，說：「流這義人的血，罪不在我，你們承擔罷。」）。[13]

同時，國務院的幕僚群也已先行起草一份官方聲明，以便臺灣淪陷於共產黨人手中之後，得以即刻發表。占領日本的盟軍統帥麥克阿瑟（Douglas MacArthur）將軍和艾奇遜兩人公開宣布，把美國在太平洋地區新的「防衛周邊」（defensive perimeter）界定在阿留申群島（the Aleutians）、日本、沖繩（Okinawa）、琉球群島（the Ryukyus）、菲律賓群島（the Philippines）這條島鍊上。中國人可能已經注意到此項美國戰略利益的定義並不包括臺灣在內，也未涵蓋南韓；自一九四五年以來，南韓在美國的保護傘下已經是一獨立的國家，與蘇聯卵翼下的北韓隔著北緯三十八度線分立對峙。一旦臺灣失守，中華人民共和國就可望取代

韓戰
(1950年6月-10月)

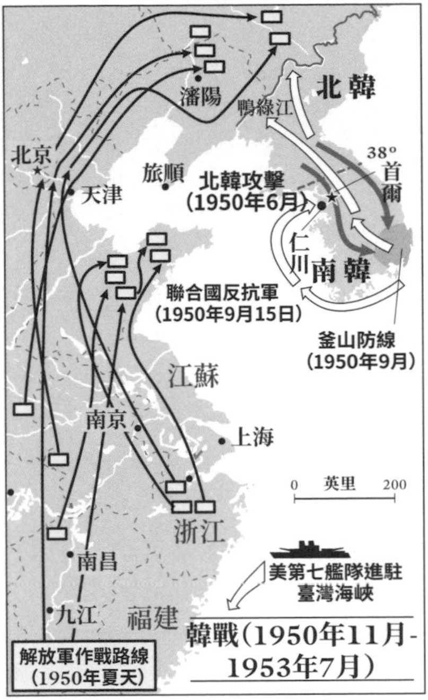

韓戰(1950年11月-1953年7月)

其聯合國席次，而事實上，中共已開始為此積極進行遊說。

一九五〇年六月二十五日，大批北韓軍隊突然越過三十八度線入侵南韓，打破了美國與中國雙方表面上的和諧。就在幾周內，北韓的部隊便迅速席捲了朝鮮半島，攻下首爾（時稱「漢城」），並將南韓的軍隊逼退到釜山（Pusan）一隅，情勢岌岌可危。巧的是，這時候蘇聯正因為聯合國安理會（United Nations Security Council）否決讓中共取代臺灣席次，而拒絕出席表示抗議。沒有蘇聯投票反對的後顧之憂，其他安理會成員國迅速通過譴責北韓的侵略行為，並敦促會員國提供必要援助。為了回應聯合國的呼籲，杜魯門總統派遣在日本的美國駐軍援助南韓。同時，其他十五個會員國的軍隊也加入美軍的行列，這十五個國家包括英、法、澳、紐、泰、菲、加、希臘、土耳其。顧慮中共可能乘機進攻臺灣，杜魯門總統下令美國第七艦隊巡防臺灣海峽，俾使臺灣海峽「中立化」。就算中共確實已準備犯臺，此刻也已無力執行了。

中國的態度在之後幾個月顯得十分曖昧。儘管北韓領導人已於一九五〇年春天先一步向毛澤東通報可能入侵南韓，周恩來也說過，若美軍越過北緯三十八度線，中國或許會出手干預，但戰事爆發後中國方面仍是默不作聲，且一開始並未採取任何決定性行動。美軍第七艦隊巡防臺灣海峽的舉措也引發中共對美國的嚴厲抨擊。身兼外交部長的周恩來發表公開聲明：美國第七艦隊的巡防是「對中國領土的武裝侵略」。[14]中共領導人在認清美國第七艦隊部署臺灣海峽已使得渡海攻臺計畫無望之後，旋即下令正在福建沿海受訓的三萬名第三野戰軍部隊移防至瀋陽地區。其他軍隊也同樣北調至山東半島。

八月，聯合國內部開始進行一連串的縝密協商，包括以讓中共取得安理會席次作為條件，交換中共調停朝鮮半島的軍事衝突。不過就在此時，在朝鮮半島負責指揮聯合國部隊的總司令麥克阿瑟與蔣介石展開友好的對話，重申支持蔣氏政權，宣稱臺灣此刻為美國空軍「島鍊」基地不可或缺的一環（不過麥克阿瑟並未接受蔣氏所主張派遣國民政府軍隊加入朝鮮半島戰局的提議）。直到八月底，聯合國部隊已經開始取得南朝鮮戰局的主導權，而展開對北韓補給線的狂轟猛炸，並在坦克、大砲、飛機的掩護之下取得戰術優勢。接著，中共逐漸拉高抨擊美國的音量，舉國上下猛烈譴責美國及其盟友在這場戰爭中的所作所為。八月底中國公開聲明批評，「美國帝國主義的行徑以及入侵朝鮮的侵略行為，不僅破壞亞洲與世界的和平，同時也嚴重威脅中國的安全。」這份聲明進一步譴責：「北朝鮮的朋友就是我們的朋友。北朝鮮的敵人就是我們的敵人。北朝鮮的防禦就是我們的防禦。」[15]不過，在傳送給史達林的訊息中，毛澤東私底下持續批評北韓軍方不但無能，且拒絕與中方充分共享戰況軍情。

戰況於九月丕變，在一次出色的水陸兩棲作戰中，麥克阿瑟的軍隊成功登陸了接近北韓防線的仁川，使得北韓軍隊的後方退路有被切斷之虞。當北韓的軍隊開始突圍並向後方撤退時，周恩來告知印度駐北京大使（當時這位大使是中國對外傳達訊息的管道），如果美國的軍隊膽敢入侵北韓，中國就不得不出面介入。十月七日，美軍越過三十八度線，十月十九日占領北韓首都平壤，並逐步向中、韓邊界的鴨綠江挺進。此時史達林、毛澤東開始想要放棄，並且在來往的密電中都主張，或許比較好的作法是讓北韓自己決定下一步，讓他們靠自己打游擊戰。一直到十月十三日，據說是因為彭德懷、高崗據理力爭，毛澤東才同意讓中國的「志願軍」揮軍穿越中韓邊境，前提是必須獲得蘇聯方面的全力援助。史達林也同意了。[16]

解放軍大元帥彭德懷指揮若定，調度軍隊得宜，終於在歷經整個十二月的激戰之後，將聯合國部隊驅出三十八度線。一九五一年一月，聯合國部隊向南節節敗退，中共「志願軍」

和北韓部隊再度占領烽火漫天的首爾。嗣後聯合國部隊重新整編，再度占領首爾，最後雙方就隔著三十八度線偏北的連綿丘陵僵持對峙。為了奪取優勢地理位置，激戰不斷，雙方皆傷亡慘重。在這場戰役中，我們首次目睹了人類戰爭史上噴射戰鬥機在空中纏鬥的景況，以及美國使用直升機快速運送部隊趕赴戰場。這場慘烈的戰爭持續了兩年，終於在一九五三年七月以停戰協定收場。朝鮮半島的停戰，部分得歸功於艾森豪（Dwight Eisenhower）將軍的努力，他在一九五二年的總統大選中承諾抵達韓國視察，不過一旦當選總統，艾森豪就威脅使用原子彈作為外交籌碼，逼使中共與北韓坐上談判桌，達成最後的協議。

至此，美國的傷亡人數已高達十六萬人（其中死者五萬四千人，傷者十萬零三千人，五千人失蹤），南韓死傷四十萬人，北韓六十萬人，中共則在七十萬至九十萬人之間。中共辯稱赴朝鮮半島的部隊都是「志願軍」，並不隸屬正規部隊，所以中共方面從未公布正確的傷亡統計數字。在中共近乎一百萬人傷亡的驚人數字中，許多人都是在戰爭最後一年遭受聯合國部隊的優勢火力攻擊而陣亡的，這使中共領導人猶豫是否該讓這場戰爭繼續下去。彭德懷尤其體會到，假如中國欲在傳統戰中與西方世界相抗衡，就必須發展出像蘇聯般現代化、裝備精良的部隊。毛澤東與前妻楊開慧所生的長子毛岸英也死於朝鮮戰場。毛岸英出生於一九二二年，當時毛澤東在甫成立的中國共產黨授意下，正於湖南組織工人進行早期的幾次大罷工，毛岸英曾遠赴蘇聯求學，延安時期則當過農場工人，死後就地埋在朝鮮（毛僅存的另一個兒子毛岸青，長期患有精神痼疾，一生幾乎都在療養機構裡度過）。

這場戰爭對中國內部的衝擊是十分深遠的。首先，數十萬的中國士兵在戰場上飽受煎熬，衣不足以禦寒、糧不足以果腹，僅憑少量彈藥在寒冬中作戰；相對的，敵人則握有飛機和火砲武器方面的絕對優勢。中國軍人勇敢而不計代價地進攻敵營，令親眼目睹的外國部隊大為震懾。這種勇氣昇華為中國人堅忍與英雄主義魅力的新神話，在中華人民共和國大量湧現的戰爭英雄文學、電影、戲劇、故事之中不斷被歌頌；這種英雄典範無非在強化犧牲與革命的價值。韓戰也促使中共進一步向蘇聯靠攏，另一方面，蘇聯則以支援中共的龐大軍備物資，來回報中共對共產集團的效忠，縱使這些援助並非無償的援助。

此外，這場戰爭加深了中國對西方帝國主義邪惡特質的印象，特別是中共把美國視為頭號敵人。美國介入韓戰證明了美國對東亞的野心及其長久以來對中國及中國人民的濃烈敵意。這類題材反覆體現在韓戰小說與報導文學之中。

這種敵意在中國激起了另一種戰爭效應：中共把境內大部分西方人都當成敵人，繼而驅逐出境，不論他們是基於商業或者宗教理由住在中國。大批外國人遭中共逮捕，被控以美國帝國主義間諜的罪名，其中還包括幾名傳教士。

中國政府發動群眾運動，將戰爭熱情擴充成偵查本國間諜以及或真或假的敵人特務之風潮。這股群眾運動也牽連到長期以來與國民黨過從甚密，或曾在外國公司、大學、教會組織工作過的人，讓他們備受各方敵視。政府最後不得不承認已經無法達成統一的使命。國民黨政權已經穩住陣腳，臺灣未來有可能作為空襲或滲透破壞中國的前哨基地，並且在美國堂而皇之的援助下，成為所有敵視中共的國家之注目焦點。

戰爭的影響在美國也非常大，深深損及兩國對彼此的觀感。中國的「人海戰術」喚醒了美國記憶中亞洲人輕賤生命的刻板印象，這種認知又與美國認定中共唯蘇聯是從、無法採取獨立政策的感覺相結合。對中國人的反感與恐懼又因美國人得知中國意圖對美國和南韓戰俘「洗腦」而進一步強化。再加上，有將近兩年的時間，由於中共堅持所有的中國戰俘都必須遣返中國，而讓韓戰的和平談判陷入僵局。當時有逾一萬四千名的中國俘虜懇求別把他們遣送回中國大陸，這亦凸顯了中共乃是一殘酷的專制政權。最後中共在此議題上讓步，這一萬四千名中國戰俘被移送至其他地區——主要前往臺灣。

中國共產黨在戰場上所表現出的韌性也令美國重新省思一九三〇和一九四〇年代的經驗，美國對此經驗的總結，大體記載在艾奇遜寫給杜魯門總統那份公布於一九四九年的長篇報告中，總計一千零五十四頁，充斥了說明圖表與附件。對於那些不管是出自黨派立場或是內心信念而傾向敵視共產主義的人而言，過去同情延安政權的美國人，其行徑無疑是觸犯了叛國罪行。赫爾利大使於一九四五年底去職時就曾表達過類似的觀點，爾後更有許多美國人都靠向他那一邊。然而美國總統與參謀首長聯席會議在一九四四年均曾一度認真思考武裝中國共產黨，以協同美軍作戰，這一事實似乎已被淡忘。

美國國內極端反共產主義時期產生許多負面效果，影響了移民法案、勞工立法、好萊塢的電影工作者以及一般大眾媒體，更因參議員麥卡錫（Joseph McCarthy）對他人模糊卻具殺傷力的顛覆國家的指控達到高潮，導致往後十多年間美國與中共的關係無法正常化。雖然在規模上，麥卡錫與其黨羽荒謬的反共運動無法與同時期中共緝捕國內敵人的行動相提並論，但同樣對許多美國人造成無可彌補的傷害：國務院內頂尖中國問題專家*對國家的忠誠度一再遭受質疑、調查，甚至被迫去職或被逐出世界政治舞臺的中心。一個世代的美國學者、學生、新聞記者因無法取得護照前往中國而被剝奪了與中國接觸的機會。

韓戰後，那種「美國失去中國」的論調更見流行——不管是因為刻意的背叛，或是誤判情勢，抑或是沒能為國民黨提供關鍵的軍事與經費援助。由於這種觀點大行其道，美國很難不干涉受到共產主義顛覆威脅的國家，即使這些國家的政府被公認為腐敗、不受人民歡迎，或在經濟上對人民極盡剝削之能事。

中國共產黨或許從韓戰中得到小利，因為美國若是於一九五〇年十月戰勝，便能扶持一個統一而有活力的非共產韓國政權，屆時中共位於東北的工業重鎮將會面臨敵對的強鄰。但誠如前述，中共也為此戰役付出極為慘痛的代價，更長遠的悲劇則是中國完全失卻了機會，無法實現那種蘊含於一九四九年間政治修辭及政策中的「新民主」政體。

* 譯注：如柯樂傳（O. E. Clubb）、戴維斯（J. P. Davies）、謝偉思（J. S. Service）等人。

群眾政黨，群眾運動

在延安時代與內戰期間，共產黨的勢力便在逐步擴展。一九四五年初，共產黨黨員已逾一百萬人，一九四七年攀升至兩百萬人，一九四八年三百萬人，一九四九年四百萬人，一九五〇年已高達五百萬黨員。在人民共和國建立的頭幾年，不同於我們所預期的，中共並沒有讓黨員人數大幅增加，反而是致力於提高新進黨員的政治意識與培養他們的專業知識，並淘汰入黨時未經嚴格篩選的不適任或貪汙者，同時擴大黨員的階級與職業基礎。因此，多數共產黨黨員出身農村，這是延安時期的邊區政府以及抗日游擊戰略特質所衍生而來的必然現象。而今中共逐步邁向城市的行政管理，因而殷切期盼吸收城市出身、受過良好教育的幹部。吸收這類有潛力的幹部的一種方法就是在城市裡發動群眾運動，從而尋獲具備犧牲奉獻精神的社會主義者以及天生的領袖人物。

在一九四二年延安整風運動期間，中共體認到如何教黨員自我檢查，引導黨員自我批評，以及運用群體的壓力和威嚇達到表面上的共識。一九五〇年初，這些經驗在涉及動員群眾的四次主要運動中再一次被運用。首先就是前述提及的「抗美援朝運動」，運動的目標是中國境內的外國人。黨下令公安搜查被指控為特務的人，沒收他們的收音機和槍械等事物，並調查一些團體成員中有外國人或曾經與外國人有過接觸的商業、文化、衛生保健、宗教性的公共團體。這類調查嚇壞了一些曾經與外國人有來往的中國人。一九五〇年十二月，外商的資產被凍結，外國企業雖不至於被沒收，卻常常被迫以低價讓渡出售。為了償付中國政府的苛捐雜稅，有些人只好放棄資產。外商工廠和企業的工人就在群眾大會上抱怨雇主，有時工人集合起來控訴外國人的殘酷行徑。

一九五一年初，在一場令人回憶起士紳禁教運動、或十九世紀末義和團的激烈衝突中，五位管理廣州一家孤兒院的修女遭指控殺害受託照顧的兩千名嬰兒。雖然這些修女並未被處決，但是群情激憤的鄉民依然聚眾抗議「傳言」中所謂的殘酷行為。此外，有許多外國人入獄後因不堪洗腦的精神壓迫而被迫承認間諜罪行。到了一九五〇年底，幾乎所有外國人都已被迫離開。中國的基督徒大部分仍然留在中國境內，但被要求重新登記，組織起來推行所謂的「三自愛國運動」*，亦即中國教會從此擺脫外國資助、外國影響，以天主教的情形為例，就是要脫離梵蒂岡教廷的束縛。

韓戰讓中國人同仇敵愾，於是中共在第二波的群眾運動中將整肅的目標轉向反革命分子。中共奪取政權之初，數以百萬計曾經是國民黨黨員或其青年組織的成員、以及曾在國民黨軍隊服務的軍人皆留在家鄉。當時並未仔細清查這批人，其中當然不乏親蔣介石的人士。

* 譯注：一九五〇年七月，中國大陸境內吳耀宗等四十位各教派的負責人聯合發表了「中國基督教在新中國建設中努力的途徑」的「三自宣言」，聲稱中國基督教徒從此擺脫帝國主義勢力的控制，而實現中國教會的「自治、自養、自傳」。

也有少數人暗中支助遠從臺灣遣派來中國陰謀顛覆的特務。一九五一年夏天，中共領導人在各大城市糾集群眾公開發動反對國內的破壞分子，為他們烙上「反革命分子」之名。隨著這場運動如火如荼地展開，群眾運動也益發野蠻、恐怖。在運動期間，數百萬名中國人受到暴力攻擊或是在大庭廣眾之下遭到羞辱，這意味著無論他們過去的身分為何，此後他們都無法在共產黨政權下安然過活。

中共政權也利用這次反革命運動來解除地方上市井百姓的武裝力量，他們所擁有的武器都是在軍閥混戰、游擊作戰或各傀儡政府統治時期所取得的。例如，在廣東的反革命運動中，被搜獲的來福槍總計逾五十萬支。同樣基於公共安全的理由，即使違反了一九四九年頒布之《共同綱領》所賦予人民遷徙自由的權利，但超過十五歲的人民都必須從公安機關取得官方的戶口證明，如欲遷移至他處也須經由公安機關核可。

嗣後，中共領導人一直在準備第三次的群眾運動，目標則針對黨內的貪汙腐化現象。鎮壓反革命運動甫結束，中共就動員群眾發起所謂的「三反運動」，亦即打擊三類職業集團中積存已久的三種惡習：貪汙、浪費、官僚主義作風；而三種目標團體是指共產黨黨員本身，官僚幹部（其中多數並非共產黨黨員，少部分曾經服務於國民黨）、工廠與其他事業單位的幹部。

三反運動在東北領導人高崗的推動下於東北地區率先發起，起初或許是屬於試驗性質。迄至一九五一年底，三反運動已擴展到中國各地，這場運動並不像前述「鎮壓反革命運動」

那樣野蠻暴力，不過同樣導致中共展開了對官僚機構和工廠組織的全面清查，許多資深幹部或管理人員遭到羞辱或被開除黨籍、革職。然而並非所有受難者盡是無辜而被羅織罪名的，某些看似確鑿的證據證明，其中有不少人確實依恃特權來營利謀私。政府也透過三反運動強化對勞動力的控制，在幾座仍由勞動契約和兇悍雇主控制工人的城市裡，共產黨利用三反運動期間所召開的群眾大會，教育工人認清雇主的歧視和剝削模式。激憤的工人被動員起來批判雇主，繼而紛紛加入國家領導的勞工組織，黨並保證這類組織能根絕數十年來地方上所有瀆職、行賄的現象。

三反運動自同時進行的「五反運動」中獲得許多能量。五反運動的目的是要全面整肅中國的資產階級，而這種階級鬥爭的行動無論在範圍、激烈程度、以及效果上，無非是昔日農村反地主運動的翻版。五反運動的清除目標特別指向共產黨接收後仍留在中國境內的實業家和商人，以及資產階級的「代言人」，後者的定義含糊，幾乎能囊括國家對任何人的指控。在五反運動中，中共所欲根除的五種惡行是：「賄賂、偷稅漏稅、欺騙國家財產、偷工減料、盜竊國家經濟情報。」

一九五二年一月，五反運動開始展開，當時朝鮮戰場的戰局正陷入膠著。這場群眾運動在中國各城市進行，不過因為上海市的規模和商業集團的富裕，幾乎涵蓋了所有新聞與廣播報導的範圍，因此上海市的五反運動可作為研究這場群眾運動的參考個案。追溯五反運動發展的進程，我們確實可以清楚看到源自延安、東北，以及其他大大小小群眾運動中人們動員和自我批評的要素和技術已到了爐火純青的地步。

上海的中共幹部於一九五一年就已仔細訓練工人組織調查雇主的商業活動，並尋找逃稅或其他犯罪事實證據，以預備這場群眾運動。這一策略有個堂皇的理由，亦即增加國家稅收以及遏制通貨膨脹，同時也動員了兩萬名幹部和六千名特別訓練的商家雇員。為了點燃群眾參與的熱情，中共特別組建宣傳機制，其中包括特別訓練的宣傳專家，通過各種媒體管道，尤其是電臺廣播或是新聞報紙以及小組討論的方式，鼓動群眾配合政府的政策。截至一九五一年底，上海一地就有一萬五千名受過訓練的宣傳專家，由勢力逐漸壯大的「共產主義青年團」整合協調來推展工作。這群幹部及宣傳人員的功能之一就是要粉碎雇主（尤其是小型企業）束縛在工人身上的人情、情感、家庭等羈絆。即使工人的工資很低，但這種人情臍帶經常會超越階級界線，況且許多雇主與工人之間不必然存在著嚴重的貧富懸殊。這樣的境況亦出現在農村地區，還是有許多農民不願公開抨擊與他們相識、共事一輩子的人。

商業界的領袖被迫在群眾大會上遭受批判，並承認昔日所犯下的經濟罪行。雖然許多人都是寫下溫和的自白以規避重要問題，不過還是有一些商業界人士為他們確實犯下的不法勾當俯首認罪。另一方面，為了削弱商業領袖的集體意識，共產黨亦鼓勵他們相互抨擊。同時，為了召開群眾大會對特定的商業人士進行公開辱罵，而組織了全市商家委員會，這加深了這場運動中的階級鬥爭要素。中國商業界的領袖曾於一九二七年遭到國民黨政權的粗暴對待，如今，他們又再度得承受國家的威嚇脅迫。

一九五二年二月初，上海一地共舉行了三千場大會，估計有十六萬名工人參加過一場以上的群眾大會。遊行鑼鼓喧天、旗海飄揚，積極分子挨家挨戶地拜訪，以及透過廣播或在上海市各主要街頭放置擴音器以動員整個社區，不斷在心理上給予商業領袖施加壓力。除此之外，中共更是在鄰里街坊組織讀報小組，由幹部為不識字的民眾讀報，解釋這場群眾運動的種種深意。

到了三月，中共決定加快五反的步伐。現在，有一萬兩千名經過特別訓練的幹部投身這場運動。或許是模仿農村土地改革時期所使用過的「重點村」方法，中共也在上海地區選定若干工作場所作為「實驗重點」，試行如何徵收罰款、蒐集罪證與指控罪名，嗣後並依工作類型、所屬企業性質，將上海的工人組織成「五反工作小隊」。五反工作小隊的人數少於二十人，每一工作小隊都必須宣誓效忠共產黨。這些隊員是五反運動的先鋒，主要工作是到各個工廠糾集工人參加鬥爭大會，並確認工廠裡有哪些人是受害者。四月，成千上萬的雇主被迫參加批鬥大會，並遭受眾人的唾罵，最後不得不公開坦承所有「罪愆」。

「大華銅礦公司」的企業主正是這波遭到整肅的知名工商鉅子的典型例證。起初他為了免於受到進一步的批判，坦承非法獲利五千萬元人民幣，但是他的員工卻逼迫他承認更大的罪狀。在家裡，他的岳母及女兒都以近來許多知名的資本家皆於鬥爭大會上悔悟為例，不斷勸說他認罪。他最後積憂成疾，終於「招供」，承認他所收受的賄款總計超過二十億元。

一九五二年四月三十日，中共宣稱五反運動已經取得「初步的勝利」，並且在五月初公

上海地區實施五反運動的成果，1952年[18]

	小型企業	中型企業
守法戶	59,471（76.6%）	7,782（42.5%）
基本守法戶	17,407（22.4%）	9,005（49.1%）
半守法半違法戶	736（0.9%）	1,529（8.3%）
嚴重違法戶	2	9
總計	77,616	18,325

布對小型和中型企業的守法調查結果（見上表）。其他城市的五反運動最後都是以更粗暴的手段來調查當地的商業團體：在天津地區，以相同的動員群眾、調查罪行、坦承犯罪、定罪等程序模式來推動五反運動，不過僅有百分之十的企業主被畫歸為「守法戶」，百分之六十四點二為「基本守法戶」，百分之二十一為「半守法半違法戶」，以及百分之五點三是「嚴重違法戶」。[17]

三反和五反運動已在全國各地造成巨大的衝擊。共產黨不再保護私營企業，不再容忍自一九四九年以來即持續存在於中國的各類遊走法律邊緣的企業活動。現在本地資本家所飽受的威脅就如同一年前的外國資本家，中共當局往往憑藉著未經查證的指控，向本土企業主徵收鉅額的罰款。另一方面，韓戰的爆發亦產生推波助瀾的作用，擴大了群眾運動的打擊層面，因為這場戰爭為華北的企業創造新的商機和獲利的機會（所以天津地區的調查要比上海更為嚴苛），不過卻使政府蒙受鉅額的財政損失。有時政府甚至會貸款給資本家以利其償還罰款，導致了企業主對政府卑躬屈膝，以及兩者之間複雜的借貸關係。

政府鼓動這類群眾運動的主要目的，是要重申對工人組織的控制能力，瓦解資本家和官僚體系獨立的運作模式。相對於鎮壓反革命運動，死於三反、五反運動的人明顯較少，所有受害者皆受到脅迫或羞辱，或兩者兼有，他們不僅須繳交罰款，更須悉數追繳在運動中承認的賄款或逃漏稅金額；有些人甚至在財產沒收充公之後，還被下放到勞改營。

三反和五反運動中所使用的「小組壓力」技巧並未隨著運動在四月結束而束之高閣；反之，大多數企業都已經會定期舉行工人、雇主大會，來自工人和黨幹部的壓力經常令企業主無法獨立經營產業。各地階級畫分極為精細，結果如同「尋鄔調查」或日後的土地改革中的農村工人，城市居民也被仔細地界定階級。當時新畫分的階級範疇有六十種，其中包括企業工人、手工業工人、三輪車工人、遊手好閒者、城市貧民、小販、小店主、公家雇員等等。除此之外，這些群眾運動中新近崛起的積極分子團體已受國家認可。僅上海一地，就有四萬名在五反鬥爭大會中證明能發揮作用的工人，加入新的宣傳大隊以因應所需，隨時準備為國效力、奉獻；在其他城市也成立了類似的龐大宣傳隊伍。到了一九五二年底，中共領導人已有信心將黨員人數膨脹到六百萬。即使不曾加入游擊作戰或經歷過農村生活的黨員，至少也嘗過革命的滋味了。

注釋

1 毛澤東，《毛澤東選集，五卷》（北京：1977），卷五，頁四四一。

2 前揭書，頁四一七與四一九。

3 薛爾頓，《中華人民共和國：革命變遷的文件史》，頁一八七至一九三。

4 高頓（Richard Gaulton），〈上海的政治動員，一九四九至一九五一年〉（Political Mobilization in Shanghai，1949-1951），參見克里斯多福．豪（Christopher Howe）主編，《上海：一座亞洲大城市的革命與發展》（*Shanghai: Revolution and Development in an Asian Metropolis.*, Cambridge, 1981），頁四六。

5 傅高義（Ezra Vogel），《共產黨統治下的廣州：省會的綱領與政略，一九四九至一九六八年》（*Canton under Communism: Programs and Politics in a Provincial Capital, 1949-1968.*, Cambridge: Harvard University Press, 1969），頁五三。

6 劉少奇，《論共產黨員的修養》（*How to Be a Good Communist*）（北京：1951），頁八。

7 《冷戰在亞洲》（*The Cold War in Asia*），國際冷戰史研究計畫公報五-六期（Cold War International History Project, Bulletin 5–6），威爾遜總統國際學人中心（Woodrow Wilson International Center for Scholars）出版，一九九五至一九九六年，頁五至九。

8 引自恰森（Lionel Chassin），《共產黨征服中國：一九四五至一九四九年的內戰史》（*The Communist Conquest of China : A History of the Civil War, 1945-1949*），頁二四三。

9 澤彭（Shakabpa Tsepon），《西藏：政治史》（*Tibet, a Political History.*, New Haven: Yale University Press, 1967）。頁二九九至三〇五。

10 惠廷（Allen Whiting），《中國跨過綠江：加入韓戰的決策》（*China Crosses the Yalu: The Decision to Enter the Korean War.*, New York: Macmillan, 1960），頁二一（略經修正）。

11 前揭書，頁十八。

12 美國國務院（U.S. Department of State），《美國與中國的關係，特別有關一九四四至一九四九年時期的關係》（*United States Relations with China, with Special Reference to the Period 1944-1949.*, Washington, D.C., 1949; Stanford: Stanford University Press, 1967），頁十四。

13 包華德（Howard Boorman）編，《民國名人辭典》（*Biographical Dictionary of Republican China*）。第二卷。頁一七三。

14 惠廷，頁五八。

15 前揭書。頁八四至八五。

16 《冷戰在亞洲》，頁三八至四七，八七至八九，一一二至一一九。

17 參見李侃如（Kenneth Lieberthal），《天津的革命與傳統，一九四九至一九五二年》（*Revolution and Tradition In Tientsin, 1949-1952.*, Stanford: Stanford University Press, 1980）一書中對天津運動的詳細資料。其中企業的分類，見該書，頁一六八表八。

18 有關這部分的資料轉引自加德勒（John Gardner），〈上海的五反運動：對鞏固城市控制的研究〉（The Wu-fan Campaign in Shanghai: A Study in the Consolidation of Urban Control），見鮑大可（A. Doak Barnett）編，《中國共產黨行動中的政略》（*Chinese Communist Politics in Action.*, Seattle: University of Washington Press, 1969），頁四七七至五三九。表內的資料見頁五二一（百分比方面略作調整）。

第二十章

籌謀新社會

第一個五年計畫

隨著土地改革的初步階段完成，資產階級的經濟基礎崩解，加上韓戰結束，中共在一九五三年得以有餘力建構以蘇聯為師的整合性國家經濟發展藍圖。蘇聯一系列五年計畫控制下的工業生產，被認為是蘇聯能在一九三〇年代躍升為世界強權、且於第二次世界大戰期間抵抗、逐退德軍的原因。雖有美國掣肘，但軍事勝利讓蘇聯在大戰結束後，得以大幅擴展於歐洲的影響力。

中國為何會選擇並不太了解實際運作的蘇聯模式？這是一個難以回答的重要問題。或許在國民黨的西方改革路線失敗後，蘇聯模式就成為中共唯一的合理選擇，同時，在韓戰以及一波波排外群眾運動之後，中國只能自外於西方列強。採取蘇聯模式有助於昭示新中國反資本主義、反帝國主義的本質。再者，中共歷經激烈的革命對抗之後奪取政權，更必須依恃某種權力運作模式使其能在貧窮困頓的國家裡實踐社會主義。

中國領導人為準備經濟重建，設定了甄拔新官僚幹部和薪資給付的標準，引進一般行政管理程序，並根據人民所屬工作單位來組織群眾，以增強社會控制和社會教化的效用。一九五四年，經過中共中央高層領導人的反覆討論，廢除了一九四九年以來所實施的六大行政區制度，重組政府結構。現在，軍隊被置於隸屬國務院的新單位國防部之下。為了貫徹黨的決策，中國走向一種高度集中化的機制，各省的黨委書記靠著地方次級黨務組織的嚴密連繫，確保中央委員會的命令能確實傳遞。此時中國的行政架構包括二十一個行省*，五個自治區（新疆、西藏、內蒙古、寧夏與廣西），兩大直轄市——北京與上海**。在這些行政層級之下，有大約兩千兩百個縣級政府，而縣級政府之下約莫有一百萬個中國共產黨的分支機構散布在鄉、村、軍事單位、工廠、礦區、學校之中。

然而與這些基本變革相繫的，是自人民共和國建立以來的第一波政治大整肅。這波整肅發生在一九五三年底至一九五四年初，受害最深的是分別擔任東北和上海地區政委的高崗與饒漱石，他們同時也是重要機構「國家計畫委員會」的成員***，負責規畫國家未來的發展方向。雖然他們均曾是中國最有權勢的政治人物之一，但垮臺時被指控的理由卻極不明確，不脫意圖成立「獨立王國」或實行「錯誤的經濟政策」等含糊說詞。一九五三年十二月，在高崗與會的政治局會議上，毛澤東指稱現在「北京有兩個司令部，一個是以我為首的司令部，就是刮陽風，燒陽火；一個是以別人為司令的司令部，就是刮陰風，燒陰火。一股地下水。」[1]毛澤東在含而糊之的抨擊之後，突然消失了三個月，據聞是「度假」去了；他放手讓劉少奇在黨內審訊高、饒，嗣後開除二人黨籍。鄧小平日後以中共總書記身分宣布高崗犯下「最嚴重的叛黨罪行」——也就是自殺，但對於饒漱石的命運卻隻字未提。

儘管黨內權力結構核心爆發種種危機，不過「一五計畫」實施的結果還是大幅提高了各種工業生產（見下表）。一五計畫的時間範圍涵蓋一九五三到一九五七年，不過計畫細節因為內部對程序的爭執不斷而延宕至一九五五年才公布。大部分的生產指標在一九五六年底就已經提早達成。雖然對日抗戰、內戰、以及中共第一階段的重整，都讓工業長期凋敝，使一九五二年的產值偏低，但一五計畫仍被視為空前的成就。

這一時期也是中、蘇兩國合作最為密切的階段。大批蘇聯技術顧問抵達中國，協助組建工廠設備、訂定工業計畫、發展水力發電、拓展鐵路運輸網絡，甚至都市建築物的興建；然而這些龐大的建築物實與中國的都市景觀格格不入。蘇聯的快速工業成長技術可以歸納為五大要素：強調整個計畫期間維持高成長的必要，以重工業作為經濟成長的指標，採取高額

* 原注：臺灣仍被畫列為第二十二個行省。
** 原注：隨後天津也升格為直轄市。
*** 譯注：高崗是該委員會主任。

第一個五年計畫，1953至1957年[2]

項目（單位）	1952年數據	1957年計畫產出	1957年實際產出	1957年實際產出占計畫產出的百分比
總產值（以1952年人民幣的百萬元計）				
工業（不包括手工業）	27,010	53,560	65,020	121.4
生產財部門	10,730	24,303	34,330	141.0
機械	1,404	3,470	6,177	178.0
化學	864	2,271	4,291	188.9
生產財部門扣除機械與化學	8,462	18,562	23,862	128.5
產出				
煤（百萬公噸）	68.50	113.00	130.00	115.0
原油（千公噸）	436	2,012	1,458	72.5
鋼鐵塊（百萬公噸）	1.35	4.12	5.35	129.8
水泥（百萬公噸）	2.86	6.00	6.86	114.3
電力（十億度）	7.26	15.90	19.34	121.6
內燃機（千匹馬力）	27.6	260.2	609.0	234.2
水力渦輪機（千瓦）	6,664	79,500	74,900	94.2
發電機（千瓦）29.7	227.0	312.2	137.5	
電動機（千千瓦）639	1,048	1,455	138.8	
變壓器（萬千伏安）	1,167	2,610	3,500	134.1
機械工具機（臺）	13,734	12,720	28,000	220.1
火車頭（輛）	20	200	167	83.5
鐵路貨車（輛）	5,792	8,500	7,300	85.9
商船（萬噸）	21.5	179.1	54.0	30.2
卡車（輛）	0	4,000	7,500	187.5
腳踏車（千輛）	80	555	1,174	211.5
燒鹼（千公噸）	79	154	198	128.6
純鹼（千公噸）	192	476	506	106.3
硫酸銨（千公噸）	181	504	631	125.2
硝酸銨（千公噸）	7	44	120	272.7
汽車輪胎（萬條）	417	760	873	114.9
硫酸（千公噸）	149	402	632	157.2
「666」牌殺蟲劑（噸）	600	70,000	61,000	87.1

政府預算支出的分配，1950至1957年[3]

支出項目	1950	1952	1957
經濟建設	25.5%	45.4%	51.4%
社會、文教費用	11.1%	13.6%	16.0%
國防支出	41.5%	26.0%	19.0%
政府行政支出	19.3%	10.3%	7.8%
其他	2.6%	4.7%	5.8%
總計（百分比）	100.0	100.0	100.0
總計（百萬元）	6,810	16,790	29,020

的儲蓄與投資利率以確保高成長，改造農業體制，以及偏向資本密集型技術。中國就在這五大面向上緊跟著蘇聯導師。另外又增加一項苛刻的「原始積累」（primitive accumulation）政策，以極低的價格強迫收購超過農民總生產量四分之一的糧食。這項政策讓農民僅能維持溫飽，而使政府有餘力保證城市地區的糧食供應不虞匱乏，並壓低城市的工資水準。

為了達成五年計畫，政府必須控制通貨膨脹，雖然韓戰帶來軍事生產的壓力，不過中共還是在一九五二年達成平抑通貨膨脹壓力的目標。在中國境內，政府發行新的通貨「人民幣」，一九五一年三月，中共在回收東北流通貨幣後，正式完成了幣制改革。中央政府為了平衡財政預算，嚴格控制政府的支出，重建財政制度，提高城市居民的稅收。其中最明顯的是大幅縮減政府行政費用的預算百分

國家對固定資本投資的分配，1952至1957年[4]

經濟部門	1952	1955*	1957
工業	38.8%	46.2%	52.3%
基礎建設	2.1%	3.9%	3.3%
天然資源開採	1.6%	3.2%	2.2%
農業、林業、水利與氣象	13.8%	6.7%	8.6%
交通郵電	17.5%	19.0%	15.0%
貿易	2.8%	3.7%	2.7%
文化、教育、研究	6.4%	6.3%	6.7%
公共衛生與社會福利	1.3%	1.1%	0.9%
城市公共設施	3.9%	2.4%	2.8%
政府行政	0.4%	1.5%	1.3%
其他	11.4%	6.9%	4.2%
總計（百分比）	100.0	100.0	100.0
總計（百萬元）	4,360	9,300	13,830

*1995 年的總和實際上為 100.9%

比，以及軍事費用的支出（見上頁表）。相對於行政與國防預算的縮減，如上表所示，在工業快速成長的階段，政府對公共衛生與社會福利的投資亦隨之緊縮。即使政府用於公共衛生與社會福利的預算分配減少，不過隨著長期破壞中國的戰爭的結束，以及實施根本的衛生和防治方法以控制傳染疾病的流行——這都是採取自願性的手段和群眾運動的方式——中國的人口急遽增加，除廣西之外，各省的人口均有大幅成長。我們之所以能了解中國的人口成長概況，主要歸因於中國在一九五三年首度採行比較現代化的方法實施人口普查*。數據顯示，自晚清以來中國的人口成長已逾一億，而今總人口數已達五億八千兩百六十萬；迄至一九五七年，中國總人口數增長為六億四千六百五十萬人。

中共政府既沒有像當年國民政府一樣發行新鈔來解決困窘的財政問題，也沒有向國外大量舉債，而是採取發行公債，同時鼓勵愛國「捐獻」的作法。政府也刻意讓消費性商品持續缺貨，藉此鼓勵人民儲蓄。「中國銀行」更大幅調降存款利率，以強化人民的經濟信心。一九四九年十二月，當時中國國內銀行的存款年利率在百分之七十至百分之八十之間，一九五〇年調降為百分之十八，一九五一年為百分之三。為了進一步提高人民信心，所有的工資都支付給工人，人民的儲蓄被轉存進國家銀行，不過工資與利息給付都是以折實的原則用「商品籃」支付——亦即以等值的主食、布、煤炭、食用油等四種基本商品償付。這一商品籃的價值每隔七至十天在各大城市公布，提領存款時以與人民幣等價的商品籃支付本金和利息。一九五二至一九五七年間，零售價格的漲幅已被控制在每年一點五個百分點至兩個百分點之間。

中共國家計畫官僚往往輕忽基本程序，計畫過程常因各種錯誤、生產瓶頸，以及北京工

* 原注：有些人口統計學者認為，一九五三年的人口數在各地大約低估了百分之五至百分之十五，因而日後的人口成長其實並未如此劇烈。

業部門與地方生產者之間的齟齬而受阻。再者，為了化解一定期限內必須生產定額產品的壓力，許多廠長經常私下囤積生產物料。更有甚者，各種產業之間極少合作，反而彼此爭奪緊急資源和修護服務。然而，隨著國家逐漸介入私營企業的運作，國家與私營企業的緊張關係也慢慢消除。國家對私人企業的干預一直持續到五反運動和一五計畫時期，到了一九五五年底，在私人企業皆正式轉為國有之後，純粹的私人企業不復存在，全中國僅存兩種工業組織形態：國營企業與公私合營企業。

一九四九年以來，中共政府不斷增設新的政府部門，由此可見政府集中統籌的生產、供給、分配等全國事務有多複雜。例如，一九五五年，中共新設立了四個「部」來處理食品工業、煤炭工業、電力工業和石油工業的行政管理工作。這些新的部門、特別是電力和石油方面的科技專家大多在蘇聯受過專業訓練，日後也將各自在政府和黨機器內發揮可觀的影響力。一九五六年，中共又新成立九個部，分別是主管水產、建築材料工業、化學工業、冶金工業、電機製造工業、國有農場與土地的開墾、森林工業、城市建設、城市服務等業務。

對於城市工人而言，生產力的提高帶來物質利益，工作也獲得保障，不過這卻也阻礙了人事流動的可能性。如今，工人很難改變國家指派的工作，同時國家亦嚴格控制農村人口流向城市。相較於國民黨時代，此時中共政府通過工作單位與黨的組織機器，更能有效控制工人。仔細比較上海一般家庭每年糧食消費水準變動的情形可以得知，一九五六年上海的生活水準要比一九三〇年代更高（見下表）。不過儘管如此，上海人的日常生活還稱不上舒適。

上海市的平均年消費量。1929至1930年及1956年[5]

（單位：「斤」，例外者如示）

商品	1929-1930	1956	成長的百分比
米	240.17	270.74	12.5
麥粉	15.17	15.68	3.4
豬肉	9.78	16.21	65.7
牛肉、羊肉	1.89	2.29	21.2
雞肉、鴨肉	0.76	2.70	255.3
魚、貝類	10.17	27.39	169.3
蛋	1.85	7.02	379.5
蔬菜	159.57	193.50	21.2
蔬菜油	12.58	10.20	-18.9
動物油	0.47	0.71	73.2
糖	2.40	4.17	73.8
香菸（20）	24.21	32.36	33.7
酒	13.43	6.46	-51.9
茶	0.55	0.15	-72.3
棉紡織品（平方公尺）	6.43	14.00	117.7
煤油	19.17	0.40	-91.9
煤和木炭	43.14	228.17	428.9
可燃性植物	242.77	78.24	-67.8
皮鞋（雙）	0.17	0.27	58.8
橡膠鞋（雙）	0.10	0.51	410.0
襪子（雙）	1.26	2.08	65.0
居住空間（平方公尺）	3.22	4.78	48.5

單位：1 斤 =1.1 磅或 0.5 公斤

依中國的經濟特質，一五計畫中的工業發展與農業發展緊密結合一起。的確，大部分工業發展所需的原料都榨取自農業部門；工業投資的資本少數來自稅收和儲蓄，多數則來自政府為壓低價格採購農業部門的產品。土地改革政策瓦解地主階級的傳統勢力之後，國家開始有組織地將農民組成勞動合作社。第一階段是鼓勵農民加入建立在土地改革所形成的社會意識基礎上的「互助組」，藉由組織勞動力、生產工具、馱獸以提高農業生產。這類組織一般是由六、七個家庭集合而成；不過富農、甚至中農則因為政治態度不明與潛在的危險性而被剔除在互助組之外。富農甚或中農則因此清楚意識到，身為富有的農村成員，他們就是遭認定為政治態度模糊且具有潛在危險性。而為了進一步強調這類觀點，農村地區沿用了城市裡的那套繁瑣的階級畫分辦法。因為鄉村社會裡大部分農民完全不了解有關階級概念的關鍵性詞彙，同時中共也有意讓農民特別注意毛所述及的「半封建」階級關係，毛澤東論述中國社會階級特質的文章被廣泛流傳。另外，中共也不忘借鏡江西蘇區、延安時期、內戰時代的土地改革經驗，地主階級進一步被細分為各種等第，包括「隱性的」、「破產的」、「開明的」、「海外華人」、「專制的」；中農階級底下又有「舊的」、「新的」、「富裕的」等不同的階級區隔。起初，互助組的運作形態在農忙季節過後便解散，然而隨著集體化政策討論的深入，互助組也固定下來，成為一種全年性的組織。

在一九五二和一九五三年，政府嘗試將互助組的農工進一步集合成以三十至五十家為一單位的農業生產合作社。在合作社裡，縱使每一戶農家在名義上仍保有原先的自留地，但土

不同所有權類型的農戶比例[6]

年代	互助組	農業生產合作社	
		初級社	高級社
1950	10.7%	微量	微量
1951	19.2%	微量	微量
1952	39.9%	0.1%	微量
1953	39.3%	0.2%	微量
1954	58.3%	1.9%	微量
1955			
秋末	50.7%	14.2%	0.03%
年底	32.7%	63.3%	4.00%
1956			
一月底	19.7%	49.6%	30.70%
七月底	7.6%	29.0%	63.40%
年底	3.7%	8.5%	87.80%
1957	無	微量	93.50%

地與勞動力皆為共享。這種合作化耕作的形式屏棄傳統耕地過分切割的作法，因而使得耕地面積增加，同時，也免除了穿梭各耕地間的麻煩，再加上農業機械化的實施，大大提升了勞動生產力。在每一年的年終，扣除政府計畫中收購農產品的定額、以及部分投資於合作社的資本之後，剩餘再依「土地分成」（land share）原則——每個家庭貢獻合作社的土地面積——以及「勞動分成」（labor share）原則——每個家庭每天的工作量——按比例分配。此一模式只是某種半社會主義式的組織形態，這是因為富農貢獻出較多的土地，所得也較其他人多，有鑑於此，這種形式的合作社

又被稱之為「初級社」。

從互助組逐漸過渡到農業生產合作社的組織形態，其實是一連串複雜的決策過程，不僅是因為它關係到階級地位和工作方式，同時還涉及各種作物的理想耕作面積，農業機械化的程度或可行性，以及合作社內部權力運作等問題。同時農村運動必須被整合進城市地區的群眾動能之中，所以對全國而言，農業的集體化並非一蹴可幾，全國才不會立刻陷入一片混亂。然而，到了一九五五年底，歷經長期的宣傳運動以及政府在試驗區的謹慎實驗之後，國家開始削減土地分成的比例，相對增加勞動分成的百分比。為了勸服富農或中農上述作法有利於他們，政府不再貸款給這些人或是給予其他便利措施，使富農和中農感受到過渡至「高級農業生產合作社」階段是有經濟利益可圖的。這種高級社的範圍較大，通常是由兩、三百個家庭組織而成。因此，高級社其實已經超過大部分傳統農村的範圍，需要聘雇更多全職行政人員和黨代表。一九五六年，這種過渡在中國全面展開，初級社紛紛被合併成為高級社（見前表）。同一時期，政府不再強調互助組的組織形態，至此，互助組的運作模式已在中國的農村生活中徹底式微了。

然而，農民在名義上仍保有他們所提供給公社的土地，農民亦被應允保有部分自留地供其使用，在某種意義上，這種自留地被視為個人產權，農民在自留地內可以發揮其經營才能。這類自留地不超過高級社所屬土地總面積的百分之五，但卻廣受農民的歡迎。這是因為農民可以在農村市場上出售自留地的農產品，以便在公社的勞動所得外，增加額外收入。農民一般都在自留地上種菜，因為蔬菜在市場上的價格比糧食作物高出數倍。一九五六年，在農民全部耕種所得之中，自留地的收入可占高達百分之二十至三十；除此之外，由於自留地帶來的額外收入可以用於購買飼料，輔之以廢棄菜屑，導致全中國豬隻數量驚人地成長了百分之八十三。同樣的飼料來源也可以用來餵養家禽。牲畜的排泄物反過來又成為富利用價值的天然肥料，可用來促進蔬菜、水果的生長。

然而私營農業的成果卻令毛澤東和其他政府領導人感到怵惕萬分，他們唯恐傳統農村社會的兩大或三大階級的結構模式會再度復甦，能力較強、較幸運或較堅韌的新一代農民逐漸富裕，犧牲掉其他農民的利益。在一九五六年和一九五七年這段期間內，農民吃得比一九五〇年代初要好，農民的平均糧食消耗量也高於城市工人。從今觀之，自留地的收益連帶造成豬隻與家禽的大幅成長，鵝、鴨、蛋、豬肉不虞匱乏，讓工人的「消費籃」豐富起來，其形成過程不無矛盾，而中央政府如何回應自留地的生產成就，將是人民共和國歷史下一階段的重要關鍵所在。

外交政策與少數民族

清朝初年與清中葉，中國亟望塑造一幅永恆的形象，亦即位於北京的王朝是鄰近各邦、南海諸國朝拜的文化中心，中國的文德斐然，令鄰邦滋生孺慕之情。中國皇帝的權力廣澤四海，體現在人文文化如儒家經典、天文曆法、文字系統的影響力之中。一些心悅誠服的鄰國諸邦不時前來「朝貢」，證明了中國的世界中心地位，而中國皇帝有時也會派遣使節出使藩屬國，賜封爵位或給予貿易機會以加強這種地位，縱使這類使節只是短期性的，而且多數非朝中重臣。然而，西境與北疆之游牧民族與回民的桀敖不馴，卻令這種四海臣服的自許無法成真，隨後更在歐洲強權短暫順從之後的侵略行為下徹底破滅。

一九五〇年代，中國領導人的首要目標之一，是重建中國自袁世凱統治、軍閥割據、以及後期國民黨統治以降，業已衰頹的國際聲望。誠如邱吉爾的警示，中國在第二次世界大戰期間的角色與同盟國所稱之的強權地位並不相稱。韓戰令美國與中國陷入敵對，從而確保臺灣不受中華人民共和國控制，中共無法進入聯合國，這使中國的國際處境益發複雜艱辛。

縱使如此，在一九五〇年代、亦即第一個五年計畫啟動的年代，中國的國際地位迅速竄升。對中國人而言，這是一個樂觀的時代，同時藉由中國當時新進而可靠的國際成員姿態，中國領導人也得以修正國家政策所滋生的極端主義意識。新中國外交政策的主要擘畫者是周恩來。周身兼國務院總理與外交部長兩職，更位居政治局五位常務委員之一，處於權力頂端，能協調領導高層的所有決策。第二次世界大戰期間，周恩來已是歷練極豐的中共革命家，更是共產黨內負責與重慶政府周旋的能手；周恩來靈活的外交手腕得益於他的家世背景，此外，留法歲月與通權達變之才幹也都有所幫助。中共建政之初，周恩來首先致力於與鄰國印度敦睦邦誼，並本著相互尊重的原則，與印度獨立之後的首任領導人尼赫魯（Jawaharlal Nehru）建立私交。一九五〇年至一九五一年間，周恩來說服印度政府承認中國占領西藏，而當韓戰的停戰談判陷入困境時，印度官員更是居中充當中國與美國的調停人。

一九五三年三月，史達林去世，蘇聯隨之修正好戰態度，因而打破了韓戰協議的僵局，並緩和了艾森豪可能斷然動用核子武力來終結韓戰的威脅。或許是慮及未曾有蘇聯高層領導赴北京進行禮貌性訪問，毛澤東決定不前往莫斯科弔唁，而由周恩來出席史達林的葬禮。周恩來抵達莫斯科之後受到蘇方禮遇，破例與蘇聯新的領導人赫魯雪夫（Nikita Khrushchev）、馬林可夫（Georgi Malenkov）、貝利亞（Lavrenti Beria）並列，而不是被安排在外國官員之林，且與此三位蘇聯領導人一同走在運載靈柩的砲架車之後。周恩來與蘇聯領導人的這次會晤有助於推動赫魯雪夫在一九五四年底親訪北京，參加中共建國五周年慶祝大會一事。

周恩來訪問莫斯科的前後，中共一直持續加強與鄰境主要共產國家的修好，遵循蘇聯既定的政策路線團結共產陣營。一九五二年底，周恩來和蒙古人民共和國簽訂了一份經濟與文化交流的協定*，並正式與金日成簽訂協議，協助北韓重建殘破的經濟。除此之外，中國也與越南的叛亂分子建立密切關係，在廣西境內修築公路及鐵路交通運輸系統，藉以運送物資援

* 原注：這份協議事實上已經承認外蒙古（即蒙古人民共和國）的獨立地位，從而喪失一度歸屬清朝或至少為清朝控制之領土。

助胡志明（Ho Chi Minh），此刻胡志明正為了爭取越南的獨立與法國作最後的殊死戰。中共的援助大抵與法國得自美國的物資數量相仿，這有助於胡志明得以在連年的激烈戰事中存活。當蘇聯表現出對中立國家的彈性空間時，周恩來則加強與印度的友好關係，並與緬甸的總理吳努（U Nu）舉行親善會談，這一切外交動作都是在中共新近提出的「和平共處」口號之下進行的。

一九五四年四月，周恩來前往瑞士日內瓦，參加商討善後法、越戰爭的一項國際會議，這是中共在國際能見度方面的重大轉折。周恩來穿梭在蘇聯、法國、美國、北越等國縱橫捭闔之中居間協調，其耐性與機敏有助於化解強權之間的歧見，順利達成共識。在協議中，共產主義的越盟爭取到北越國家獨立，與會各造並保證在兩年內舉行大選，進而組成一個統治越南全境的聯合政府。儘管越盟擔心在中國的壓力下讓渡太多權益，不過還是應允了停止在南越的顛覆活動，並同意從寮國、柬埔寨撤軍，促使寮國與柬埔寨成立自主的政權，以作為對前述協議的交換條件。

在日內瓦稍早的一項會議中，周恩來與艾森豪總統的國務卿、也是堅決的反共者杜勒斯（John Foster Dulles）共處一室。此次會面很快就人盡皆知，周恩來欲趨前伸手向杜勒斯致意，不料杜勒斯冷不防地轉身離開。對於杜勒斯的無禮，周恩來卻只是聳聳肩膀，旁人看了都覺有趣，也化解了可能丟臉的局面，這一回合交手算他小贏。周恩來也以同樣的泰然自若來面對杜勒斯堅決反對中國代表擔任日內瓦會議主席一事。周恩來在日內瓦期間還曾與卓別林（Charlie Chaplin）共進午餐，卓別林因激進政治立場被美國政府列入黑名單而離開美國，當時正卜居瑞士。餐敘中周恩來的優雅與從容無不令在座者印象深刻。

在一連串外交出擊中，最富政治意義的是周恩來在一九五五年印尼「萬隆會議」（Bandung conference）上的卓越表現。這場會議的背後隱藏著錯綜複雜的國際關係。越盟靠著火力與有效的暴動策略而贏得奠邊府（Dien Bien Phu）戰役，粉碎了周恩來和平共處的聲明，並促使幾個反共國家結成聯盟。這一所謂「東南亞公約組織」（Southeast Asia Treaty Organization，SEATO）協定，由美、英、法、澳大利亞、紐西蘭，以及菲律賓、巴基斯坦、泰國等諸國，於一九五四年九月在馬尼拉所簽訂。「東南亞公約組織」的宗旨就是要建立一個國際性聯盟，壓制共產主義革命的火苗進一步向東南亞諸國延燒。諸會員國特別關注寮國與柬埔寨的局勢發展，但他們也擔心共產主義的威脅逐漸在南越與菲律賓境內坐大。「東南亞公約組織」並沒有屬於自己的常設軍備，但保證會員國的傳統武力彼此相互支援；他們在泰國曼谷成立了「東南亞公約組織」的總部，在總部底下設置各個機構，分管公共關係、區域安全、文化事務與經濟合作等各項業務。

周恩來憤而疾呼，當中國致力於「世界和平與人類進步」時，美國政界卻還有一些激進人士在幫助臺灣的國民黨政府，並打算促使日本重整軍備。一九五四年秋天，中共持續砲擊位於福建省沿岸仍有國民政府駐軍的島嶼，並派遣偵察機飛越臺北。面對中共的砲轟，臺灣則以先進的美國戰鬥轟炸機襲擊中國。一九五四年十二月，就在局勢緊張之際，美國與臺灣簽訂了共同防禦條約。

為了回應漸次升高的區域緊張關係，所謂的「可倫坡強權」（Colombo Powers）——即印度、緬甸、印尼、巴基斯坦（也是東南亞公約組織的會員國）與錫蘭（亦即斯里蘭卡）等五個國家，共同邀請中國參加一九五五年春天在印尼萬隆召開的會議，而「萬隆會議」共有二十九個亞、非國家的代表蒞會參加。中國代表團團長周恩來以靈活的外交手腕維持會議的中立立場，如此凸顯出美國才是破壞該區域穩定的最大威脅。在尼赫魯、納塞（Gamal Abdel Nasser）、蘇卡諾（Sukarno）及其他代表的支持下，發表了一份有關宣揚區域和平、銷毀核子武器、維護聯合國普遍代表原則，以及裁減軍備的強烈聲明。會中周恩來特別提醒與會代表，「亞洲人民永遠不會忘記第一顆原子彈是在亞洲土地上爆炸的。」

萬隆之行還有一項附帶議題，亦即眾多華僑在東南亞國家遭遇的生活困境。東南亞地區華僑寄回家鄉的錢，是中共外匯的重要來源，中國最不樂見的就是這些海外僑民對祖國的向心力變弱。在這些國家，例如印尼（居住印尼的華人超過三百萬）、馬來亞（Malaya）、越南、菲律賓等國，大量的華人社群及其對當地零售業與其他商業的控制，被各個當地政府視為是國家安全的潛在威脅。

對馬來亞而言，這種威脅特別嚴重。自一九四八年以來，「馬共」就一直採取恐怖主義的手段攻擊農場主、警察及其同路人，並且如同中國人在抗日期間的所作所為一般，對農村地帶的「解放區」進行大掃蕩，意圖推翻英國殖民政府。但是，因為馬共之中逾百分之九十是中國人，很容易令人聯想到北京政府在幕後操縱，因而忽略了馬來亞與新加坡華僑多數拒絕加入或支助共產黨。在其他存在著龐大華人社群的國家，例如菲律賓或印尼，地方上的共產黨勢力雖然分散但卻很強大，中國人在共產黨中不僅只占少數，而且還經常受到這類叛亂運動中狂熱民族主義者的歧視。

在東南亞國家一片恐懼中國共產黨顛覆聲中，卻出現了一特例，即一九四九年遭中共擊潰的國民黨部隊，有數萬名軍人朝西和南撤退，進入到泰、緬北部的撣邦（Shan）。一九四八年緬甸脫離英國獨立時，國民黨的李彌將軍率領「反共救國軍」在撣邦自立山頭，並由美國提供部分經費及顧問人員；不過其經濟來源主要來自生產和販賣鴉片。一九五三年，逾七千名部隊被遣送回臺灣；但萬隆會議召開當時，另有七千名軍人仍盤據在緬甸、寮國邊界，且滯留泰北者也有幾千人。

中國向來視海外華人為其公民，他們最終必須忠於中國——如今是中華人民共和國。但鑑於這些東南亞國家的疑慮，在中國駐印尼大使與這些國家進行冗長的協商後，一九五五年中國政府首度簽訂了一份雙重國籍的相關條約，規定中國人在未來兩年內有權選擇中國或在地國的國籍。事實上，此一條約直到一九五七年才正式生效。另一方面，一九五九年，印尼政府下令關閉多間華人企業和學校，並赦免鼓動排華動亂的暴徒，雙方的和平承諾剎時煙消雲散。

然而橫亙在未來的種種險阻並未損及周恩來在萬隆會議上靈活與開放的談判者形象。周恩來對於臺灣和福建沿海島嶼的危機，同樣表現出靈活巧思。局勢的發展逐漸明朗，如果臺灣棄守福建沿海那幾座可能爆發激烈戰爭的島嶼，美國、或許甚至英國將會保證臺灣的獨立存在，於是周恩來說服中國政府把與之對峙的軍隊撤出，讓蔣介石繼續占有金門和馬祖。一九五五年五月，周恩來發表正式聲明，宣稱中華人民共和國未來將「盡可能地採取和平手段解放臺灣」。

雖然少數民族問題非屬周恩來的權限，不過中共對少數民族問題的處理可與前述海外華人相對照。根據中共的估算，中國境內至少有五十四個少數民族，總人口數約為三千萬。這些少數族群分居重要的戰略邊陲，清帝國時這些地區其實被視為是漢民族與其他地區居民之間的緩衝地帶。中共積極從少數民族中甄拔官僚幹部，而毛澤東的二弟*就是在從事回民工作時於新疆遭到殺害。一九四九年前，中共黨內較顯著的少數民族黨員包括蒙古、白族（位居西南地區）、滿洲的朝鮮人、偏遠西疆的維吾爾人（Uighurs）和回人，也有部分加入長征隊伍並定居在延安的西藏人。[7]

因為共產黨在非漢族地區的少數民族黨員明顯不足，無法有效運作，於是中共遴選漢族幹部到這些地方工作。而對他們而言，這些地區猶如異邦，就像當年在那些打游擊戰的地區推動土改一樣。前往少數民族地區的工作隊會先找出當地較順從的首領，最好是能說漢語者；他們會把話講清楚，從政府角度去闡述族群關係，並說明漢人工作隊將會仔細考察少數民族的習俗，並幫忙進行各種能帶來重大利益的工作，譬如整治沼澤以控制瘧疾疫情，或是建構小型的灌溉溝渠。白天，工作隊的隊員大都從事枯燥的尋常農務，例如汲水或撿拾生火木柴。傍晚時分，他們就以簡單的戲劇表演來解釋階級剝削的觀念，直接將必被革命力量推翻的漢人官吏描述為惡棍。俟工作隊洞察當地民情之後，幹部就將焦點轉移至真正受剝削的階級，例如，在西藏種姓制度下備受輕視而無法在人民議會取得適當比例代表權的鐵匠。

但少數民族對工作隊極度不信任，就如某地諺語所云：「石頭做不成枕頭，漢人做不了朋友。」一九五七年，一名西南彝族的蓄奴者竟還是當地全國人民代表大會的人民代表。而游牧民族很可能在深夜悄悄離去，讓幹部在黎明時分驚覺遭人棄置沙漠。某些與漢人合作修築道路的藏人則會被村人殺害或剁去手足。一九五〇年代甘肅回民的問題遙遙呼應一八七〇年該地區的叛亂。當時回人被禁止進入某些漢人的城市，只能到某些地方團練的營地覓得稀少的工作機會，有時甚至還會遭到當地漢人移民以火器攻擊。而且中國的藝術與小說作品往往呈現出少數民族喜歡官能享受且放蕩不羈的面貌，女性尤其如此；相較之下，中共漢人幹部則是較為嚴肅、勤奮，熱中政治。[8]

縱使存在著緊張、紛擾不安、甚至公開決裂的現象，中共依然按部就班地拔擢地方幹部、訓練黨員。一九五六年夏天，中共大肆宣揚第一批新進入黨的西藏幹部（不同於長征時

* 譯注：即毛澤民。

代入黨的藏人）。一九五七年，《民族團結》雜誌披露，黨預計從所有民族自治區中吸收四十萬名共產黨員（當時全國共有一千兩百七十二萬名黨員）以及六十萬名「共青團」團員。對中華人民共和國的領導人而言，整合長期以來多事的邊疆，是他們成功與鄰國建立緊密聯繫的一項鼓勵。

軍事改革

雖然人民解放軍在韓戰中表現英勇，但也損失慘重。據估計，中國死傷人數大約在七十至八十萬之間。醫療闕如、糧食不足，甚至缺乏得以抵擋朝鮮嚴冬的衣物。在激烈的嚴冬作戰中，約百分之九十的中國軍隊受凍瘡之苦。使用的武器則是美製、日製、俄製、德製等大雜燴，常常在一聯隊中同時混用這四種系統的武器，而大部分的步兵最多就只發給八十發彈藥。稍後，直到一九五一年，待俄製的米格戰機研發成功，中國人才獲得相同類型的戰機。不過仍欠缺足以克制美國強大海軍的海戰能力。

早在一九五三年朝鮮戰事停歇、中國軍隊返鄉之前，中國就開始重建龐大的軍事組織，企圖建立專業化的軍隊，以便在現代技術世界中與其他國家相抗衡。彭德懷是中國的韓戰指揮官，嗣後擔任中國國防部部長；他相信重建人民解放軍的最佳途徑是持續遵循蘇聯模式領導，發展裝備精良的傳統武力，而不是走回一九三〇年代和一九四〇年代讓毛澤東如魚得水的游擊戰略。即使蘇聯在韓戰初期的表現極為吝嗇，中國的其他領導人還是接受了彭的建議，毛更是於一九五三年呼籲「在全國推動學習蘇聯的新浪潮」。而人民解放軍訓練手冊中的語彙更是透露出，中共基於現實考量，修正了先前毛輕蔑擁有原子彈的美國帝國主義是一隻「紙老虎」的觀點：

> 美軍在政治上是反動帝國主義的軍事組織，根本上是一隻「紙老虎」；但它是一支具有現代化裝備和戰鬥力的軍隊，美軍的訓練和裝備與反動的國民黨軍隊不同。為了徹底摧毀這類敵軍，必須建立一支強大的現代化國防軍隊，同時負責的軍官應該讓解放軍的每一位戰士全面地、正確地認識美國軍隊。[9]

起初，黨的領導人做出一項重要決策，亦即裁減軍隊人數，進而集中力量建立起一支軍備上質量兼具的精兵。這也是當年蔣介石身旁多位美軍顧問曾提出的建議，不過蔣的部隊從未達到此目標。而韓戰方酣，解放軍就已開始著手裁減國內軍員，同時為復員的戰士在城市或農村的家鄉尋找就業機會。一九五三年，人民解放軍的員額從一九五〇年五百萬人的高峰降為三百五十萬人，大約有三百萬人辦理退伍，一百五十萬新兵加入軍隊行列。到了一九五六年，解放軍有兩百七十五萬人，一九五七年有兩百五十萬人。縱使軍中有這麼多員額欲辦理退伍，中國軍隊的預算卻是意外維持不變，俟國家預算在一五計畫中大幅激增之後，軍隊預算的比例才開始急遽下降。

中國軍隊的預算，1950至1960年[10]

	百萬元	預算支出的百分比
1950	2,827	41.53
1951	5,061	42.52
1952	4,371	26.04
1953	5,680	26.43
1954	5,814	23.60
1955	6,500	24.30
1956	6,117	19.91
1957	5,509	19.24
1958	5,000	15.12
1959	5,800	11.20
1960	5,826	8.30

一九五四年饒漱石與高崗遭整肅，意味著多數中共領導人認為人民共和國建國之初，六大行政區中各局的權力過大。一九五四年，中共廢除了六大行政區的行政架構，接著在解放軍總部指揮下畫分出十三大軍區*，解放軍總部對甫成立的「軍事委員會」（Military Affairs Commission，毛澤東任主席）和彭德懷領導的國防部負責。雖然重組後的軍區涵蓋範圍依然十分廣，基本上一軍區包含兩個或兩個以上的省，不過新的組織卻使中央能更有效控制軍隊。

此時，一支專業化軍隊的圖

象開始浮現，特別是技術性兵種的發展，如工程隊、鐵道和通信隊，以及「ABC」隊——即以「反原子彈」（anti-atomic）、「反生物戰」（anti-biological）、「反化學戰」（anti-chemical）三者縮寫命名的部隊。中國咸信，一旦美國全面攻擊中國，美軍可能使用原子彈、生物戰、化學戰等方式。各大軍區內另外還安排有公安兵力，而公安系統是委由紅軍老幹部、日後擔任解放軍總參謀長的將領**來指揮。

中共把軍隊的需求與一五計畫優先發展的工業整合在一起，使得軍隊能獲得包括步槍、機槍、迫擊砲、火箭筒、中程火砲等現代化步兵武器的補給。然而這一切都需要龐大經費，因此解放軍還是無法獲得足夠的自走砲、軍用運輸車、重工程機械與坦克等武器裝備。隨著北京、南京與大連等軍事學校開始教授現代化戰爭的戰術，解放軍軍官的素質始獲得改善。除此之外，大批解放軍軍官奉派前往蘇聯位於基輔（Kiev）的軍事參謀院校進修。

經過兩年的試行之後，一九五五年中共官方公布《徵兵法》，徵募新血加入軍中行列。規定除了犯罪以及被剝奪政治權利者之外，凡年齡十八歲至二十歲之間、體魄健全的男子均須登記列冊。地方政府根據國家規定每年需徵募八十萬名定額，再從這些登記者之中篩檢出

* 譯注：一九五四年解放軍總共將中國畫分為十二個軍區，一九五六年因臺海局勢緊張才增設福州軍區。

** 譯注：羅瑞卿。

適當人選。獨子、高中生與大專院校生並不在徵募對象之列；但中選者多數都樂於入伍從軍，尤其是來自貧窮農村的子弟，因為軍旅生涯提供他們力爭上游的大好機會，而且更可自此習得一技之長。眾多落選者以及已經服完三年役期者，都必須加入後備部隊。解放軍不斷宣傳入伍報國的光榮使命，並以生動活潑的方式向人民解釋，與國民黨時代相較，現在入伍所獲得的待遇和未來前途已不可同日而語。不過，軍中的生活仍是困頓的，而各種艱苦、不公的抱怨聲也時有所聞。

由於習得新科技的技術曠日費時，所以徵召入空軍者需服役四年，在海軍則要五年。經歷韓戰的洗禮之後，被中共視為對國防極具重要性的海、空軍建軍基礎卻十分薄弱，這是因為抗日戰爭之後留下來的多數軍品均落入國民黨的手中。解放軍中負責空軍訓練部門的將領恰好是前國民黨的空軍飛行員，他在一九四六年駕駛美製新型B-24轟炸機從成都叛逃延安。其他領導軍官也都曾於一九四五年在蘇聯軍隊掩護下參與接收東北日軍戰機的任務。經過初步審慎的評估，蘇聯於一九五一年開始為中國製造大批的米格十五（Mig-15）噴射戰鬥機，以及少量輕型的噴射轟炸機。但是，蘇聯並未提供中型或重型的長程噴射轟炸機給中國，唯恐他們有能力攻擊比較遠的目標，輕啟戰端。自一九五四年以降，中共空軍就集中全力於鄰近臺灣的沿海地區建造飛機場，顯然中共主要著眼於加快犯臺步伐。不過當時中共並不以空軍戰力支援對金門、馬祖兩離島的攻擊，儼然知道如此一來將會招致美軍反擊。

自一九五五年開始，蘇聯授權中共在東北兵工廠生產更先進的米格十七噴射戰鬥機。中共一向因為欠缺研發人才與設計能力，從未企圖自行研發新型飛機。不過此一落後的窘境，就在同年夏天火箭研究專家錢學森（H. S. Tsien）獲准離開美國時迎刃而解；在這之前，錢學森遭移民局限制出境五年，且當局針對他採取的種種措施不無違法之嫌。在錢學森的指導下，中國開始召集研究人員發展火箭與彈道飛彈計畫。同時，另有一批中國核物理學家前往莫斯科附近的「杜伯拿」（Dubna）原子研究所，一半獨立研發，一半仰賴與蘇聯科學家合作，以提升中國本身的原子彈製造能力，同時蘇聯的領導人也允諾不久後將提供一枚原子彈模型給中共。

晚清自強運動的有識之士已經認識到，成立現代化海軍是中國賴以抵禦外侮、推動成功革新的重要關鍵；不過在中共而言，這已不是當務之急。中共將其少量海軍軍力集中在取得並部署快速艦艇以巡防沿海地區，用意在於防範臺灣突擊隊的騷擾，因為臺灣的兵力仍然在中國東部沿海地區積極活動；此外，中共海軍另有禁止非法走私以及嚴防叛國逃亡的任務。蘇聯還提供中共海軍二次世界大戰前的老式潛水艇。一九五五年，蘇聯終於實現承諾，把軍隊撤離旅順，蘇聯撤軍時曾移交部分艦艇給中共，包括兩艘驅逐艦和五艘新式潛水艇，而在這五艘潛水艇當中，有兩艘具備遠洋續航的能力。不過，總體而論，中共海軍軍力一時還無法臻至強國之林。

人民解放軍所屬各單位傾向專業化，對中國社會和中國共產黨本身有著重大的影響。菁英主義再度出現的問題特別棘手。在農村與城鎮長期且殘暴的反地主、反資產階級的群眾運動之中，高舉著平等與合作勞動的價值。在軍中，以前在打游擊的時候，是經過小組討論之後才做出行動決策，而且意識形態的動員工作與軍事策略同等重要，但一九五〇年代中葉，解放軍的發展似乎逐漸與昔日傳統相背離。一九五五年，中共實施十四級的幹部等第制度，並以動章和制服作為職位高低的識別，老同志革命階段那種圓桌武士般的革命情誼蕩然無存。隨著職位高低而來的薪資給付之間也有極大的差距，尉級軍官的薪資超過一般列兵的十倍，而校級軍官大約是尉級軍官的三倍。受過高等教育或有科學研發能力者，很快就能夠進入參謀學校進修或者獲得升遷的機會。

除此之外，更嚴重的問題是，崇高的社會地位再加上離鄉背井的心態作祟，經常導致軍人濫用職權，日累月積之下，使得游擊戰時代紅軍賴以維生的那種地方凝聚力不復存在。如今解放軍部隊的行為模式就如同國民黨軍隊或是清朝的八旗。一九五五年夏天，解放軍的政治部主任以戒慎的口吻提及，某些軍官認為「不需要軍民一體、支持政府、愛護百姓的傳統」。[11]這句話意思就是，人民解放軍現在會要求分配土地，生活奢華糜爛，駕駛軍車時橫衝直撞、忽視道路安全，未經許可強占民宅（根據估計，約有七萬兩千四百幢民宅遭軍隊霸占）。軍官利用軍車接送小孩上下學，以特權為自己或家人取得戲票或電影票。由於軍人的薪資所得相對較高，於是有越來越多的依附者——配偶、子女、姻親——投靠軍官，與之共同生活。一九五六年，根據統計，約莫有三十三萬名這類依附者寄生在解放軍的各級單位中；截至一九五七年，人數更進一步攀升為七十八萬人，這相對讓住房、就學、糧食與醫療需求的供應更為吃緊。在地方上，軍人利用職權搶奪民女的耳語時有所聞，我們可以藉由一位資深且功勳彪炳的紅軍軍官對這類敗行劣跡的調查報告來一窺端倪。一九五七年，這位軍官憂心忡忡地說道：

某些單位的軍官在駐地上廣納妻妾，已經導致人民怨聲載道。有鑑於此，建議軍官在娶妻時必須遵循下列三點原則：第一，不應在學校尋找對象。第二，不應以金錢或其他物質誘因作為娶妻的手段。第三，嚴禁干涉其他百姓的婚姻。12

面對這種種假公濟私的弊端，解放軍藉由讓這些軍官及所屬單位在農村地區推行日常的生產與勞動，以導正其偏差行為；特別是中共意圖從初級社過渡到高級社的階段，中共期待解放軍軍官能貢獻體力與技術專長。一九五六年二月，解放軍政治部詳擬二十項行為導正守則，並公布在所屬各級單位。許多軍官從軍都是為了成為科技菁英，沒想到卻必須接受種種意料外的指令，例如勸說自家軍眷參與合作社勞動，因此我們不難想像這些人會作何感想。地方黨委會整合軍官和民眾組織工作隊，協助農事，此外，每位軍官在一年之中必須為地方建設奉獻出五至七天的勞動。假日期間，解放軍也必須與地方上的農民一同獵捕所謂的「四害」：即老鼠、麻雀、蒼蠅、蚊子。所有解放軍部隊都必須把排泄物集合起來，作為地方農村合作社施肥的肥料。每五十名解放軍負責養一頭豬。所有軍人都必須學講華北的通用語言

（也就是西方人所謂的「官話」〔Mandarin〕），並到地方上的小學、夜校去幫忙。軍隊中的工程站必須幫助地方上的農民修護農具，軍中的通訊單位應出借各項設備以利地方聯絡溝通。

在許多地方，軍隊這種行事謹慎的表現確實能提升群眾對人民解放軍的支持，並且緩和先前的不滿情緒。不過在軍隊中，這類管理和管教方式卻令軍人十分反感，甚至削弱了軍人對黨的服從性。在毛澤東的著作中，有一句話在西方世界裡常為人所津津樂道，而且往往被西方世界用來證明毛澤東思維中的好勇鬥狠，即所謂「槍桿子裡面出政權」。這句話似乎凸顯了毛澤東與軍閥、國民黨將領的思維模式相仿，都是為了逐鹿中原而以萬物為芻狗。不過，毛澤東的上下文其實是：「槍桿子裡面出政權。我們的原則是黨指揮槍，而絕不允許槍指揮黨。」[13]隨著軍官、甚至正規部隊開始熟識新的科技技術，而共產黨的幹部對此卻仍一無所悉，如此一來軍隊與黨機器之間的緊張關係是可想而知的。然而該由誰來主導未來的發展方向，形勢似乎尚未明朗。

百花齊放

人民共和國建政的頭幾年裡，中國的知識分子就致力於為自己在新政權中尋找令人滿意的定位，且為此掙扎不已。傳統學習的本質和方法受到五四運動批判聲浪的全盤攻擊，但是接踵而至的知識氛圍卻益形複雜，因為現代西方學術訓練與概念的接納者，只不過是依托於傳統思維理路之上，並非徹底取而代之。接受教育同樣是一種耗費時間、所費不貲的過程，多數知識分子都是來自擁有祖產或事業的富裕家庭。在政府官僚體系謀得一官半職、以及從事教職或法律工作者，都免不了會與昔日國民黨政權有所關聯，或曾受雇於國民黨政府。在大學裡執教或具備醫療和科學專長者通常都在海外取得學位，或曾在中國受教於西方人。

具這類背景者如今都被烙印上「封建的」、「反動的」、「買辦的」或「資本家的」標籤，據此，知識分子有義務向中國共產黨輸誠。大部分知識分子早已有感於舊中國的積弱不振，更對國民黨政權能否承擔責任、撥亂反正失卻信心，而準備獻身新政權。中國共產黨承諾，縱使是國民黨的官員還是可以留在原職位，而這頗有安撫人心之效。中共奪取政權之後，不僅多數學術菁英並未逃離中國，前往臺灣或西方國家，反之，一九四九年底有大批定居海外的知名人士返回中國，並在一九五〇年臨助中共政權重建新秩序。這批回歸學人有許多是科學家、經濟學家，以及國民黨時代的駐外大使和領事等外交人員。即使是在國、共兩黨之中都看出弊病的人，也在愛國心及尋找新機會的心理驅策下返回中國。《駱駝祥子》、《貓城記》的作者老舍，自一九四六年就寄居紐約，並在美國享有盛名，《駱駝祥子》一書在當地極為暢銷*，老舍不顧友人返國之後恐怕謀生不易的警告，毅然決然地於一九五〇年回

* 原注：英譯者在未取得老舍的同意下，擅自賦予《駱駝祥子》這本暢銷書一個樂觀的、浪漫的結局。而原書則結束在悲觀面對未來的筆調中。

歸故鄉。

一九五〇至一九五一年期間，數萬名中國知識分子，不分老少，一律被送往「革命學院」，以特定城市既有的學校為上課地點，接受為期六到八個月的課程，而內容主要在於導引知識分子認清其階級背景，以及反省迄今為止他們那種象牙塔生活的本質。由資深共產黨幹部講授革命性質的課程，導論毛澤東思想與馬克思、恩格斯、列寧、史達林等人的基本著作。參與的知識分子一同出席學習小組和自我批判大會，同時，還必須準備一份「自傳」，坦白交代他們及父母的錯誤。最後一項要求為終身服膺於儒家孝道傳統的學者帶來深遠的影響，而整個學習過程也讓知識分子承受巨大的精神壓力。起初在學習過程中，他們興奮地分享小團體的向心力，隨後歷經一段恐懼與惶惶不安的隔離和認錯時期，到了最後的「行為改變」階段，則坦承並感謝共產黨改造他們的生活。

有一份中共試圖改造知識分子思想的證據，是一份長達十一頁、來自曾就讀哈佛大學的知名哲學教授筆下的自我批判。這位教授首先批判過去自己那種「官僚地主家庭」安逸享樂的生活，接著繼續分析禁錮他自己心靈的「自私外表」，他進而責備自己沉溺於頹廢的資產階級哲學，並意圖讓哲學超脫於政治範疇之外，最後感謝共產黨讓他重拾生活的真諦，也感謝人民解放軍所賜予的「奇蹟」。[14]在思想改造的過程中，最特出的學員要屬前清廢帝、滿洲國的統治者溥儀。一九四五年，溥儀遭蘇聯當局逮捕，嗣後被遣送回中國。一九五二年，溥儀在哈爾濱接受「改造」，並開始撰寫他的第一份自我批判*。我們很難辨識這類自我批判是否發自內心，不過如果遭中共認定不夠坦率，仍有所保留，這一類自白就會被退回；但若是寫自白的人使用反諷筆法，還是難以察覺。

知識分子就如同社會的其他階層成員，都參與了三反、五反等相互攻訐的群眾運動，並竭盡所能證明對新政權的效忠，自願加入土地改革的工作隊，宣傳黨的政策。一九五一年中共官方發動群眾運動批判一部廣受好評的、描寫晚清武訓行乞興學的電影，明確表達出中共官方迫切認為知識分子思想必須導正。武訓自幼家境一貧如洗，靠乞討為生，終至成為一名地主；接著運用他的財力和影響力興辦學校，讓窮人家的孩子接受教育，日後方能為國服務。但共產黨的理論家卻群起攻之，認為像武訓這類改良主義行動無疑會腐蝕革命的傳統精神。於是中共通令全國各地的學習小組挺身抨擊這部電影，並且逼使《武訓傳》這部電影的導演兼編劇**公開扭轉原來的論調。

一五計畫初期階段，毛澤東開始體察到中國若要增進生產力，就必須讓各種政治理念不同的知識分子，包括作家、科學家與工程師，都能為國家服務。不能讓這些創作工作者遭受

* 原注：基於溥儀背景的複雜性，他一直到一九五九年才被共產黨釋放。一九六〇年，溥儀被指派到北京植物園內一處機械修護站工作，一九六七年死於癌症。

** 譯注：孫瑜。

群眾運動的恐嚇（批判電影《武訓傳》就是個例子），否則國家就會遇上麻煩。他告誡幹部，「以掌握馬列主義的能力作為評斷的唯一標準」是不正確的，中共應鼓勵「能夠誠實工作、並認清他們的工作」的知識分子。[15]

然而當作家依循上述的思維邏輯而走得太遠時，即刻遭到黨猙獰的反擊。作家兼編輯胡風本身即是共產黨員，他同時擔任作家協會理事與全國人民代表大會代表。胡風著述立說，直指黨在文化領域過度箝制人民的思想觀念，肇致人民無法獨立思考。黨以馬克思主義來判斷文藝作品的政策是一門「庸俗社會學」，是一種「罔顧現實」的作法。「這種武器之所以震懾人心，是因為它窒息了創作與藝術的真正感情。」[16]

一九五五年，胡風淪為全國批判運動的箭靶，作家協會理事和其他職位一併遭解除。隨著批胡的運動越演越烈，鬥爭他的團體於全國群起而攻之，胡風所受到的指控也越趨嚴厲尖銳。他起初被抨擊脫離中共意識形態路線，接著被指控為反革命分子與帝國主義者，最後則被冠上國民黨特務、反共地下組織指揮官等罪名。縱使對胡風的種種指控粗糙不堪，但還是成為各地為深化政治意識而召開的無數會議的焦點；這段時間，正值一九五五和一九五六年間，農村改革運動從初級社迅速推向高級社的階段，因此，搜尋「胡風主義」成為偵測人民是否反對黨犧牲個人優先權以加速土地改革的一種方法。胡風寫下三篇長篇累牘的自我批判，仍被黨認為不夠充分，經過祕密審判後，據聞胡風被控以從事反革命活動而入獄；除曾短暫獲得自由外，一直遭長期監禁到一九七九年。

當時在一種微妙的境況下，中國高層領導對於如何處置道德淪喪的知識分子，出現兩種爭鋒相對的不同意見；在此事件的立場光譜上，可以看見兩極觀點明顯對立。一派主張繼續維持黨與知識分子的統一戰線聯盟，主張如欲達成一五計畫預定目標，順利過渡到集體化農業階段，就需要知識分子的專業技術配合，即使知識分子確曾批評黨，不過不應就此質疑他們對黨的忠誠。另一派認為黨的團結極其重要，而且是黨領導革命的，外界的批評不可能不對黨的效能與士氣造成嚴重打擊。

一段曲折的、所謂的「百花齊放」運動便是從上述領導階層的歧見中一步步展開。發動這場運動部分是因為中共領導階層認為赫魯雪夫在一九五六年一月到二月間，於朱德、鄧小平亦出席的蘇共二十大會議上，對史達林身後名聲的祕密攻擊意義非常。這段時間中國大勢看好，這可以從逐漸放寬衣著限制之上看出，花襯衫與窄裙曾一度流行過，甚至可以欣賞到官方禁止的服裝表演。赫魯雪夫認為兩大強權之間的戰爭並非不可避免，其談話再度強化了周恩來在萬隆會議上發表的和平共處原則。一九五六年五月二日，毛澤東在一場黨內領導人的內部會議上演講，呼籲讓文化領域「百花齊放」，科學界「百家爭鳴」。[*17]

毛澤東發表上述言論後，黨內一片平靜，領導高層一個個陷於長思。一九五六年夏天，

* 譯注：即指四月二十五日的〈論十大關係〉，與五月二日的〈百花齊放，百家爭鳴〉。

六十二歲的毛澤東三度暢游長江，證明身體無恙，嗣後並填詞以示勝利*，由此可知他正為其一系列政策的成功雀躍欣喜。然而到了秋天，強迫集體化農業的政策造成混亂與損耗，加上管理不當與命令前後矛盾，情勢開始惡化。一五計畫期間那種飛躍式的經濟成長已不再，中共領導人慢慢發現眼前是一片殘破困局。一九五六年九月，中共召開第八次全國代表大會，這也是自九年前驅逐國民黨以來首度召開的全國代表大會。會議上，為了加速農業經濟的成長，毛澤東提出幾個最具戲劇性的計畫，但皆遭擱置，代之以強勢的計畫控制。同時在新起草的黨章中，所有強調毛澤東思想重要性的說法一併去除，這或許是蘇共在攻擊史達林式的個人崇拜之後所不可避免的。

劉少奇解釋這項決定：「只是一味重複某些觀點而讓人民習以為常，這不符合我們的目的。」毛澤東提出他本人欲「退居二線」的宣稱，意味著毛將試圖和平讓渡領導權，這樣的推論似乎因黨章中有意新增中央委員會名譽主席一職而獲得證實。「八大」會議的基調是反對統一戰線，強調確實貫徹黨的教條和監督工作。中共領導人同時也關切六月發生在波蘭的暴動，他們的擔憂又在一九五六年十月匈牙利爆發反蘇動亂而增強。就在同時，西藏也發生示威遊行，抗議中共軍隊進駐西藏。

毛澤東必須徹底發揮影響力才能讓百花齊放運動全面展開。一九五七年二月，他在一大群知識分子與共黨領導面前進行了一次毫無禁忌且聽來充滿烏托邦精神的演說，闡述著彈性與開放性的概念，聽者無不癡迷入神，因為這與過去多年來他促成的黨內權威式路線形成強烈對比。在其他黨內高層領導的打壓下，這一篇名為〈關於正確處理人民內部矛盾的問題〉的講稿始終無法在黨的報刊上刊登，[18]一直要到一九五七年四月底，就在毛幾個月來持續向全國各地刻意拖延的地方黨書記施壓之後，報刊和其他宣傳機器才開始全面動員，支持這場運動。中共以整風運動的語彙，鼓勵知識分子站出來批評黨內弊端。這場批判運動的首要目標是共產黨本身的「官僚主義、宗派主義、主觀主義」作風，而這樣的批判聲音有意呼應一九四二年的延安整風運動。不過無論如何，相較於整風運動，中共保證以溫和的手段來對待幹部。這會是一次把大家聯合起來，共同邁向進步的運動。誠如毛澤東所言：

一次既嚴肅認真又和風細雨的思想教育運動，應該是一個恰如其分的批評和自我批評的運動。開會應該只限於人數不多的座談會和小組會，應該多採用同志間談心的方式，即個別地交談，而不要開批評大會，或者鬥爭大會。[19]

＊　譯注：詞題名為〈游泳〉：
才飲長江水，又食武昌魚，不管風吹浪打，勝似閑庭信步，今日得寬餘。子在川上曰：逝者如斯夫！
風檣動，龜蛇靜，起宏圖。一橋飛架南北，天塹變通途。更立西江石壁，截斷巫山雲雨，高峽出平湖，神女應無恙，當驚世界殊。

中國知識分子現在都相信官方已允許他們公開表達對共產黨的不滿，爾後自一九五七年的五月一日迄至六月七日這五周內，中國各地的知識分子風起雲湧，呼應中共的號召。在共產黨代表出席的內部討論會、官方傳播媒體上、在雜誌期刊、校園內的布告欄，以及人群的街頭巷議中，人們開始吐露心中鬱積的怨懟。毛澤東等高層領導人試圖引領批判的浪潮集中在讓幹部參與體力勞動藉以與群眾結合，或是在經濟政策制定之前先適度公諸於世等相關議題，不過公眾的批判聲浪馬上就超出他們預設的對話範圍。他們抗議黨箝制知識分子、昔日群眾運動（如對付反革命分子）太過粗率殘酷、奴從蘇聯模式、生活水準太差、禁止閱讀外國文學、官僚幹部貪汙腐化，以及黨員享有太多特權，成為脫離群眾的一群。漢口一位會計學教授即認為早期的群眾運動「嚴重違反人權」。他還說，「這是暴政！這是惡毒的！」保護黨候選人的投票制度是一齣鬧劇，「今天，我們甚至不清楚我們選出來的人高矮胖瘦，更不消說他的品格和能力。我們變成了投票機器。」[20]

陝西一位教授描述在共產黨治下的日常生活時說道，「有一種無形的壓力逼迫人民噤聲。」一位瀋陽的教師則說，「認為所有的農民都是有意識地希望參加農業合作社，是不正確的，事實上，多數農民都是被迫加入。」另一位東北的教授寫道，他任教學校的行政體系，「到處充斥著封建的王公貴族與聲名狼藉的江湖術士。」一名魯迅的朋友提到，作家在蔣介石治下的重慶所能享有的言論自由更甚於今日的北京。幾位河南昔日地主指出，「共產黨已經智盡技窮，我們的解放時期已經來了。」[21]

北京大學的學生在校園內豎立了所謂的「民主牆」，貼滿了批判共產黨的大字報。一位來自外校、支持胡風的青年女學生於五月底在北大舉辦的會議上發表演說，強烈抨擊延安整風運動扼殺了文學和詩歌的創作，她黽勉學生採取行動配合已經在西北地區、南京、武漢等地展開的示威活動。事實上，中國各地所爆發的示威遊行並不局限在上述幾處，從成都到青島，學生團體四處騷亂，毆打幹部，洗劫檔案資料，呼籲其他院校或高中學生一同加入抗議行列，以表達支持，並籲請政府制定新的教育政策，類似事件時有所聞。自從一九一九年五四運動展開以來，中國不曾有過像這類完全針對文化和政治領域大聲疾呼的示威運動。

幾位曾在中國享有盛名的知識分子以前所未有的坦白口吻發表文章。研究農村中國和傳統士紳制度並發表相關論文、專書，在一九三〇年代和一九四〇年代期間蜚聲於世的社會學先驅費孝通，正是當中的代表人物。一九五七年六月，費孝通發表一篇記述他那年年初重返早年從事重要田野調查工作的江蘇偏遠地區「開弦弓村」的文章*。他指出，這一地區的許多問題到今天仍未獲解決，其中包括紊亂的經濟計畫，怠忽地方工業發展，不僅飼養適合當地環境的牲畜，完全漠視兒童教育。費孝通的文章暗示，開弦弓村在一九五〇年代中葉的許多生活層面並未超越一九三〇年代中期。在一些自省的段落中，他也委婉流露了他對現行毛主

* 譯注：即〈重訪江村〉。

義的焦慮不安：

懷疑合作化的優越性是不正確的，但承認合作化的優越性、以為什麼問題都解決了的，我想，也是不對的。這樣不對，那樣也不對，我們腦筋搞得簡單了，當然更會對不上頭。請原諒我，說起話來不能不囉唆一些；更希望讀者不要挑出一兩句話來，說我又在吹風了。[22]

至少有九個省的黨委書記並不支持這次的整風運動，其他黨委書記即使贊成也都謹慎為之。他們於六月展開反制行動。一貫反對整風運動的部分北京領導人支持上述地方幹部，不過他們暫時受制於毛澤東的個人權威。毛在了解到批判的浪潮已經直指他本人之後，即轉向黨內強硬路線的那一方。他修改了〈關於正確處理人民內部矛盾的問題〉一文，使內容看來像是毛對知識分子所承諾的自由權利只局限在對深化社會主義有貢獻者的範圍內，這一修正觀點接著被刊登與廣為傳播。現在這篇演講已經成為知識分子身上的緊箍咒，而不再是毛澤東期盼、鼓勵知識分子公開批判的原始初衷。七月，反擊那些攻訐黨的宣傳在全國各主要報刊上喧囂鼎沸，共產黨宣布開始進行「反右運動」。八月初，北京市長彭真指控那些批評共產黨的行徑，猶如一九二七年間「蔣介石、汪精衛等反共、反革命的『英雄』」；彭又引述另一段歷史來作比附，難道一九五七年的共產黨應該同當時黨的領導人陳獨秀在上海、武漢大屠殺的暗無天日時期一樣，「寬宏大量地包容蔣介石、汪精衛等反共、反人民、反革命的罪行一樣……容忍資產階級右派的猖狂進攻嗎？」彭的答案可想而知，「絕對不能。」[23]

截至年底，逾三十萬名知識分子被打上「右派分子」的標籤，徹徹底底地葬送了前途。許多知識分子被送到勞改營或鋃鐺下獄；有些則被下放到農村，並非只是從事農村勞動，而是遭懲罰性地流放以了卻其殘生。在這些人當中有作家丁玲，她的史達林文學獎、她重申對共產黨忠誠的聲明言猶在耳，但現已被一筆抹煞、拋諸腦後，丁玲被放逐到黑龍江省邊界的一處農場。黨內一整世代的青年活躍分子同樣受到極大的創傷，在這些人當中有中國最優秀的社會科學家、科學家、經濟學家，例如天文物理學者方勵之與記者劉賓雁。在這些下放的人當中，許多人早年受到鄧小平心腹之一胡耀邦的鼓吹而加入革命時代的共青團。至此，全都心灰意冷了。

費孝通本人則是向全國人民代表大會公開認錯，全國人民代表大會形式上還定期召開大會，以維持某種全國性之民主參與的象徵。費孝通自我否定了他那篇關於開弦弓村的報告，並坦承曾經「懷疑和反對社會主義的目標」、「煽動破壞了黨與農民之間的關係」、「甚至計畫利用這些材料撰寫為外國人宣傳的文章」。[24]費孝通的眾多榮譽職銜一一被剝奪，貼上「右派分子」的標籤，並禁止傳授、發表，或指導研究有關中國社會議題的課程或論文。然而比起那些在公開的鬥爭大會上不斷承受巨大壓力而被迫自殺的教授和學生，費孝通的境遇還算幸運。漢陽第一中學的三名學生領袖因推動反校內共產黨幹部的激烈示威抗議，在審訊之後旋即遭到槍決；根據「新華社」的報導，中共早在新學年之初、在一萬人面前執行處決。百花齊放之後，卻以復仇之勢告終，且將中國留下等待新的、尖銳的革命鬥爭年代。

注釋

1 泰偉斯（Frederick Teiwes），《中國的政治與整肅：整風與黨規範的衰落，一九五〇至一九六五年》（*Politics and Purges in China: Rectification and the Decline of Party Norms, 1950-1965.*, White Plains, N. Y., 1979），詳見第五章論整肅高、饒的部分。泰偉斯所引述毛的評論見頁一七二至一七三。

2 羅斯基（Thomas Rawski），《中國向工業主義過渡：二十世紀的生產財與經濟發展》（*China's Transition to Industrialism: Producer Goods and Economic Development in the Twentieth Century.*, Ann Arbor: University of Michigan Press. 1980），頁三十九表。

3 艾克斯坦（Alexander Eckstein），《中國的經濟革命》（*China's Economic Revolution.*, Cambridge University Press, 1977），頁一八六表。

4 前揭書，頁一八七表。

5 雷諾茲（Bruce Reynolds），〈上海工業部門工人生活水準的演變，一九三〇至一九七三年〉（Changes in the Standard of Living of Shanghai Industrial Workers, 1930-1973），參見克里斯多福・豪主編，〈上海：一座亞洲大城市的革命與發展》，頁二二三表。

6 艾克斯坦，頁七一表。

7 這些有關少數民族的討論，轉引自德雷耶（June Dreyer）〈傳統少數民族，菁英與致力於少數民族工作的中華人民共和國菁英〉（Traditional Minorities, Elites and the CPR Elite Engaged in Minority Nationalities Work），參見施樂伯（Robert Scalapino）《中華人民共和國的菁英》（*Elites in the People's Republic of China.*, Seattle: University of Washington Press, 1972）。

8 關於中國對於境內諸多少數民族的刻板印象，並往往強調他們性好感官享受，請參閱：杜磊（Dru Gladney），〈有所指責的中國國族性：重構多數／少數民族的身分〉（Reprcaching Nationality in China: Refiguring Majority/Minority Identities），《亞洲研究學刊》（*Journal of Asian Studies*），一九九四年，第五十三卷第一期，頁九十二至一二三。

9 吉廷斯（John Gittings）《中國軍隊的角色》（*The Role of the Chinese Army.*, New York: Oxford University Press, 1967），頁一一六。

10 前揭書，頁三〇九表。

11 前揭書，頁一八九。

12 前揭書，頁一九〇。

13 約菲（Ellis Joffe），《黨與軍隊：中國軍官的專業主義與政治控制，一九四九至一九六四年》（*Party and Army: Professionalism and Political Control in the Chinese Officer Corps, 1949-1964.*, Cambridge: Cambridge University Press, 1965），頁五七。

14 李夫頓（Robert Lifton），《思想改造與全能主義的心理學》（*Thought Reform and the Psychology of Totalism.*, New York. 1961），頁四七三至四八四。

15 谷梅（Merle Goldman），《共產主義中國的文藝異議》（*Literary Dissent in Communist China.*, Cambridge: Harvard University Press, 1967），頁一〇九。

16 前揭書，頁一三一。一四五。

17 馬若德（Roderick MacFarquhar），《文化大革命的起源。第一卷：人民內部的矛盾，一九五六至一九五七年》（*The Origins of the Cultural Revolution, vol.1: Contradictions among the People, 1956-1957.*, New York: Columbia University Press, 1974），頁四八至五二，與頁三三七注八九論劉少奇的部分。

18 這一演講稿的譯文見馬若德、奇克（Timothy Cheek）與吳文津（Eugene Wu）等編《從百花齊放至大躍進期間毛主席的祕密講話》（*The Secret Speeches of Chairman Mao from the Hundred Flowers to the Great Leap Forward.*, Cambridge: Harvard University Press, 1989），頁一三一至一八九。

19 馬若德，《文化大革命的起源，第一卷》，頁一八五、二一二。

20 馬若德編，《百花齊放》（*The Hundred Flowers.*, London, 1960），頁九二，九四。

21 前揭書，頁九八，一〇五，一〇九，一七七，二三八。

22 麥高夫（James McGough）《費孝通：一位中國知識分子的困境》（*Fei Hsiao-tung: The Dilemma of a Chinese Intellectual.*, White Plains. N. Y., 1979），頁六二。

23 馬若德，《文化大革命的起源，第一卷》，頁二八九至二九〇。

24 麥高夫，頁八一。

第二十一章

深化革命

大躍進

百花齊放運動並非如日後某些批判者所指控的，純粹是毛意欲揭發隱藏在國內右派分子的陰謀；雖然他自己在出版後的〈關於正確處理人民內部矛盾的問題〉講稿裡似乎也宣稱是要揭發右派。但它其實是肇因於中共黨內領導人彼此對立與抗衡的一場混亂而沒有定論的運動，其重點在爭論中國適用於何種發展的速度和模式，也是對於一五計畫的本質及其對未來經濟成長的許諾的論辯。這場論辯加上隨之而來的政治角力，引爆了大躍進運動。

中共呼籲農業應該進入高級合作社的階段，儘管民眾很快就接受了，一九五七年的農業生產數據卻令中共十分失望。一年來的糧食生產僅提高百分之一，但總人口數卻成長了百分之二。由於棉花生產短缺，棉製衣服的總量呈現下降的趨勢。的確，雖然一五計畫已達成預期目標，不過也暴露出中國經濟體系的嚴重失衡。在一五計畫期間，中國的工業產值每年約成長百分之十八點七，但農業產值卻只有百分之三點八的成長率。平均每人糧食消耗量的成長率更低，平均每年低於百分之三。隨著農村市場的蓬勃景氣，當地消費者買走了大部分穀物、食用油、棉花，減少了提供給國家或城市人口購買的物資。依據當時的農業生產能力，似乎很難再從農民身上榨取更多的農作物以供應這種蘇聯式的重工業成長，除非中共仿效蘇聯在一九三〇年代初期，不計後果實施日後引發大飢荒的農業收購政策。但這對中國而言並不可行，因為一九五〇年代中國每人平均糧食產量遠低於一九三〇年代的蘇聯。而且中國共產黨黨員中約有百分之七十在農村（蘇聯共產黨黨員百分之七十是在城市），所以他們並不熱中於此一政策，以免農村陷於慘境。

對於合作農場令人氣餒的生產結果，毛澤東的對策是讓擅長激勵人心的地方共黨領袖，以道德教化與群眾動員的方式，提高農業產量。毛澤東這種令人回憶起延安時代的方法獲得了當時黨總書記鄧小平以及毛的可能接班人劉少奇的支持。透過經濟決策權力的下放，這樣的發展策略擴大了共產黨在農村地區的權力，並相對削弱了經濟計畫官僚的影響作用。屆時經濟弊端會因為全國自發性動能的出現而獲得解決。

一九五七至一九五八年間，中共內部展開關於經濟成長策略的爭辯時，中蘇關係也變得混沌曖昧。蘇聯要求中國償還他們協助中國發展工業的鉅額貸款，此一負債因而成為中國急於提高農業生產順差的理由之一。蘇聯科技不但已臻至生產原子彈、氫彈的水準，更在一九五八年八月成功試射了洲際飛彈，六周之後又發射了「史潑尼克」（Sputnik）人造衛星。一九五七年十一月初，當毛為了經濟與政治方面的協議二度（也是最後一次）遠赴蘇聯時，蘇聯再次發射了第二顆衛星，並將一隻活的小狗帶上太空。

在蘇聯展現科技成就的前幾個月，毛澤東和平統一臺灣的希望就已經破滅了。臺灣內部幾次的反美暴動遭到蔣介石的嚴厲鎮壓，蔣並為這些反美暴動公開向美國道歉。隨後在蔣氏政權的應允下，美國在臺灣部署了「鬥牛士」（Matador）地對地飛彈，這式飛彈可以換裝核子彈頭，發射到幾百英里以外的中國各地區。當時，毛澤東在莫斯科告訴留蘇的中國學生代表，盱衡國際政治競賽的態勢，是「社會主義的力量對帝國主義的力量占了壓倒性的優勢」，是「東風（中國和蘇聯）壓倒西風」。這樣的結論導致毛澤東認為在核子戰爭中，中國必將大勝，「簡而言之，（全人類）死掉一半，還有一半人。帝國主義打平了，全世界社會主義化了。」[1]

然而，因為中國革命似乎無可選擇地走向小心謹慎的長程計畫，毛澤東開始擔憂革命喪失活力。毛的激進思想一向建立在人類意志與群眾力量自發的、英雄式的實踐之上；早在四十年前的著作中，毛就曾盛讚這種實踐精神。那時他目睹摯友紛紛加入結合知識培養與體力勞動的勤工儉學計畫，他本人日後也投身於組織基層勞工的工作，教導目不識丁的工人熟悉新技能，並引領他們在資產階級的剝削之下掌握自己的未來。在這些經驗之後，一九二六和一九二七年，毛澤東又醉心於與當時崛起之農民協會組織合作；毛再次證明，單純、不識字的農民似乎有能力掌握複雜的策略和政治問題，並應用到他們艱困的環境中。

毛澤東失望地告訴群集在青島的中共幹部，面對中國一九五七年時的氛圍，農民和農村幹部已經淪入「個人主義、本位主義、絕對平均主義，或自由主義」的行為模式。這其實只是用比較簡略的方式來表達看法，換言之他認為農民只關心如何在農業集體化之後增加糧產過好日子，而幹部則是隱藏產量數據、誇大糧食短缺以便減少上繳的錢，從國家手中多要一些補助。在毛澤東看來，農民與農村幹部妒恨城市工人和城市幹部較高的生活水準。伴隨著這番言論的是實際的維安行動，中共派出一組組國內的情報人員前往全國各地，搜捕任何批評政府者、還有從行為看來可稱為「走資派」的人，無照商人、小販，還有遊民與「行為不檢者」全遭一網打盡，長期監禁於拘留營中，甚至也有人遭公開槍斃。[2]

毛並以路線有異、但方向一致的思想邏輯，揭示了「不斷革命」（continuing revolution）的觀點。在蘇聯，不斷革命的理論被視為托洛斯基主義者的異端邪說*，因其否定了正確的革命階段以及黨的領導角色。毛澤東大膽地以不同的名稱來表達相似的概念，試圖賦予不斷革命論新的地位，以作為中國人對革命理論和實踐的貢獻。這一概念可用來把中國迄今為止所有的革命經驗都囊括在內，也可用來動員至今尚未被喚醒的群眾。據此，我們有必要引述在一九五八年一、二月時期，流傳於資深幹部之間的一份毛澤東所寫的內部文件〈工作方法六十條（草案）〉，以當中的論點為例：

> 不斷革命。我們的革命是一個接著一個的。從一九四九年在全國範圍內奪取政權開

始，接著就是反封建的土地改革，土地改革一完成就開始農業合作化，接著又是私營工商業和手工業的社會主義改造。……現在要來一個技術革命，以便在十五年或者更多一點的時間內趕上和超過英國。……十五年後，糧食多了，鋼鐵多了，我們的主動權就更多了。我們的革命和打仗一樣，在打了一個勝仗之後，馬上就要提出新任務。這樣就可以使幹部和群眾經常保持飽滿的革命熱情，減少驕傲情緒，想驕傲也沒有驕傲的時間。新任務壓來了，大家的心思都用在如何完成新任務的問題上面去了。[3]

＊ 譯注：托洛斯基的「不斷革命論」具有三層意義：一、革命的歷程從一個階段過渡到另一階段的必然性，如資產階級民主革命向社會主義革命的方向發展；二、個別國家革命與國際革命之間有一必然的聯繫關係；三、在完成革命之前，要使社會不斷處於變動之中。準此，毛澤東雖然在一九三七年自稱是「革命轉變論者」，不是托洛斯基主義者，但事實上是與托洛斯基的第三層意義近似的。到了文化大革命末期，毛澤東復又提出「無產階級專政下繼續革命」的理論，而從「不斷革命」變為「繼續革命」更有其深邃的意涵。「不斷革命」與「繼續革命」的區別，主要在於前者是闡述革命歷程本身的必然特質；後者則是強調為了確保革命進程的不輟，革命者必須採取積極的行動，而突顯人類意志行動的力量。詳參史塔爾（John Bryan Starr），《繼續革命》（*Continuing the Revolution*, N.J.: Princeton University Press, 1979）最後一章。

毛澤東在苦心推敲不斷革命的昂揚觀念時，也強調全體中國百姓必須「又紅又專」，兼容社會主義者的使命與其技術於一爐。此外，毛澤東誇耀中國六億人口「一窮二白」的特點是一樁好事，因為「窮則思變，要幹，要革命。一張白紙，沒有負擔，好寫最新最美麗的文字，好畫最新最美麗的圖畫。」[4]毛的遠大抱負卻也將我們拉回馬克思《德意志意識形態》（*The German Ideology*）一書中最富烏托邦色彩、最鞭辟入裡、也是在一九五八年左右最廣為中國人所引述的一段話。馬克思在其中勾勒出未來共產主義社會的歡愉景象：

任何人都沒有特定的活動範圍，每個人都可以在任何部門內發展，社會調節著整個生產，因而使我們有可能隨自己的心願今天幹這事、明天幹那事，上午打獵、下午捕魚、傍晚從事畜牧、晚飯後從事批判，但並不因此就使我成為一個獵人、漁夫、牧人，或評論家。[5]

一九五七年底，中共領導人開始實驗新的社會組織規模，動員農民從事疏通河渠和灌溉耕田的新任務，以證明人類意志與力量可以克服所有自然和技術方面的挑戰。直至一九五八年一月底，據聞通過興建這種水利溝渠，一億農民已經開墾了七千八百萬公頃的土地。倘若中國人民可以如此動員，他們同樣也可以增加農業產量；唯一有待解決的是，如何發現正確的組織形式來維繫群眾的動力。但是這種幾近強迫性勞役的灌溉計畫，使得男人必須離開他所屬的合作社遠走異地，也造成不少新的社會問題。解決方法之一就是說服農村女人擔負更多田裡的耕作。而因為女人走出家務，所以有必要集中看顧兒童以及統一處理包括炊事工作在內的家務。當黨領導人為了全國工業增產，下令某些工業移往農村時，這種家事的集中管理就顯得十分急迫。這不但有助於農民學習新的技術，也讓他們可以在農閒時刻由此生產性勞動中獲利。

因此，將高級社集合為更大的組織單位這種作法，轉變成大家都能接受的中國革命思維內涵，勢必要增加農村的生產力以帶動中國的工業成長，同時釋放人類新的潛能與活力。一九五七年秋天，中共中央政治局下令讓之前居於城市地區的幹部親自「下鄉」，考察農村的基本生活條件，並在「多、快、好、省」的運動口號下鼓舞農民增加生產。雖然直到一九五八年七月，「人民公社」一詞才正式出現在黨內的期刊上，但早在四月，河南地區的二十七個合作社就已經放棄私有化，合併成為擁有九千三百六十九個家庭的大公社。

到了一九五八年夏天，大豐收升高了每一個人的期望，於是終結私有化並將整個農村中國重新組合成人民公社的運動於焉展開；不言而喻，推行成果亦十分成功。中共中央並未公開支持人民公社政策，不過就在毛澤東的稱許之下，地方上激進的農村領導幹部競相推行而加速落實人民公社政策，於是一九五八年八月，在中共中央委員會在天津附近海濱的避暑勝地北戴河所召開的會議中，不得不承認「人民公社是形勢發展的必然趨勢」。人民公社發展的主要基礎是「我國農業生產全面的不斷躍進和五億農民越來越高的政治覺悟」。由於各方聲稱人民公社管理制度下農業生產成果不可思議地提高了兩倍、增加十倍，甚或數十倍，中共中央委員會終於公布了令人心醉神迷的大躍進綱領：

組織軍事化、行動戰鬥化、生活集體化成為群眾性的行動，進一步提高了五億農民的共產主義覺悟；公共食堂、幼兒園、托兒所、縫衣組、理髮室、公共浴堂、幸福院、農業中學、紅專學校等等，把農民引向了更幸福的集體生活，進一步培養和鍛鍊著農民群眾的集體主義理想……。

在目前形勢下，建立農林牧副漁全面發展、工農商學兵互相結合的人民公社，是指導農民加速社會主義建設、提前建成社會主義並逐步過渡到共產主義所必須採取的基本方針。[6]

接下來在一九五八年十二月的武漢會議上，中央委員會指出人民公社這種新的社會組織，如「旭日初升，照耀東亞」，正蓄勢待發。全中國各地七十四萬個合作社被合併成兩萬六千個人民公社；這些公社總計包括一億兩千萬個農村家庭，亦即百分之九十九的農民人口。中央委員會還說，公社生產的勝利意味著今後中國不再需要憂慮過剩的人口，對中國而言，即將到來的問題會是「人力的短缺，而不是人口的過剩」。[7]

這樣的口吻完全是自我陶醉的囈語，也完全是毛澤東依恃群眾動員的意志與能量、尤其是對於群眾自過分拘謹的計畫和故步自封的官僚體系解放出後便得以維持生產的論調背書。幾個月以來，這種欣喜持續不斷；地方幹部將驚人的生產數據大量傳送給省級政府，最後再轉達至北京中央。用字遣詞千篇一律投其所好；這從某位記者於一九五八年秋天寫的關於江西的觀察報告，可以窺知一二：

空中飄揚的小紅旗顯示這班農民、鋼鐵工人分屬不同中隊和小組，他們如民兵般被組織起來。地方戲曲高昂的旋律通過高處擴音器傾洩而出，迴盪在天際，其間夾雜著吹彈者的哼唱聲，汽油引擎的轉動聲，負載沉重的貨車喇叭聲，以及牛隻拖曳著礦石、煤炭的喘息聲。[8]

這真是中國自上一世紀太平天國洪秀全占領南京以來最豐富的陳述了，就算它與實情不符也無損其意象。報告中的糧食生產數據顯示糧食生產過剩，然而灌水的數據將帶來慘劇，一九五八年所宣布的三億七千五百萬噸糧食總產量必須向下修正為兩億五千萬噸（西方經濟學家後來估算出真正的產量約為兩億一千五百萬噸）。不只地方幹部怕被貼上「右派」或「失敗主義」的標籤，沒有勇氣據實報告糧食徵收數的下滑；來自中央官僚體系中的許多優秀統計專家，因為歷經一九五七年反右鬥爭運動的打擊（包括最好的人口統計學者）而被強迫離職，所以根本沒有人發布謹慎的統計數據。不僅如此，許多資源紛紛被轉送到各地方興建的小高爐生產鋼鐵，當時中國各地這類後院興建的小高爐約有一百萬座，但往往無以回收，因為這種小高爐無法精煉出高品質的鋼鐵。

大躍進運動確實改變了中國部分的原始面貌。即使較富自主性的核心家庭仍是流行的社會組織形態，然而共擔家務、聯合托兒所、公共食堂等已經對中國的家庭結構造成莫大衝擊。龐大的農村和城市工人群體為了興建巨型的灌溉設施，開墾梯田，以及建設計畫，改變了中國大地的景觀，也為過去的貧瘠地區帶來繁榮。數以千計的農民經過簡單的訓練，授予簡便的工具，就被送往內陸的偏遠地區去開採鈾礦、石油，目的則在證明中國能以自力更生的方式來發展原子彈，並解決長期以來惡性循環的能源短缺問題。在某些地方，農民的開採確實有意想不到的重大發現。中國的城市景觀也隨之發生變化，不過這種蛻變有時是以犧牲美學視覺為代價，例如，僅存的北京城牆也遭拆除，以便鋪設寬闊街道，城市地底下更有星羅棋布的防空設施，以防美國的原子彈攻擊。大躍進期間組建的龐大民兵隊伍據稱約有兩億兩千人，其中三千萬配有現代化或簡易的武器裝備，這樣龐大的人員組織為地方帶來新的力量，也成了人民解放軍潛在的競爭對象。而昔日視詩歌創作為知識菁英專利的無數民眾，不分男女，都被動員起來，在詩作方面也要有大躍進，同時鼓勵田野工作者努力採擷民間故事和民謠歌曲。或許大躍進運動是最接近於體現馬克思心目中那種能全然釋放人類潛能的社會。

事實上，早在一九五八年十二月於武漢召開的中央委員會議之前，針對毛澤東的批判以及限制人民公社政策的發展、回歸中央計畫與集中分配模式的意圖早已浮現了。儘管充斥著委婉的詞彙，不過黨內大部分領導人認知政策走得太遠太過了，他們知道長期而言，大躍進運動的成效極微。這些人並不似毛澤東那般，堅信人民公社制度可成為中國由社會主義階段過渡到共產主義社會的一種表徵。迄至一九五九年初，某些人民公社已經恢復過去合作社的組織形態，人民公社的次級單位生產隊現在也被承認是新的核算單位。在許多地區，個別家庭再度分配到小塊私有地。而武漢會議期間，毛澤東從領導中央退居二線，一九五九年春天劉少奇被提名接替毛的國家主席權位。其實毛之前便曾宣稱將要退居二線，儘管他仍保有黨主席和軍事委員會主席兩項強而有力的實權地位，不過在這個敏感時刻辭去國家主席的職銜，似乎顯示時勢迫人。

雖然大躍進運動造成中國的空前混亂，然而在中共領導階層之中唯有一人試圖批評毛澤東計畫中的極端性格。這一批評來自彭德懷元帥於一九五九年七月中共領導高層（陳雲和鄧小平因其他政務纏身，並未出席）在江西廬山所召開的會議上的發言。在廬山的非正式討論會上，彭德懷點出大躍進運動的若干缺失，並指稱毛的湖南老家村落所接受的國家補貼遠比毛本人所知的要多得多。彭德懷還質疑一九五八年報告中鉅額的糧食收成量數據（三億七千五百萬噸）的可信度。彭在廬山給毛的一封私人信函中直陳謊報農村經濟條件的病象，可能會對國家造成巨大衝擊，為此他深表憂心。

毛澤東並未把這封信視為是出自值得信賴的同僚的懇切意見，反而在與會的資深幹部之間散發這封信，並發動對彭個人的攻訐。毛指控彭是在搞「右傾機會主義集團」和「無原則的派別活動」[9]，而且點明他相信甫從蘇聯訪問回國的彭德懷已經將人民公社的負面資料暴露給赫魯雪夫知悉。

赫魯雪夫就是援引彭的訊息而在一場演講中大加嘲弄人民公社。毛澤東的攻擊之深，令與會幹部震驚，更造成中共黨史上一次重大轉折。現在，毛認定黨內批評大躍進政策的資深幹部均是企圖挑戰其個人領導權威與前瞻能力。彭德懷被撤除國防部長一職，其餘高層領導個個默從毛對事件的詮釋說法。

在廬山對其同僚發表的演講中，毛澤東對於大躍進政策與人民公社制度流露出高昂鬥志與自我辯解的姿態。他說，孔子、列寧、馬克思都曾犯過錯，為何要驚訝他也犯錯？假若人人都強調他失誤的那一面，那他就走，「到農村去，率領農民推翻政府。你解放軍不跟我走，我就找紅軍去。我看解放軍會跟我走！」至於人民公社，毛繼續說道，「現在沒有一個垮臺。準備垮一半，垮七分，還有三分，要垮就垮。」最後毛極盡挖苦地對與會那些口口聲聲為民請命、彷彿只有自己來自群眾而其他領導人都在閉門造車，以農民的語言習慣說道，「這個亂子就鬧大了，自己負責。同志們，自己的責任都要分析一下，有屎拉出來，有屁放出來，肚子就舒服了。」[10]

這種「糞便」的比喻意在威嚇在場的聽眾，或許也意圖讓笑聲化解當時的緊張氣氛。農村的危機一觸即發，雖然毛澤東藉此來比喻農村的問題，但他似乎不了解情況有多殘酷。就在毛發表這場演講的時候，距北京五十哩處的農村，境況就如同中國其他地區，農民個個飢腸轆轆。一位在百花齊放期間被貼上右傾主義標籤的黨內年輕積極分子，日後追憶她到山裡撿拾從樹上掉下來的杏核，用來炸油或煮粥飯的情景歷歷在目。村民所能擁有的其他食物就只是米糠或壓碎的玉米穗，他們把杏樹的葉子曬乾後放入這所謂的「麵粉」中，再混合磨成粉的榆樹樹皮，做成克難的「麥片粥」。因為公社豬圈裡的豬隻與人一樣吃不飽，所以村民任由豬隻在公社的公廁附近閒逛。因飢荒所造成的營養不良和便祕使得公社裡的農民人人肚子鼓脹。一旦他們到公廁如廁，附近的豬隻便會一擁而上，用鼻子碰觸正在如廁的農民，以便在排泄物落地之前就能先吃到它。[11]

毛澤東成功地在廬山上整肅了彭德懷之後，對自己的革命觀再度恢復信心，他執意重申人民公社制度、官僚權力下放的政策，以及動員群眾。現在，人民公社的制度被進一步擴展至城市地區，俾以鼓舞工廠工人達到新的產量高峰。

毛並未擔心糧食短缺的問題，非但沒有為嚴重災區提供糧食援助，反而不顧一切地壓榨農民僅有的剩餘。許多幹部對誇大不實的農業生產數據依然深信不疑，他們甚至下令耕地休耕，因為認為公社裡缺少儲藏設施，無法好好保存「預期中的」豐收糧食，反而會變成一種危機。

一九五九年，中國對工業投資的比例竟高達全國總收入的百分之四十三點四，當時為了進一步獲得重工業機械，中共還向蘇聯輸出糧食。中國農村平均每人每年的糧食攝取量，在一九五七年是二百零五公斤，一九五八年是二百零一公斤，到了一九五九年陡降為一百八十三公斤，一九六〇年情形更是悲慘，僅達一百五十六公斤。到了一九六一年，再度下降為一百五十四公斤。結果在全國各地釀成嚴重飢荒，一九五九至一九六二年間，據聞死於飢荒的人數至少有兩千萬人之眾，其他幸免於難者，特別是小孩子和因糧食不足而營養不良的人，也終究難逃大躍進運動的衝擊而送了命。大躍進運動發起之前，中國在一九五七年時死亡人口年齡的中間值是十七點六歲；到了一九六三年，下降為九點七歲。換言之，在一九六三年時，死亡人口總數當中約有一半未滿十歲。大躍進運動是以激發人民潛能為號召，其結果卻反過來以吞噬年輕的生命而告終。

中蘇衝突

大躍進運動的謀畫與實施，以及隨後中共黨內對於運動失敗理由的論辯，皆發生在中、蘇兩國關係低迷的時刻。就某些重要層面觀察，大躍進運動與中蘇關係兩者之間其實是息息相關的。大躍進運動是失意的毛主義意圖突破經濟的框限，重申革命社會變遷的重要性表現，而與此想法相左的，正是蘇聯當時謹慎的經濟發展策略與群眾動員路線。

中蘇之間一九五〇年代的齟齬，背後其實匿藏著雙方長期以來一段友誼與猜忌交織的歷史。自從一九二〇年代末以來，無論是在湖南、江西蘇區、延安時代，或者是在內戰即將結束的時刻，毛澤東早有一套有別於史達林主義、以群眾為基礎的農村革命理論。在同一時期，毛澤東和史達林揉合了修辭與信念，將資本主義社會視為中國和蘇聯發展社會主義的頑強敵人，力主在與資本主義世界來往時必須戒慎小心。

中共建政之初，人民共和國的工業、交通運輸、電力事業完全仰仗蘇聯的技術援助。此外，在諸如建築、城市規畫、高等教育、文學藝術等領域，都留有蘇聯影響力的深刻痕跡。即使在一九五三年史達林病逝後，蘇聯對中國的影響似乎仍持續不衰，尤其是中國在朝鮮戰場上傷亡慘重，亟需蘇聯幫助中共整建陸、海、空三軍的戰力。時任國防部長、曾經在二次大戰期間發動對日百團大戰、並在韓戰期間擔任中國志願軍司令員的彭德懷，十分重視與蘇聯技術交流的價值，的確也進一步強化了雙方技術交流的層面。一方面，中國人接受了蘇聯是唯一能保護中國、免於遭受美國原子彈攻擊的國家，特別是在一九五七年當美國宣布將在臺灣部署「鬥牛士」飛彈的緊張時刻。另一方面，毛澤東急於增強中國製造原子彈的技術能力，以避免因過分依賴蘇聯而可能衍生的危險。

赫魯雪夫原是史達林亡故之後蘇共眾多最有可能脫穎而出的權力角逐者之一，最後也終於成為史達林的繼承人。一九五四年赫魯雪夫造訪中國拜會毛澤東，有部分分析揣測，毛曾發揮個人的影響力在赫魯雪夫與馬林科夫爭奪史達林權柄時支持赫魯雪夫。果真如此，那毛澤東真要為赫魯雪夫在一九五六年初的蘇共二十大會議上，當眾發表演說攻擊史達林身後名聲而大吃一驚。赫魯雪夫在正式鞭笞史達林之前，並未事先將意圖透露給毛知悉，共產陣營裡過去極力推崇史達林的各國領導人，著實因赫魯雪夫突如其來的舉動而感到不安。自延安時期以來就是毛倚重的軍事領導人朱德，當時正以中國代表團團長的身分前往莫斯科出席蘇共的二十大，並在同一會議上發表讚揚史達林功績的演講。隨行的中國新聞媒體，則刻意忽略赫魯雪夫對史達林的抨擊。

一九五六年六月，赫魯雪夫邀請南斯拉夫知名的前反納粹游擊隊領導人、時任共產黨領袖的狄托（Tito）元帥訪問莫斯科，並提出重建共產集團諸國關係的新途徑。有鑑於狄托在戰後、史達林當政時期，曾是帶領南斯拉夫背離蘇俄路線的「修正主義者」，中國斷難向他遞出橄欖枝。隨後，當匈牙利在那年秋天為了追求國家的自由與自主而爆發反抗蘇聯的暴動，中共領導人對此事雖然更感沮喪，但並不表意外。經歷一周的血腥街頭激戰，匈牙利事件就在蘇聯坦克的鐵蹄之下被敉平了。

即使一九五七年夏天，毛澤東發表了有關矛盾理論*的修正觀點，中共與蘇聯之間並未爆發全面性的衝突。在這一篇講詞中毛澤東力陳，即使是社會主義的國家，「非對抗性的矛盾」的存在亦是無可避免，所以必須承認這種「非對抗性的矛盾」並妥善處理，毛的講法可被解讀為對蘇聯讓匈牙利局勢惡化到不可收拾局面的一種斥責。但赫魯雪夫還是在一九五七年十月邀請毛訪問莫斯科，參加布爾什維克革命四十周年的慶祝活動。這是毛第二次、也是最後一次的出國訪問；第一次是在一九四九年訪蘇。十月十五日兩國締結了一項有關「國防新技術」的祕密協定，毛後來宣稱，在這項協定中，蘇聯曾允諾提供中國「一顆原子彈的模型和製造原子彈的相關技術資料」。彭德懷曾陪同毛澤東遠赴莫斯科，他和許多中共的資深軍事將領和科學家與蘇聯的同行會晤，在雙方進一步簽訂了科技合作的議定書之後的兩年間，蘇聯幫助中國在湖南、江西兩地探勘、開採鈾礦，在甘肅蘭州附近建造一座氣體擴散廠，並在新疆羅布泊沙漠建造一處核試驗基地。另一方面，中共本身也組建了自己的研究隊伍，加速核子武器和導彈計畫的推展。

毛澤東認為，現在共產集團陣營應準備給西方資本主義世界迎頭痛擊，不過赫魯雪夫並不願撤回他在一九五六年蘇共二十大會議表明的立場，當時他宣布「與其他不同社會體制國家和平共處的列寧主義原則，是吾國外交政策的一貫立場」，並重申他對印度與中國於一九五五年在萬隆會議上所揭櫫之基本原則的信心。赫魯雪夫承認，「誠如馬列主義的告誡，只要帝國主義存在，戰爭就不可免，」然而物換星移，這一原則已經過時了。隨著無數社會主義國家的締建，以及工人力量與和平運動在資本主義內部的崛起，赫魯雪夫總結認為，「戰爭不再是命定無法避免的。」除此之外，赫魯雪夫也論及，從資本主義社會和平過渡到社會主義，同樣應被視為是一種可行的途徑，所以「並非所有的過渡都會隨之爆發內戰」。假若有無產階級的支持，「贏得議會的穩定多數」也有可能促使國家機器去維護「根本性的社會改造」。[12] 赫魯雪夫這番話的真正精神，已經體現在他不願對美國海軍登陸黎巴

* 譯注：即前述〈關於正確處理人民內部矛盾的問題〉一文。

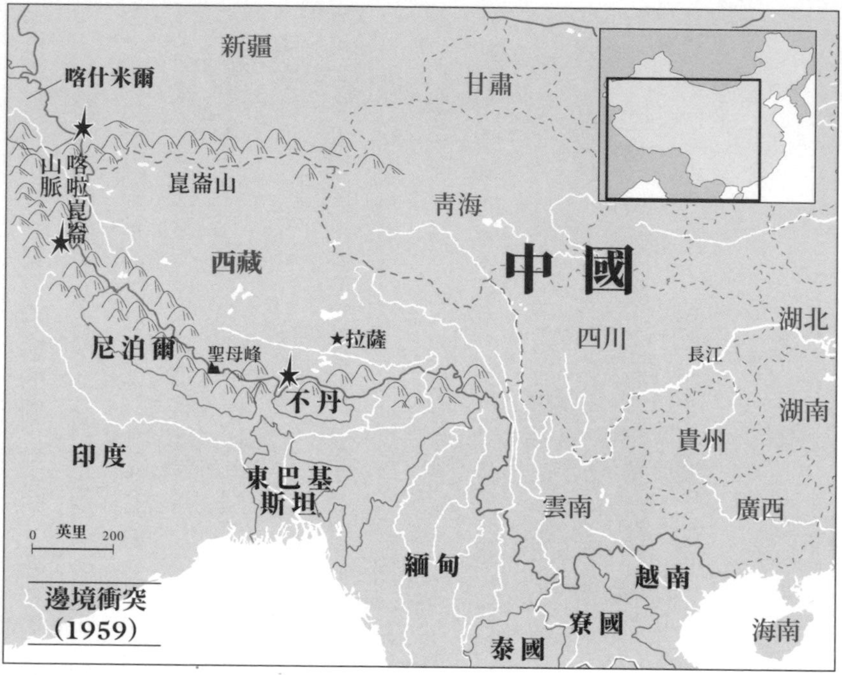

邊境衝突（1959）

嫩事件採取強硬的回應上，以及在共軍砲擊蔣介石部隊駐防的金門島之初，拒絕表態支持中共的行徑。赫魯雪夫甚至明白表示，將不會提供中共核子武器技術的相關協助。

赫魯雪夫的謹慎小心觸怒了面對困局而忐忑不安的中共領導人。他們無法穩定對國家經濟的控制；他們必須面對裝備美國新式武器的臺灣軍隊；他們與懷有敵意的美國政府相抗衡，他們深信美國政府隨時都有可能以核子武器攻擊中國。美國與中共雙方採行的政策，共同造成了中國自外於世界市場、自絕於西方的科學技術，而使中國過分依賴蘇聯些微的好處和核子報復力量。中共渴望蘇聯援助他們的大躍進發展戰略，不過他們發現赫魯雪夫也只能勉強提升俄國人民的生活水準，因此吝於施捨剩餘的資源。一九五九年，中共領導人開始從先前大躍進期間認定能飛速過渡到共產主義社會的主張中退下來；中共領導人雖未公開評論，但已經注意到赫魯雪夫向美國政界人物指稱人民公社基本上是一種「反動」的制度，既無法提供足夠的經濟誘因，又妄想提高生產量。

同樣在一九五九年，一連串的國際事件接踵而至，偏偏中共領導階層在此時實在是力有未逮，難以做出應變。在寮國，一個即將掌權的民選共產主義政府受阻於可能是美國政府鼓動的右翼團體。在西藏，抗議中國占領西藏的示威遊行於三月引爆了一場武裝叛變，激戰中，許多西藏人遭中國軍隊槍殺，無數巍峨聳立的喇嘛廟毀於戰火；西藏人的精神領袖達賴喇嘛逃往印度，印度不顧中共循外交途徑的抗議，給予達賴喇嘛政治庇護。中國軍隊在西藏的獲勝顯然無法遏制西藏的騷亂，部分原因是美國「中央情報局」（Central Intelligence Agency）的積極介入，他們在位於科羅拉多州的營區訓練西藏叛軍，結訓之後再送回西藏。

除了寮國和西藏之外，另有一危機來自印尼。中國與印尼政府協議華人貿易和居留權的談判破裂之後，印尼各地出現排華暴動，數千名華人遭殺害或受傷，倖存者被迫拋棄家業遠避他鄉。隨著赫魯雪夫飛往雅加達，提供印尼兩億五千萬美元的貸款，使雙方關係更加惡化。最後，因為中共在崑崙山脈南麓一條接通新疆、西藏的戰略公路之數條支線明顯已經侵犯了印度宣稱的主權範圍，導致中國與印度瀕臨開戰邊緣。接著又引發了中、印在不丹（Bhutan）地帶接壤的另一處領土紛爭。一九五九年，敵對的雙方終於開火。就在大戰似乎一觸即發之際，蘇聯表示將增加對印度政府的優惠貸款，明顯傳達了赫魯雪夫對中、印衝突所抱持的立場，他拒絕承認中國領土主權的主張，並指稱這場邊界衝突「可悲」且「愚蠢」。

在廬山會議的期間，赫魯雪夫為了履行其「和平共處」的主張而前往美國，並與美國總統艾森豪在「大衛營」（Camp David）舉行一連串曠日廢時的會談。九月，赫魯雪夫在訪美行程結束返回莫斯科之後，突然改變原訂計畫而飛往北京，在中國重申「我們這方面應該盡力排除以戰爭作為解決爭端的手段」。[13] 雖然毛澤東在北京機場與赫魯雪夫會面，不過並未公開評論這位蘇聯領導人的美國之行、蘇聯取消援助中國原子彈計畫的舉動，或是赫魯雪夫的和平共處原則。但無論如何，中共中央還是通過黨的喉舌《紅旗》雜誌發表評論，批評有些社會主義國家的領導人（暗指赫魯雪夫）誤以為美國人將會「放下屠刀，立地成佛」，這清楚地傳達了中共官方的政策立場。赫魯雪夫在十一月返回莫斯科之後，把毛澤東的好戰成性與托洛斯基在一九一八年的態度相比附以作為回應。[14]

一九六〇年一整年，社會主義陣營兩大強國之間的關係持續惡化。在國際共產主義會議上，這兩國彼此叫囂指責、反唇相譏的情景屢見不鮮。不旋踵，阿爾巴尼亞和南斯拉夫就成為風暴的中心。中共支持阿爾巴尼亞擺脫莫斯科的制約，追求國家獨立自主；蘇聯則以前所未有的強烈口吻喝斥阿爾巴尼亞的企圖，不過據觀察家看來，蘇聯是意有所指地暗批中共。中共以譴責南斯拉夫來回應莫斯科，其選擇的攻擊議題和立場顯然是針對蘇聯而來。正當蘇聯集團的國家發表聲明，藉以關切核子戰爭的恐怖以及全世界國家的滅亡；中共媒體則呼應毛在一九五七年的陳述，宣稱中國絕不受恐嚇。《紅旗》雜誌評論，核子大戰一結束，「在帝國主義的殘瓦碎石上，勝利的社會主義人民會迅速地為自己創造出比資本主義體系高明數千倍的文明，還有美好的未來。唯一的結論是：無論從哪個角度看來，就算原子能、火箭等新技術再怎樣發達，列寧指出的帝國主義時代與無產階級革命的種種基本特色，都是不會改變的。」[15]

一九六〇年夏天，蘇聯照會中共，將召回它在中國工作的所有一千三百九十名專家和顧問，九月即全數撤離。中共指出，蘇聯專家帶走了由他們設計或指導設計的所有藍圖，撕毀了三百四十三紙合約和兩百五十七個科技合作項目。在這批離去的蘇聯科學家當中，有兩位是核子武器專家，他們一直堅決不提供中國任何有關製造原子彈的資料，中國人還奚落這兩位蘇聯科學家是「啞巴和尚會讀不會說」。[16]這兩位蘇聯科學家在離去時銷毀了無法攜帶回國的文件資料。於是中國人煞費苦心，在這些斷簡殘篇中重建原始文件，最後終於在這批重建後的文件裡發現原子分裂的關鍵性資料。一九六〇年十一月，蘇聯發起八十一國共產黨會議，毛澤東拒絕參加。

然而誠如中國在一九六〇年十一月會議之後一項聲明中所言，「帝國主義永遠以無望的陰謀來分裂中國共產黨、蘇聯共產黨，以及中、蘇兩國的團結，」[17]流露出恢復合作關係的躊躇猶豫。不過無論如何，當蘇聯邀請中共參加一九六一年十月在莫斯科召開的蘇共黨代表大會（二十二大）時，中共不僅同意與會，還派遣毛的親密戰友總理周恩來代表參加。但在這次大會上，赫魯雪夫又再次激烈抨擊阿爾巴尼亞和史達林。雙方關係如履薄冰，周恩來退出莫斯科會議會場，隨即返回北京。

政治調查與社會主義教育

一九五九年，隨著彭德懷遭整肅以及中、蘇關係緊張之後數個月的紛擾，中共領導階層出現權力競逐的新局勢，與此相較的是，黎民百姓卻掙扎在生存邊緣。到了一九六〇年底，大躍進的發展策略已經遭到多數人的質疑；誠如毛澤東原先設想的，這次毛果真從第一線退下來，其餘中共領導人為了恢復經濟、提振民心士氣，而重新省思大躍進的發展模式。

他們所採取的策略之一是讓領導人分別下鄉調查農村的民生條件，此策略在某種程度上遵循毛澤東一九二七、一九二九年分別在湖南和江西兩省對地方民情鉅細靡遺的蹲點調查方法。在這類農村蹲點調查中，以陳雲在一九六一年初夏的經驗較為重要。陳雲是最受推崇、最富經驗的中共領導人之一，當時位居要津，是權力核心政治局排名第五的常務委員。他在一九二〇年代曾經當過印刷廠的學徒和工會的組織分子，是一位不折不扣、根正苗紅的無產階級老戰士；不但參與過長征，日後更遠赴蘇聯學習，是一九四二至一九四四年延安整風運動期間的傑出領導幹部。自從一九四九年以來，陳雲已經是中共經濟發展領域方面最具分量的發言人。一九六一年六月底，陳雲至上海近郊青浦縣的一處人民公社*進行調查；陳之所以選擇該地，部分原因是他出生於青浦縣，一九二七年，身為黨內青年積極分子的陳雲還曾在青浦縣組織過農民運動。在與當地農民進行為期兩周的密集討論中，陳雲詳細探詢農民養殖豬隻的經驗、稻穀生長情形、私有地的運用、勞動工資的數額，以及地方上的商業活動與手工業的進展。陳亦問及國家統購統收的份額、共產黨地方幹部的品行舉止，以及地方上的犯罪問題。

令陳雲備感欣慰的是，農民確實記得他過去的事跡，因此「敢於說真話」。這使得他們揭露出的內幕更令人憂慮。即使此處公社因鄰近上海的龐大市場而較他處繁榮，然而公社裡的農民還是吃不飽。因為公社的集體耕地管理鬆散，農民缺乏對公社的熱忱，他們比較關心自己的私有地以及可用來供應市場的農副產品產量。農民確信，公社裡的中共幹部只是一味瞎指揮，又不願自我反省批判。幹部專橫地對農民訂出高標準的生產額度，並強制收購同等數量的農產品之後，便「不再參加日常的工作而過著特權的生活」。[18]

陳雲觀察到，地方上的農民似乎十分了解農村生活的細節，但這些細節卻往往被只知要求農民順從國家規範、遵循集體化發展「合理計畫」的官僚幹部所忽略。他指出，當地農民知道如何讓虛弱的小豬貼上母豬的第三顆乳頭避免餓死，因為母豬的第三顆乳頭能供應最豐

＊ 譯注：小蒸公社。

富的乳水。除此之外，農民也知道在夏天用水草給母豬做床，以防止中暑。農民知道種雙季稻的產量不如種蠶豆和單季稻來得多；知道如果為了空出土地、增加穀物的產量而砍去竹林，那他們不僅會燃料不足，還只能用簡便的耙具來除草。

陳雲總結觀察，提出五點基本建議。由於農業復甦需要花費好幾年的時間，而城市的經濟條件同樣每下愈況，於是他提議，應遣送自一九五七年湧入城市的三千萬名農民回農村，城市裡的失業青年也應下鄉工作；解散大躍進期間數千家經營不善的工廠；雖然應維持集體制為經濟主體，但也應將百分之六的農村土地分配給農民作為自留地；重新開放私有農村集市；恢復以個別家庭作為訂定糧產額度的標準。經過一九六二年初「七千人大會」的熱烈討論，黨內最有權力的三位領導人——國家主席劉少奇、國務院總理周恩來、黨的總書記鄧小平——把陳雲的悲觀評估及建言呈送給毛澤東。儘管毛認為中國的經濟正在復甦，亦強烈反對任何牴觸集體制的政策，不過還是同意讓陳雲的觀點在黨內傳布。

一九六二和一九六三兩年間，隨著中共採取經濟緊縮的政策，有越來越多的證據顯示農村的士氣日漸低落，而幹部的徇私濫權更是時有所聞。這是因為大躍進時期的大飢荒導致腐敗現象。農村幹部被賦予更多自主權，以滿足國家不切實際的糧食收購數額，在大飢荒時期不顧一切保護自己和自己人，而讓繳交糧食的重擔壓在弱勢者以及他們討厭的人身上；一俟飢荒災情舒緩，幹部又開始欺壓農民。許多報告指稱，地方幹部聚賭、從事非法交易活動、貪贓枉法，或強行安排「交易式的婚姻」。十四歲的少女被以人民幣七百五十元的價格出售，有一女孩甚至「結婚」十三次。面對這種不公的社會環境，農民常常遁入受禁止的「神靈和巫術」之中，或者把勞動力留在自己的自留地上。

問題已經嚴重到讓包括毛澤東、劉少奇、周恩來、鄧小平在內的中共領導階層深感必要籌謀一個新的全面計畫，重新打造中國的社會主義基本價值。於是，在「社會主義教育運動」號召下，中共再次高懸階級鬥爭的旗幟，於全國各地展開「四清」運動——即指清帳、清庫、清工、清財。數萬幹部被下放到農村去，藉由體力勞動向農民學習，並澄清農民對「群眾路線」的認識。中共中央再次強調，集體優先於個人，公有應被置於私有之上。黨內的理論家援引中共慣用的數字公式，提出「三三」原則：首先提振集體主義、愛國主義、社會主義三種主義；其次反對資產階級、封建、浮誇三種惡劣的工作態度；最後貫徹「三個必須」，亦即建設社會主義、愛護集體、以民主和簡樸的方式實行人民公社。[19]

社會主義教育運動開始推展後，也讓中共高層領導之間的鬥爭轉移到鄉下，劉少奇與其妻子王光美就是例證。一九六三年十一月，王光美抵達河北省的桃園大隊，在此停留至一九六四年四月。她身著一般村婦的日常工作服，以假名隱藏真實身分，以面紗遮住臉龐（當地村民用面紗來遮擋沙塵和細菌），參加當地的群眾大會，並逐步蒐集有關地方上的可靠訊息。王光美甚至未向黨的地方幹部表明身分，她費盡心思蒐羅地方幹部貪汙腐化及資本主義傾向的相關資料，嚴詞總結，「四不清現象仍然普遍存在於幹部之間。所有幹部，不管職位大小，都有問題，不能信任。」在農民之中，王光美也發現了六十六個初期資本主義傾向的現象，範圍從賣雞到成立獨立的家庭事業都有。當王光美將這份報告呈送夫婿劉少奇時，劉指示她公開發動懲奸除惡的鬥爭大會。後來，桃園大隊的四十七名幹部中，有四十名遭到公開的批鬥或被解職。一九六四年夏天，這一次劉少奇偕同妻子至華中、華南（他們曾在湖北、湖南、廣東、河南四省停留），向幹部宣達黨反腐敗的警訊，並力誡黨員堅定正確路線。在這些地方，尤其是廣東省，劉、王二人發現諸多「模範幹部」貪瀆賄賂的驚人案例。

王光美對黨內幹部的嚴厲打擊，可以被解讀為是對於早期在毛澤東農村革命裡登上權力階梯、隨後又在一五計畫和大躍進期間確立勢力的老幹部的攻擊。這群幹部之中，最富盛名應屬山西貧窮山區昔陽縣大寨公社生產大隊的支部書記陳永貴。據說，在陳永貴的領導下，大寨人民辛勤工作，這片原本荒涼貧瘠的地區剎時蛻變成欣欣向榮，農業生產暴增五倍，並見證了毛澤東視農村自力更生與革命熱情為中國前途之所繫的真理。陳永貴因其成就獲選為昔陽縣人民代表大會的候補委員，一九六四年當選山西全國人民代表大會委員到北京出席會議。緊接著，令人眼花撩亂的盛譽不斷湧向陳永貴：他入選全國人民代表大會的主席團，受到周恩來的公開讚揚，蒙毛澤東召見，並且在大會代表面前發表演講，自選主題為「自力更生是法寶」，可以實現毛主席政策。一九六四年十二月下旬，陳永貴與毛澤東合影的照片出現在《人民日報》的頭版上。同年稍早，毛澤東發出的「農業學大寨」呼籲已躍上了《人民日報》標題。

不過在這些公開動作中特別重要的是，就在一九六四年底，類似王光美調查隊組織與作用的調查工作隊，已經來到大寨視察陳永貴的領導方式；工作隊總結調查結果指出，陳永貴種種可觀成果都是根據謊報的生產數據、隱瞞可耕地的面積、誇大糧食銷售數額而來，因此完全不可信，事實上，大寨人民根本連溫飽都有問題。「大寨紅旗旗桿上有蛀蟲，一天無法消滅，大寨紅旗就無法升起。」[20]在正常的狀態下，陳永貴應該會像桃園大隊或其他被調查的公社幹部那樣遭到懲戒或革職，但是因為有毛澤東的信心聲援，陳永貴安然返回大寨，反倒是調查工作隊挫敗解散。

一九六三年底，毛澤東號召中國工業應當「學大慶」的口號又是另一種曖昧。龐大的「大慶油田」位於黑龍江省，最初在大躍進期間，幾組技術專家帶領農民進行探勘，嗣後很快就成為中國最重要的經濟資產之一。大慶油田依循中共「自力更生」路線，工人以原始機具，經常於攝氏零下二、三十度的環境中，為空洞的目的辛勤工作，已經成為中國人勇敢無畏、吃苦耐勞的象徵了。但是為了迎合毛澤東的意識形態偏好，大慶油田的資深幹部不斷誇大未受過訓練的地方百姓對油田發展的貢獻，對於油田管理者必須仰賴的外國技術則是予以輕描淡寫，其中包括向國際市場購買探勘和精煉設備。到了一九六三年，大慶生產四百四十萬公噸的石油，超過中國總產量的三分之二，毛澤東見獵心喜，便將大慶油田和石油工業部的官員調進他的經濟計畫班底。一九六四年這批人員已經組成一個完善的團隊，他們為毛澤東建構出的宏偉發展計畫，是他那個較為謹慎的計畫官員班子無法做到的。[21]

毛澤東在調查工作隊方面與劉少奇的較量微妙而重要。劉少奇始終相信，糾正共產黨幹部的擅權弄私是黨內事務，應由黨員自己處理，以維持群眾威信。隨著許多幹部在大躍進期間因貪贓枉法而威信全失，這種黨內批判的途徑顯然益發重要。毛澤東同樣察覺到黨已經露出疲態，但他認為這更應該透過公開的辯論和批判讓人民參與，從而整頓共產黨。是故，毛澤東深深以為，他所號召的社會主義運動將會促使真正的無產階級群起而反抗資產階級，但劉少奇一幫人卻把毛心目中的優先重點擱置一旁，全力推展「四清」運動，或者轉向其他細微的經濟問題。在毛澤東看來，劉少奇讓工作隊如此專斷地進行調查工作，使為數龐大的共產黨員信譽受損，所以他無疑是反社會主義的。誠如毛所說的，「雖然你天天重複必須民主，卻沒有民主；雖然你要求別人要民主，但你自己卻不民主。」[22]

毛在一九六五年一月說道，黨總書記鄧小平也有同樣的毛病。鄧小平不宣布工作隊的來意，不讓地方上的人民大眾參與調查的過程，表示他行事「平穩」；就此而論，毛澤東意指鄧小平對人民的判斷力沒有信心，畏懼真正的群眾運動。群眾運動的過程當然難以預料，不過毛認為這才是革命的真諦。後來毛對一位資深的老幹部、也是劉少奇的摯友說道：「你去發展，去搞群眾運動，去領導群眾鬥爭，在鬥爭中群眾要怎麼辦，就怎麼辦，然後在鬥爭中造出自己的領袖來……內行也好，外行也好，要打才能學會。」這位領導幹部指出，黨員在這種狀況下尤需「掌握火候」以避免躁進，毛則嚴厲駁斥，「必須放手『讓群眾去搞』。」[23]

這種在「鬥爭」中學習的觀念，植根於毛青年狂飆時代對一九一九年趙小姐自殺悲劇的激憤；當上海工人、湖南農民高漲的革命情緒被遏制時，我們看到他也堅決反對冷卻革命熱情；在延安時代與大躍進之初，群眾的內在熱忱同樣受到高度讚揚。但當時中國經濟計畫官僚已感覺到他們的政策確實讓國家重新站穩腳步，因此對他們來講，這類口號無疑是沉悶空洞的。就經濟計畫官僚看來，一九六二至一九六五年間的經濟成就可謂一目瞭然。陳雲初步的經濟整頓計畫已經付諸實行，國家關閉了逾兩萬五千家經營不善的企業，省下支付數百萬名無產能工人的工資。雖然這些改革政策相對造成煤、水泥、鐵產量的下滑，不過在財政上，從一九六〇年的八十億元人民幣赤字，搖身一變，到了一九六二年已有十億元的財政盈餘。在小型人民公社中由二十至三十個家庭所組建的農民生產隊，不再需應付大躍進時代國家龐大的糧食收購量，現在則被賦予生產的經濟誘因，在自留地上耕種用來供應市場所需的農產品。迄於一九六五年，農業生產已經恢復至一九五七年大躍進運動之前的水平，輕工業的產出每年提高百分之二十七，重工業則有百分之十七的成長。另外，在黑龍江省的大慶油田發現了豐富的石油蘊藏，所以自一九五七年至一九六五年中國國內的石油產量成長了十倍，這使中國得以擺脫長期以來對蘇聯進口石油的依賴；另一方面，中國的天然氣產量同樣提高了四十倍。倘若中國經濟能像這樣持續且穩定成長，中國就能在中國共產黨領導下有機會邁向史無前例的繁榮時代。由是觀之，是黨內的技術專家與計畫官僚，而非毛澤東或群眾，才有能力指引中國未來的發展之道。

注釋

1 施拉姆（Stuart Schram），《毛澤東的政治思想》（*The Political Thought of Mao Tse-tung*），頁四〇八至四〇九。

2 關於河南發生的狀況，可參閱杜明的著作：杜明（Jean-Luc Domenach），《大躍進運動的緣起》（*The Origins of the Great Leap Forward.*, Boulder, CO: Westview, 1995），頁一一八至一一九。

3 陳志讓（Jerome Ch'en），《毛澤東文集：文選與文獻書目》（*Mao Papers: Anthology and Bibliography.*, New York: Oxford University Press, 1970），頁六一至六三。

4 施拉姆，《毛澤東的政治思想》，頁三五一。邁斯納（Maurice Meisner），《毛澤東的中國：人民共和國史》（*Mao's China: A History of the People's Republic*），頁二一三。

5 邁斯納，頁二三四。

6 薛爾頓，《中華人民共和國：革命變遷的文件史》，頁四〇一。

7 前揭書，頁四一〇。

8 前揭書，頁四一三。

9 李侃如，〈大躍進與延安領導人之間的分裂〉（The Great Leap Forward and the Split in the Yenan Leadership），見《劍橋中國史，第十四卷》（*Cambridge History of China, vol.14.*, Cambridge, 1987），頁三一三和三一七。拉迪（Nicholas Lardy），〈重壓下的中國經濟：一九五八至一九六五年〉（The Chinese Economy under Stress, 1958-1965），前揭書，頁三七九至三八一。

10 施拉姆，《毛澤東的政治思想》，頁一三九，一四一，一四六。

11 樂黛雲（Yue Daiyun）與韋克曼（Carolyn Wakeman），《迎向風暴：一位中國革命婦女的漂泊之旅》（*To*

the Storm: The Odyssey of a Revolutionary Woman., Berkeley: University of California Press, 1985）。頁八〇和八二。

12 赫德遜（G. F. Hudson）、洛溫塔爾（Richard Lowenthal）、馬若德，《中蘇爭端》（*The Sino-Soviet Dispute.*, New York, 1961），頁四二至四五。

13 前揭書，頁五八與六二。

14 惠廷，〈中蘇分裂〉（The Sino-Soviet Split），見《劍橋中國史．第十四卷》，頁五一三至五一四。

15 赫德遜等，前揭書，頁九三至九四，文引自《紅旗》（*Red Flag*）。

16 劉易士（John Wilson Lewis）與薛理泰（Xue Litai），《中國製造原子彈》（*China Builds the Bomb.*, Stanford: Stanford University Press, 1988），頁一六〇。

17 赫德遜等，前揭書，頁二二四。

18 拉迪、李侃如合編，《陳雲的中國發展戰略：一種非毛主義的選擇》（*Chen Yun's Strategy for China's Development: A Non-Maoist Alternative.*, Armonk, N.Y., 1983）。頁一五六。

19 鮑瑞嘉（Richard Baum）與泰偉斯，《四清：一九六二至一九六六年的社會主義教育運動》（*Ssu-Ch'ing:The Socialist Education Movement of 1962-1966.*, Berkeley: University of California Press. 1968），頁五五至五六。

20 鮑瑞嘉，《革命的序曲：毛澤東，黨與農民問題，一九六二至一九六六年》（*Prelude to Revolution: Mao, the Party, and the Peasant Question, 1962-66.*, New York: Columbia University Press, 1975），頁一一七至一二二（轉引自本書頁一一九，稍作修改）。

21 李侃如與奧森柏格（Michel Oksenberg），《中國的政策制定：領導人、結構與過程》（*Policy Making in China: Leaders, Structures, and Process.*, Princeton: Princeton University Press, 1988），頁一七五至

一八三，論大慶油田的部分。

22 鮑瑞嘉，頁一二四。

23 前揭書，頁一二六。

第二十二章

文化大革命

對毛澤東的崇拜與批判

人民共和國領導階層對於百花齊放運動、大躍進模式、中蘇衝突、與美國的持續敵對、社會主義教育運動的進行步調的相左意見，已經浮出檯面，而這些課題都令毛澤東深感威脅。劉少奇、鄧小平、陳雲、周恩來等老革命的想法，似乎與毛意欲透過不斷鬥爭來激發群眾革命潛能的觀點漸行漸遠；事實上，他們已經不需要毛澤東的現身或啟發了。

此時毛澤東的個人生活方式已經漸漸與許多同志脫節。他沉溺於權力的那些附屬品，像是在中南海官邸裡的個人專用泳池裡游泳，無論晝夜都有揮之即來的幕僚人員，搭乘個人專屬火車前往各地別墅渡假，或者不斷與年輕女性同床共枕——有些是他在中南海每周的舞會上結識的，也有搭火車出遊時偶遇的熱情女性支持者。[1]但即便有這些消遣活動，他也會在藏書甚豐的書房裡長時間閱讀沉思那些無法被掩蓋的事實：他在一九五〇年代末採行的種種策略已經失敗，到了一九六〇年代初，他已經不是過去那個眾望所歸的毛澤東了。

現在唯有林彪能讓他重拾自尊。林彪出生於一九〇七年，曾入黃埔軍校第一教導團受訓，自延安時代和內戰時期以來，一直擔任中共黨內資深軍事領導幹部。雖然健康問題讓他數度避開一九五〇年代的重大政治風暴，但他始終都是一名堅貞的共產黨員。彭德懷遭罷黜之後，毛澤東拔擢林彪接任國防部長，成為實際上的人民解放軍的最高領導。

一九六〇年代初，經濟計畫官僚正於大躍進時代種種危機過後重新整頓中國經濟，林彪則開始在軍中建立毛澤東的偉大領導人物地位。林彪廣泛蒐羅毛過去三十年來發表過的文章或演講，編撰成格言式書冊。截至一九六三年，這本《毛主席語錄》已經成為人民解放軍研讀和討論的必備教材。其內容極力宣揚自我犧牲、自力更生，以及維繫革命動力不墜和不斷鬥爭的勇氣，不過中共多數領導人卻未察此書在意識形態方面的重大意義。起初只有數以千計、後來變成數以百萬計的軍人開始學習並背誦毛澤東的格言，將毛的地位推向新的高峰。毛澤東著作的特殊角色作用，在一九六二年不斷被強化，相對的，國家主席劉少奇與經濟計畫者陳雲的文集卻束之高閣，遲遲未能付梓出版。

林彪迅速在軍中擴增共產黨員的數量。林彪也更動了中共自一九四九年以來構築的部分組織結構、以及自己在中共中央南局的角色地位，以便讓負責大軍區的將領出任各軍區的黨委書記。此外，各層級的黨書記被指派為人民解放軍的政治委員代表，藉以強化公民和軍隊的緊密關係。並且，毛還要求成立龐大的民兵組織，讓民兵與解放軍一起深入農村基層，推進國防縱深，這更是進一步模糊了軍民之間的組織界線。

一九六三年初，林彪在軍中發起群眾運動，強調為黨犧牲服務的基本價值，進一步推展軍中意識形態的教化工作。這場運動以一位名叫雷鋒的青年戰士的生活為運動主軸，因為雷鋒為了國家奉獻出寶貴的生命。人們在他身後發現了一本《雷鋒日記》，內容記載雷鋒為革命、國家、同志拋頭顱、灑熱血，毫無保留地效忠毛主席。事實上，《雷鋒日記》是虛構的，是人民解放軍那些寫作班子揑造出來的，不過，我們不該因此就輕忽它所具有的根本意義：攻擊人民共和國內部缺乏革命熱情的知識分子與作家。

特別是在大躍進運動過後，這些作家開始反思革命經驗的某種曖昧矛盾，農民如何克服經濟窘境，或者工人和教師在新社會中如何面對他們工作的問題。然而在雷鋒短暫的生命歷程之中從未顯露絲毫的猶疑躊躇，他大公無私、恪守紀律。儘管他的家人曾在日本侵略者、右翼國民黨人、貪婪地主的欺壓下飽嘗苦楚，不過雷鋒一生的真誠率直使他一直堅持信念。雷鋒本來是軍用卡車的駕駛員，他渴望見到中國農村的機械化，不過雷鋒作為一位鮮明的革命典範，其作用並不是印證中國應該持續發展新科技。雷鋒的死既無私又平凡，他在援助同志時被一輛倒車的卡車輾斃。於是，研讀《雷鋒日記》的運動成為正規教育體制中的一部分，一九六三年底，毛澤東為這本日記落款題名更加強了它的影響力。毛澤東呼籲全國百姓「向人民解放軍學習」，因而削弱了這個國家曾經應該向黨學習的基本原則。

一九六四年，自力更生與犧牲奉獻的精神再次當道，當時越戰引發的危機意識瀰漫了整個中國，毛澤東下令加速建設西南地區的工業系統與交通運輸網絡，確保中國人民一旦遭到美國入侵，就能再度快速撤至內陸地區，如同一九三七年和一九三八年面對日本侵略時的戰略。但無論如何，這次不能再步上蔣介石政權的後塵，現在中國將為長期抗戰預作準備。起初，毛澤東個人似乎屬意由遭整肅的彭德懷指揮這次內陸地區的建設工作，但或許是出自林彪的攔阻，這項人事命令並未付諸實現。如今已經沒有任何力量可以制衡林彪的權勢，而解放軍於一九六二年中、印邊界戰爭中可圈可點的表現，更助長其了勢力；另一方面，一群科學家在解放軍的領導之下，於青海、寧夏祕密基地所進行的核試爆計畫也取得了豐盛的成果。一九六四年中國第一顆原子彈試爆成功*，當時適逢赫魯雪夫從蘇聯的權力雲端跌落下來兩天後，試爆成功凸顯中國新的科技發展能力。

此外，林彪通過與國內安全機關和文化官僚體制的聯繫，以及深植解放軍的政工組織於學校、工廠之中，而向軍隊系統以外的組織部門擴展其權力基礎。在中華人民共和國時代，公安與文化之間的緊密程度不下於清朝和民國時期。反對政府政策的異議分子往往通過繪畫或文藝作品來抒發內心潛藏的批判聲音，或藉古諷今，或以詩歌暗喻來傳達不敢公開言明的異議或諷刺。林彪試圖以毛主義的意識形態來馴化解放軍，另一方面則以更龐大的組織基礎創造他個人的無上力量，壓抑潛在的反彈。

毛澤東的第四任妻子江青是林彪的當然盟友，她在文化革命期間才開始活躍於政治舞臺。江青出生於一九一四年，一九三〇年代初在山東和上海期間，曾經是舞臺劇、電影演員，演出過易卜生《傀儡家庭》一劇主人翁娜拉一角，她在山東農村進行表演以傳播社會主義革命的理念。一九三七年到了延安之後，很快便成為毛澤東的枕邊人，一九三八年更進一步被視為毛的第四任妻子（毛的第二任妻子賀子珍在長征時期產下一子，後來因身心皆有疾病而赴蘇聯療養）。江青為毛產下一女，迄一九六〇年代初為止，江青一直自外於政壇，不過問國事。江青後來追述，當時令她備感憂心忡忡的是，大部分的當代中國藝術，包括她於一九六〇年代初在上海觀賞的戲劇，處處充斥著傳統主義或封建遺緒的內容，所以希冀能夠改善這些弊端。第三位要角是康生，他與江青有著共同的意識形態目標。康生的權力網絡來自中國的國家安全系統，他是毛澤東在詮釋蘇聯意識形態政策、宣示等方面的得力助手。一九三〇年代，康生曾在莫斯科的「內務人民委員部」（NKVD）接受特務課程的訓練，並在後來延安整風運動期間成為一位知名的領導幹部。迄於一九六〇年代，康生同樣認為，中國文化正遭受一股批判共產黨、甚至批判毛主席的病態精神所腐蝕。康生敦促中國的文藝創作者回歸純潔的革命精神，從工、農階級獲得靈感，這樣可以進一步鼓勵工人從事文學和藝術的創造，讓中國的文化世界能擺脫過往傳統知識分子占主導地位的宰制。林彪便以雷鋒一

＊　原注：中國第一顆原子彈的代號是「五九六」，反諷赫魯雪夫在一九五九年六月照會中國，蘇聯將不會提供中共原子彈的模型。

生為例，激勵人民群眾朝向康生所指引的路徑邁進。

沒有比歷史學家兼作家的吳晗更適合作為這種激進意識形態刀下的祭品。吳晗是一位研究明史的專家，第二次世界大戰期間，正值盛年的吳晗就曾指桑罵槐、借古諷今，大膽取明史的例子來批評蔣介石與國民黨政權。在大躍進運動中期，毛澤東曾經鼓勵吳晗撰寫頌揚海瑞的文章；海瑞是明代的清官，曾為了百姓的經濟權益而反抗短視近利且保守的惡勢力。吳晗的第一篇文章聚焦在海瑞雖然忠於皇帝，但還是批評君主制度的當道者搜刮民膏民脂而把三餐不繼的老百姓逼上梁山的主題。一九五九年九月，吳晗在《人民日報》上發表有關海瑞的另一篇文章；這次，明顯影射八月才去職的彭德懷。海瑞為官「清廉正直」，「不畏強權」因此為人民所歌頌，但他服侍的那位皇帝（即嘉靖皇帝），卻是「一意修道，只想長生不老」，並且「自以為是，拒絕批評」。與海瑞同列的其他朝臣，因君道不正而「臣職不明」。[2]

當時這兩篇文章並未被公開批判，其實在一九六〇年代早期，諸多知識分子在北京報紙上發表短文，藉史事或其他時事以抨擊共產黨政府政策，批評毛澤東自外於公共意見，而吳晗也只是其中一個罷了。其中一例是，幾位知識分子*聯合以「三家村」的筆名發表一系列的雜文，「三家村」係取自宋朝一位官吏辭官歸隱鄉梓所在的村名。作者之一的鄧拓特別讚賞晚明「東林黨人」在廟堂之上所展現的剛正不阿、直言敢諫。鄧拓曾賦詩一首，稱頌東林黨人這種大無畏的勇氣：

莫謂書生空議論，
頭顱擲處血斑斑，
力抗權奸志不移，
東林一代好男兒。[3]

吳晗還把海瑞罵皇帝的主題演繹成劇本《海瑞罷官》，一九六一年二月在北京公演，並在是年夏天出版。海瑞以生動的語彙訴說時代的危機：

你說百姓是虎狼，
可知鄉官把民傷？
魚肉鄉官滿朝嚷，
可憐百姓吃糟糠？
民為邦本口頭講，
祖官虐民好人裝，

* 譯按，即吳晗、鄧拓、廖沫沙

為虎作倀欺皇上，
晝行愧影夜愧床。[4]

三家村的雜文與吳晗的劇本只不過是眾多諷刺、批判、並且惹怒當朝政治人物作品中的一小部分，不過領導幹部並不清楚該如何在他們所控制的新聞報刊上禁止這類作品發表。一九六五年九月，毛澤東就曾要求發起一波攻擊「反動資產階級思想」的浪潮。毛澤東顯然並不滿意中共中央回應過於軟弱無力，而他心目中的理念觀點根本無法在那些被其政敵把持的雜誌期刊上出現，並蔚為風潮，於是毛澤東在十一月離開北京，消失在眾人目光之前。後來得知，毛澤東南下上海，聚集一批抱持強硬路線的知識分子，並決意把他所認定的社會主義秩序和紀律，帶回這個國家的主流思想之中。

一九六五年，林彪再度宣揚毛澤東的思想，並以極端平均主義的手段取消了軍中的軍銜制度，藉此讓人民解放軍變得更左傾。自此之後，人民解放軍的軍官和士兵已經無法從外表的軍服加以識別，官、兵一起從事日常任務。同時，林彪還大規模進行人民解放軍的人事調動，以確保人民解放軍能控制公安部門。一九六五年十一月，就在毛澤東暫時從政治舞臺上消失之際，江青的親密戰友、並與一群自詡為純潔的「無產階級作家」沆瀣一氣的姚文元，在上海發表強烈批判《海瑞罷官》劇本的文章*。在這篇文章中，姚文元聲稱，吳晗背離了毛澤東思想的核心，亦即人民群眾才是推動歷史發展的主動力。反之，吳晗卻暗指個人的道德良知能超越他們所處時代的經濟與政治現實。

此外，姚文元也質問，在「我國農村已經實現了社會主義的集體所有制，建立了偉大的人民公社」的關鍵時刻，如何在農村「平冤獄」？姚文元更以誇張地口吻追問，吳晗和其同路人難道意圖以「地主與資產階級的國家學說取代馬列主義的國家學說」？[5]北京報界在沉寂了二十天之後，才開始轉載姚文元在上海發表的這篇文章，延遲刊載證明了中央對這篇文章的意涵並無定論。此時中國的所有政要都被迫表態，不得不公開選邊站。他們支持或者反對吳晗呢？就某種意義而言，意味著他們支持或反對彭德懷；當然，這同時也暗示，他們支持抑或反對毛澤東與林彪。

發動文化革命

一九六六年之初，兩組不同團體各自會商討，論吳晗《海瑞罷官》劇本及其相關問題。其中一組人馬是由彭真領導的「文化革命五人小組」，彭真當時是擔任北京市長一職的資深領導幹部，以及政治局的常務委員。而參與五人小組的成員人數，其實遠超過此名稱。這一小組由一群出版界的資深主管、黨內的研究員，以及文化部的官員組合而成，因此大數都可

＊　譯注：即〈評新編歷史劇《海瑞罷官》〉。

歸類為支持劉少奇、鄧小平，或是與劉、鄧交往密切的黨內專業官僚和知識分子。

第二組人是在江青指導下於上海會商，形成一個論壇，專事探討文學和表演藝術背後所蘊含的政治目的。若粗略界定，這群人可以名之為激進的或「獨立於當局」（nonestablishment）的知識分子；他們意圖推動藝術的社會主義淨化，在藝術形式上，傾向與所謂的封建或者西化的五四運動菁英價值觀決裂，並追尋新的戲劇形式。這批成員贊同毛澤東諷刺北京文化部依然浸淫在傳統的昔日光輝之中，認為文化部應更名為「帝王將相部」、「才子佳人部」或是「外國木乃伊部」。[6] 一九六五年二月，當林彪正式邀請江青指導解放軍的文化政策時，上海這批人了解他們宣揚激進觀點的時機已經水到渠成了。

彭真領導的「五人小組」採取溫和路線，他們將圍繞在吳晗《海瑞罷官》的所有爭議界定為學術性討論，而不涉及嚴重的階級鬥爭成分。「五人小組」提交一份措詞謹慎的報告*，從學術批判的角度來批判吳晗，並未將此一問題無限上綱地與對中國文化系統的攻擊相連。儘管在報告中承認《海瑞罷官》問題意識的嚴重性，然而「五人小組」也不忘提醒，「我們要有領導地、認真地、積極地，和謹慎地搞好這場鬥爭」，特別是因為「學術爭論的問題是很複雜的，有些事，短時間不容易完全弄清楚。」這種輕描淡寫的方法，更因為這一小組所用的詞彙語出中共土改時期較和風細雨式的基調，要求成立學術工作者的「互助組」和「合作社」而格外明顯。他們指出，「即使堅定的左派（從長期表現來看），也難免因為舊思想沒有徹底清理，或者因為對問題認識不清，在某些時候說過一些錯話，在某些問題上犯過大大小小的錯誤。」[7]或許這正是毛澤東和江青出其不意進行攻擊的關鍵所在。可想而知，毛澤東本人並不喜歡這份報告的論調，不過中共中央委員會還是在一九六六年二月十二日通過這份報告，視為一份政策討論的文件而於黨內流傳。

同樣是在二月，江青和一批來自解放軍的文藝工作者齊聚上海，觀賞多部已經完成的電影和正在拍攝中的作品，參與三部戲劇表演，其中包括對傳統京劇嶄新、激進的詮釋觀點，並且組成毛澤東作品研讀小組。他們總結毛澤東有關文化的論述，「繼承且發展了馬克思列寧主義的世界觀和文藝理論」。他們進一步指稱，儘管毛澤東的思想豐富了馬列主義的文化觀，不過中國依然「被一條與毛主席思想相對立的反黨反社會主義的黑線，專了我們的政，這條黑線就是資產階級的文藝思想、現代修正主義的文藝思想、和所謂的三〇年代文藝的結合。」他們將吳晗的作品打上這種政治錯誤的印記，並提出警告，在中國的文化園地裡，「反社會主義的毒草」正在叢生蔓延。不過近來京劇的激進化顯示，即使是「京劇這個最頑固的堡壘」也是「可以攻破的、可以革命的」。在這條文化戰線上，人民解放軍是中國百姓與世界革命人民的唯一依靠以及希望之所繫，人民解放軍在文化領域將會扮演重要的角色，並且「要破除對中外古典文學的迷信」。林彪在給中央軍委會常委的信中呼應上述觀點，熱

* 譯注：即〈關於當前學術討論的匯報提綱〉，簡稱〈二月提綱〉。

切地附和道：「文藝這個陣地，無產階級不去占領，資產階級就必然去占領。」8

在兩軍對壘情勢無可轉圜的情形下，中國歷史終於走進毛澤東及其支持群眾名之為「無產階級文化大革命」的動盪時代。任誰都無法針對此一運動進行簡單的畫分，因為暗藏於運動中的，是各種曾經彼此滋養或抗衡的動力。毛澤東以為，由於共產黨內守舊派的故步自封，加上龐大官僚體系的因循苟且，中國已經失卻了往昔的革命能量，權力圈層的決策也已喪失決斷力或創造力。毛澤東宣稱，黨內許多幹部即使高喊社會主義的口號，但骨子裡卻是在「走資產階級的道路」。同時，七十三歲的毛澤東也意識到他年歲已高，深恐同僚幹部正設法將他排擠到權力核心之外。江青、上海的激進派文人，以及北京文化官僚體系中試圖鞏固自身權力基礎的官僚幹部，兩者之間的派系鬥爭自然有其導火線，但包括劉少奇、鄧小平、陳雲、彭真在內的那群處於共產黨政權結構雲端的領導人，在變革的步調和方向上都與毛截然不同，彼此存在著政治角力。此外，當然也有如林彪，以及贊成他把軍隊的權力觸角滲透進政治領域之中，而使解放軍變為捍衛文化變革先鋒的那批朋黨，他們的動機只不過反映了個人政治野心與權力欲望的作祟。

派系鬥爭的火苗復因一批與政治絕緣的失意學生的憤怒而進一步激化；他們因父母曾與國民黨、舊政權的地主或資本家等剝削者扯上關係，而被中共烙上壞分子的標籤。除此之外，還有幾百萬城市青年曾經在黨發起群眾運動之初，或者是配合陳雲和黨內其他領導人為縮減供應城市人口糧食以緩和國家壓力所提出的紓困政策時，紛紛下放到農村，他們如今也感到不滿。在最大的城市裡，不少莘莘學子被屏棄在為數不多的菁英學校之外，事實上，這類學校已經淪為少數高幹子弟的「補習學校」（在中國，大專院校極少，加上繁瑣入學考試制度設下層層門檻，唯有在這些少數好學校求學者，才有機會進一步接受高等教育）。最後，還有人認為黨機器內的高官厚爵已經完全被那批早年與毛打游擊、未曾受過教育的農村幹部所壟斷把持，這批農村幹部不該再戀棧權力，應讓受過良好教育的新人來接棒。

一九六六年晚春，在一片錯愕聲中，事件發展急轉直下，達到新的高潮。五月，「五人小組」呼籲謹慎進行文化改革的報告遭到中共中央委員會的否決，而中央委員會之所以做此決定，一般咸信係出自毛澤東的大力遊說，嗣後便開始整肅文化官僚體系。彭真黯然下臺，文化部的其他重要領導幹部紛遭解職，「三家村」的作者群以及吳晗、吳的家人受到嚴厲的攻擊*。北大激進派的哲學系講師聶元梓貼出一張抨擊北大行政官僚的「大字報」之後，諸如此類的批判和抗議聲浪如排山倒海之勢淹沒各大學。鄧小平、劉少奇試圖派出「工作隊」進駐大學校園，藉以平息如潮水般湧現的激進教師與學生轉向攻擊黨員所造成的混亂局面。然而騷亂之勢很快就蔓延至北京地區各中等學校，許多文化革命的激進派學生在臂膀上繫上布帶，自稱是「紅衛兵」——意指新時代革命巨變的先鋒。

* 原注：吳晗在幾經虐待之後，病逝於一九六九年。

毛澤東為了強調自己依然活力充沛、身體硬朗，七月在武漢附近的長江游泳，此地正是一九一一年國民革命爆發的地點。黨內報刊大肆報導毛澤東橫渡長江的訊息，此舉成為中國人心目中的一件大事。返回北京後，毛澤東甚至稱許聶元梓的大字報不啻是「二十世紀六〇年代的中國巴黎公社的宣言書，意義還遠超過巴黎公社」，藉以進一步激化群眾的革命熱情。馬克思曾經激情盛讚的、在一八七一年成立的巴黎公社，長久以來就被視為是西方歷史上自發性社會主義運動與組織建構的巔峰之舉，如今毛澤東更宣稱，中國將會超越這項成就。當然，毛澤東也注意到，一如巴黎公社在法國的命運，中國的文化革命勢必遭逢敵對力量的阻礙。「誰反對文化大革命？美帝、蘇修、日本反動派，」但是中國將會「依靠群眾，相信群眾，鬧到底。」[9]

一九六六年八月初，中共中央委員會通過關於文化大革命運動的十六點指導方針*，呼籲提高警覺，防止敵人意圖從內部顛覆革命的力量。不過，這份文件仍然透露出深謀遠慮的領導幹部**意欲緩和及冷卻文革派躁進的用心：「要用文鬥，不武鬥」、「在辯論中，必須採取擺事實，講道理，以理服人的方法」，而且要「特別照顧」科學家和科技人員。然而隨著八月的到來，毛澤東從北京紫禁城入口處的天安門城樓上，俯瞰著手上揮舞《毛主席語錄》小紅書，反覆高呼革命口號的龐大紅衛兵隊伍，浩浩蕩蕩從他面前遊行走過。最初，紅衛兵的組成學生大都出身於各菁英學校，隨後又加入為數眾多的叛逆、失意學生，以及受到革命激情的鼓動、推崇毛為革命之父的各省青年，紅衛兵的隊伍因而迅速膨脹茁壯。八月十八日，林彪告訴一群紅衛兵，「毛主席是當代無產階級最傑出的領袖，是當代最偉大的天才。」毛澤東的作為就是一種「改造我們靈魂的馬克思列寧主義」。到了八月底，林彪發明了一套公式化的溢美之詞，讚頌毛是「偉大的領袖」、「偉大的導師」、「偉大的統帥」、「偉大的舵手」，從此之後，這「四個偉大」就成為在中國稱呼毛澤東的標準用語。

一九六六年秋、冬兩季，鬥爭逐漸激化，而且恐怖猙獰。生活的失序、生命的殞逝越來越慘烈。隨後所有的學校、大專院校都因成為革命鬥爭的舞臺而被迫關閉，數百萬的革命青年受到文革派領導人的鼓舞，破壞他們居住鄉鎮的傳統建築物、廟宇、藝術作品，攻擊老師、學校行政人員、黨的幹部，以及自己的父母。就在一小撮毛的心腹，與毛的妻子江青、其他上海的激進文人共同導演下，黨內被整肅的領導幹部逐級升高，最後劉少奇、鄧小平各自下臺，並與其家人當眾遭受批判和唾棄。

文化革命的領導人號召全面清算積澱在中國社會之中的「四舊」——舊習慣、舊風俗、舊文化、舊思想——不過這些名詞用語是由地方上的紅衛兵率先提出的。在實際執行上，在

* 譯注：即〈中國共產黨中央委員會關於無產階級文化大革命的決定〉，中共簡稱〈十六條〉。

** 譯注：在《劍橋中華人民共和國史》論「文革」的專章中，何漢理（Harry Harding）指出，這應是周恩來和陶鑄二人設法運動的。

攻擊完較明顯的目標後，紅衛兵便開始打擊那些阻擋他們革命行動的人，或是接受西方教育者，與西方商業人士、傳教士有所往來者，或是被指控為具有「封建」、「反動」思想模式的知識分子，以證明他們對革命的忠誠。紅衛兵所使用的公開汙衊儀式日趨複雜、殘忍，一些遭點名的批鬥對象頭戴圓錐形紙帽或在頸上掛著認罪的標語遊街示眾，在嘲訕奚落的人群面前公開自我批判，最後則以所謂的「坐飛機」姿勢彎腰張臂痛苦地罰站數小時。

隨著暢快、恐懼、興奮、緊張的氣氛籠罩整個國家，暴力亦四處延燒。為數眾多的知識分子與社會人士被毆致死或死於重傷。包括《貓城記》的作者老舍在內，有無數不堪蹂躪的人自戕而亡，其實老舍早在一九三二年就於《貓城記》中以扣人心弦的筆觸，斷言中國人將彼此暴力相向。這些自戕者中，有許多人事先銷毀藏書或收藏品，但仍無法避免紅衛兵的騷擾才選擇自殺。許多人下獄後被單獨囚禁達數年之久。數百萬人被下放到農村勞改，政府試圖以勞動來淨化他們。

文革期間暴力失控的程度、青年紅衛兵反抗長者的狂熱，顯示出挫折抑鬱的情緒一直潛藏在中國的社會底層。這些青年人稍待毛澤東煽風點火，便群起反抗父母、老師、黨幹部以及長輩，並且報之以不計其數的計畫式虐待。數年以來，青年人被要求過著為革命犧牲、禁欲、絕對效忠國家，以及長期受監督指導的生活。他們壓抑、憤怒難耐，但卻又意識到自己的軟弱無力。他們渴望有權破除所有禁忌，所以造成他們生活痛苦的人自然成為他們的箭靶。對他們而言，毛澤東超脫這種世俗制約，是一位全知全能的智者。大躍進運動所帶來的災難真相並未被公諸於世，中共想盡辦法將其歸咎於官僚的無能以及蘇聯與美國對中國的敵意。毛澤東不斷號召追求新希望與自由，而且在沒有任何可信的反證的情況下，加諸毛澤東種種不切實際的語彙仍然被視同真理。

對於文革期間血雨腥風的另一種解釋，則來自對過去十七年來中國政治生活與人事操控的本質。中國人全都陷入一種被貼上階級標籤的狀況，讓他們完全聽命於「主子」，而習慣了群眾運動的暴力、恫嚇。這種機制同時孕育了恐懼與奴從。

這種狂熱的行動主義所蘊含的正是一種寓意深遠的政治工程，或許我們可以將之視為是毛澤東生動地呼籲中國回應一八七一年巴黎公社的那種「純化的平均主義」（purist egalitarianism）價值。這種價值觀的體現不僅涉及沒收、廢除私有財產，更進一步要求工業企業全面國有化、國家銀行取消利息給付、將地主掃地出門、根除所有自留地，並重新強化公社制度、杜絕私有化市場經濟的全部餘孽——甚至貧農在農村一角，推著車叫賣自己種植的蔬菜亦在禁止之列。

一九六七年一月，這種瘋狂的激進計畫被推向高峰，即所謂「一月奪權」。在北京「中央文革小組」*的支持下，散落在中國四處的各式紅衛兵團體紛紛驅逐地方上黨的領導幹部，

* 譯注：彭真領導的小組被撤除之後，新小組的成員包括陳伯達、康生、江青、張春橋、王力、關鋒、戚本禹、姚文元等人。

並接管地方黨部。這場運動是由多篇元旦的社論*所引發的，文中號召工農群眾「鬥垮工礦企業和農村黨內一小撮走資本主義道路的當權派」，並敦促工農團體在鬥爭中與「革命知識分子」結盟。文章中亦正告紅衛兵小將，應將文化大革命視為一階級推翻另一階級的鬥爭；社論還表示，過去中共在一九四九年必須謹慎運用權力，以防中間分子和自由派人士離心離德，然而到了一九六七年，「任何與社會主義制度、無產階級專政相背離的事物，均應被攻擊。」[10]

不過一月奪權的結果卻造成各地混亂不堪，由於未獲中央領導的指揮協調，不同激進團體不但整肅各地黨內領導幹部，同時各激進派系之間彼此亦水火難容。省級行政層級上所點燃的戰火，更能凸出一月奪權運動的荒唐絕倫。在東北北部黑龍江省，一位曾反對大躍進運動的激進分子出來領導群眾奪權，並意圖藉此行動展現其革命熱忱，以證明效忠毛主席。在山西，加入紅衛兵陣營的副省長驅逐黨內的其餘領導幹部。在山東，天津市政委員會的第二書記與山東黨委員會的一位委員，聯合成立了「省革命委員會」。在貴州，省的副政委與紅衛兵結盟。

僅就諸如此類的例子，我們難以判斷這些幹部是真的在進行鬥爭，或者只不過是虛應了事、敷衍一番——亦即「群眾」真的是奪得實權呢，或者只不過是黨的領導人佯裝交出權力，但實際上在紅衛兵鬆散的監控下，幹部仍然繼續執行原來的行政功能？廣東省的例子顯然是後者，當時廣東省委第一書記趙紫陽把權力交付「紅旗派」手中，而「紅旗派」是一群由鐵路工人、復員的軍人、教師、大專院校與中等學校學生，以及電影廣播工作者所組成的鬆散聯盟。正因如此的表態，趙紫陽與其同僚才能繼續治理廣東省。

迄至此刻，「激進」一詞的意涵出現裂變。例如在上海，當地奪權行動被視為是成功的典型，大約有五十萬名強悍工人所組成的工會組織——「赤衛隊」——強烈要求改善工資待遇、工作條件，以及有權在保留工資的情形下離開工作崗位參加「革命實踐」*。中國各地的其他工人，從三輪車車夫到廚子，從街頭的小販到鐵路工程人員，也都發出同樣的要求。短期合同工人和臨時工的呼聲特別響亮，他們經常要求固定的工作，並賠償他們過去多年來的損失。然而像這類的行動，乍看之下似乎是相當激進的，不過旋即被文化革命的領導人詰責是一種「經濟主義」的作法。「赤衛隊」這種立場立刻被其他多個團體扣上「保守派」的帽子，例如勢力跟「赤衛隊」一樣龐大、且宣稱自己才是真正激進革命派的「上海工人革命造反總司令部」**。就在一九六六年的最後幾個月，工人與學生紅衛兵隊伍之間的惡鬥，幾乎已經癱瘓了整個上海的行政運作：卸下的船貨停放在碼頭上乏人聞問；鐵路運輸紊亂不堪，甚至有些鐵路路段因為遭破壞而完全停駛；城裡擠滿了紅衛兵、返鄉者或者從鄉間逃回來

* 譯注：例如《人民日報》、《紅旗》雜誌刊載的〈把無產階級文化大革命進行到底〉。

** 譯注，簡稱「上總司」，該組織係由四人幫之一的王洪文帶頭成立的。

的人；由於食物嚴重短絀，商店的營業時間不斷縮短。在這種背景下，一九六七年一月上海「激進」的奪權行動，不啻連帶制約了工人所能取得的自主權。

一九六七年一月，江青的親密戰友之一張春橋初抵上海，上海的奪權鬥爭於是展開。俟控制了具影響力的宣傳機器、並下令工人返回工作崗位之後，張春橋召開了一連串的群眾大會，糾集群眾公開譴責、羞辱上海的領導幹部，因為他們屈從工人提高待遇的要求，而被冠上「經濟主義」的罪名。後來，在前一年對吳晗開出第一槍的姚文元也加入，張春橋便動用解放軍維持上海的社會秩序，並提出「抓革命、促生產」的新口號。當解放軍進駐各個機場、銀行、運輸站、碼頭護衛警戒時，因為部分工人仍拒絕返回工作崗位，學生紅衛兵接替了他們的工作。

無論如何，此刻的張春橋、姚文元仍需和意欲與工人結合的學生紅衛兵隊伍周旋。一月底，大批學生團體聯合舉行一場鬥爭大會，批鬥張春橋和姚文元兩人，並「逮捕」了姚手下得力的一干宣傳寫作班子。二月初，在大批軍隊的支持下，張姚兩人再度控制了上海的局勢。二月五日，張春橋宣布成立「上海人民公社」，這一舉措無疑將上海帶向弔詭的局勢。在表面上看來革命氣息十足的稱號底下，昔日全面整黨的那批人，卻處心積慮地要讓自己成為中國的新領導人，反過來強迫這群追求自由新時代的學生嚴格遵守紀律。

整黨與林彪之死

上海人民公社成立之初，受到北京方面的熱烈歡迎；但毛澤東很快就改變心意，不再視這類公社組織為全國發展模式。二月中旬，毛下達一份謹慎的指導方針。因為新政策的內涵與激進的一月奪權行動顯得扞格不入，所以革命派便將之稱為「二月逆流」。毛可能甚至要直接反對妻子江青認為「領導的頭銜應該被砸碎」的觀點。毛明白回答，「事實上，領導是必須要的，問題的關鍵在於內容是什麼。」毛這一說，一方面是為了重新主張幹部本身需要扮演領導的角色，另一方面則是說毛個人的角色是不可或缺的。[11]嗣後，毛澤東宣布，除非黨領導幹部同意，否則「奪權」不再被視為合法的行動。

二月底，毛命令張春橋將上海人民公社更名為「上海革命委員會」。這類委員會組織，不管是在大城市內、農村公社裡，或是大學、學校、報社等機關之中，一律採取「三結合」的組織運作形態，其中成員包括群眾代表、解放軍，以及態度、行為正確的官僚幹部這三類人。實際上，這種組織設計大幅縮減了工廠工人在地方領導班子裡的代表人數。

順著「二月逆流」的發展，奪權行動經常受到中共中央領導人的節制，這明顯表現在總理周恩來發揮個人影響力，控制住造反派對中央政府官僚體系各個部門的攻擊。周恩來試圖縮小紅衛兵暴力奪權的打擊面，他告訴學生「回校上課同時繼續搞革命」，並要求軍隊人事部門將軍事訓練的實施範圍擴展為大專院校到小學，而幹部應被允許「改造自己，並藉由做出貢獻來彌補自己所犯的過錯」。最後有一段時間，儘管局面仍極混亂，然而已經有效遏止極端激進的暴力手段。

人民解放軍是「三結合」權力模式的重要組成分子，當時解放軍通過這種「三結合」的運作模式，把勢力滲透到政府結構之中。解放軍不僅在所有新成立的革命委員會中占有一席之地，甚至以武力鎮壓意圖破壞或整肅解放軍組織的造反派。整個文化大革命期間，林彪和解放軍不斷涉足錯綜複雜的權力鬥爭。在某種意義上，人民解放軍是「積極分子」的領導，也是《毛主席語錄》的擁護者，他們渴望推翻所有封建、資產階級、西化的要素，據說也會追求組織和程序的絕對平等，然而實質上解放軍是一支捍衛國土、防止爆發內戰的職業軍隊。據此，縱使解放軍看來支持紅小將的激進武裝奪權，但也絕對不容許紅衛兵干擾軍事設施、破壞祕密檔案以及工廠生產。解放軍同時保護大慶油田的技術設備，阻止紅衛兵接管，甚至阻撓包括毛澤東侄子領導的紅衛兵，進入機密性的、有許多卓越物理學家正在研發氫彈的工廠。

當江青指責解放軍宣傳部的領導「讓軍隊淪為資產階級的軍隊」，紅衛兵隊伍就充當先鋒到這位領導家裡抄家。時值一九六七年一月底，周恩來正與九百位資深的軍事領導開會，當他接獲紅衛兵行動的消息之後，立即發表聲明公開譴責任何企圖「打擊軍隊威望」的人，但未點明紅衛兵。二月初，軍方的領導遵從毛澤東指示，前線軍區不應受到文化大革命的衝擊，而即時豁免了各軍區受波及，同時亦嚴禁騷擾海軍艦隊以及海、空軍軍事訓練學校。

一九六七年一月底，解放軍被賦予驅散所有「反革命組織」的任務。解放軍逕自將之解釋為粉碎與解放軍（或是解放軍的政治同盟）組織利益尖銳對立的所有武裝革命團體。在這些衝突事件中被解放軍殺害的總人數並不清楚，不過卻有人親眼目睹，無數的浮屍阻塞了河道，甚至有許多屍體漂到香港的岸邊。文化大革命的後臺主子們身在北京，對於解放軍竟然攻擊那些經常呼應黨中央整肅官僚隊伍的造反派感到十分沮喪。告誡如雪片般紛紛湧向解放軍，敦促他們要自我克制、並深入了解文化大革命的真諦。

軍隊與造反派之間最嚴重的一次衝突發生在一九六七年夏天的武漢。早在一九六七年的春天，解放軍就已經逮捕了五百名自稱代表四十萬戰士的激進紅衛兵和工人團體的領導人。隨後武漢地區又爆發另一次流血衝突，一開始是民眾公開抗議、絕食，繼而升高為大規模罷工，最後演變成武裝衝突，導致一千多名抗議群眾遭解放軍殺害。七月，中央文革派的兩名要員*從北京飛抵武漢，並譴責解放軍的惡行，王力更被解放軍的支持隊伍從賓館裡綁架，但當地軍隊並未採取任何營救行動。最後在北京當局下令空降部隊、一艘海軍艦艇，以及其他增援部隊進駐該市維持秩序後，他才獲得釋放。

武漢事件升高了解放軍與激進造反團體之間的暴力和衝突強度，整個夏天，中國各地均籠罩在解放軍與造反派暴力相向的陰影中。工人與學生派系之間對峙的態勢從未止歇，導致

* 譯注：即中央文革小組成員王力和公安部長謝富治。

他們彼此攻訐，而在暴動中雙方均使用搶自解放軍部隊的武器彈藥，衝突往往以流血傷亡告終。北京和廣州兩地的流血暴力如火如荼地展開。這兩地的衝突最後都被升高至政府體系內的高層。一九六七年八月，當造反派占據外交部，阻擾了外交部的日常運作，並開始「派任」激進的外交官員到世界各地的中國駐外使館，所謂的「奪權」行動才告真正發生。或許是為了證明這類行動是基於「反帝國主義」的理念，激進派對英國大使館發動攻擊，並放火燒毀英國大使館。

迄一九六七年九月止，局面的失控讓毛澤東、周恩來、林彪、江青等大部分的中央領導人似乎均感受到事態的嚴重性已經到了無法容忍的地步。一直亟欲把革命鬥爭推往極致的激進派女性代言人江青，卻改口宣稱這種暴力衝突是一種「極左的傾向」，並稱讚解放軍才是「無產階級專政」的擁戴者。當各學生派系的相互纏鬥持續不輟之際，中共的領導階層轉而通過工人團體遏止學生的過當行為，並將學生驅趕回學校。全國各地的解放軍宣傳部門現在閉始呼籲加強研讀毛澤東的著作，而不是全面攻擊「走資派」。在某幾省，其境內敵對派系通過錯綜複雜的協商之後達成共識，結束彼此之間的敵對，不料先前的鬥爭動力卻又被導向了競逐革命委員會代表權的新衝突點上。伴隨著一九六七年初上海所成立的委員會運作模式，這些委員會各自建構了隸屬於本身之解放軍、群眾、「正確路線」幹部的「三結合」。在這些委員會中的委員，有權決定在公社、學校、工廠，以及省級政府、北京中央各部委等機構之中誰才是決策者。在制度尚未變動之前，競逐獲勝的一方將在中國取得政治的優勢。

雖然如此，一九六八年夏天，仍有數百人死於武裝暴動中，其中包括五名工人（毛澤東指派這五名工人前往維護秩序）是在北京的清華大學校園內遭學生擊斃，事件結束後中共才得以逐漸重建社會秩序。

這種紛擾對抗的事件粉碎了中國的教育體系，對軍隊傷害極大，同時也嚴重削弱了中國共產黨的效能和士氣。因此為了恢復黨和政治生活的秩序，從一九六七年底至一九六九年這段期間，中共中央發起另一場新的群眾運動。這場被稱作「清潔階級隊伍」的運動，是由毛澤東、江青和她的支持者、解放軍，以及忠於或掌控地方三結合委員會的幹部結盟所指導的。這次運動的針對目標，指向過去曾與資產階級有過關聯因而被懷疑是「壞分子」，或者曾是「叛徒和特務」（例如曾與國民黨或西方人有過關係的人）、地主、不知悔改的右派分子等眾多幹部。這群「嫌疑犯」遭到甫從「革命群眾」中遴選出來而組成的「工人毛澤東思想宣傳隊」、聯合解放軍，及相關革命委員會的全面清查。

這些調查還是留有很大的操控空間，而如何在一個人的家庭背景、昔日表現，以及今日行為三者之間謹慎求得平衡，就取決於審問隊。審訊的過程雖然既冷酷又緊張，他們還是公布了裁決的結果。有人可能從這些學習小組「畢業」，然後安然返回工作崗位；或者被強迫再進一步學習，這可能意味著不久之後他們將獲得釋放；或者被趕出學習班，那麼可能就會受到黨的整肅。

對數十萬名幹部和知識分子而言，這類調查過程和學習小組可能不在他們的家鄉、而是在特別成立的「五七幹校」召開舉行，「五七幹校」是根據文化大革命之初，毛曾於五月七日這天做出重要指導而命名的*。這所學校裡將辛苦的農業勞動、自我批評和學習毛澤東的著作結合一起，據言通過勞動與學習的結合，可以將社會主義革命的真蘊灌輸到「學生」的腦海之中。不過這些學生猶如監禁在學校的囚徒，失卻了所有的自由，或者僅能擁有少許屬於自己的時間。他們的家庭往往被拆散，生活條件十分嚴苛，學生只求起碼的溫飽，也必須擠在一起睡大通鋪。他們的工作大都無法取得報酬，因為幹部和知識分子的耕種能力根本無法與學校附近的當地農民相提並論。雖然通過下放，這些學生見識到農村的荒涼蕭瑟景象，不過可能很少有人會改變他們的想法。年邁的知名小說家兼學者錢鍾書（字默存，也是妻子對他的暱稱）與其在北大外文所當英文教授的妻子楊絳，一起被下放到幹校，時間長達兩年。她記述了他們夫妻遷離豫南五七幹校時的情形：

> 過了年，清明那天，學部的幹校遷往明港。動身前，我們菜園班全夥都回到舊菜園來，拆除所有的建築。可拔的拔了，可拆的拆了。拖拉機又來耕地一遍。臨走我和默存偷空同往菜園看一眼告別。祇見窩棚沒了，井臺沒了，灌水渠沒了，菜畦沒了，連那個扁扁的土饅頭也不知去向，祇剩了滿布坷垃的一片白地。[12]

在文化革命期間，這種結合思想訓育與體力勞動的作法，同樣可見於全國農村地區。一項對陳村廣東小村莊的田野調查正可以清楚說明當時的概況。與其他地方一樣，陳村的政治波瀾與社會動盪發生在兩個交疊的層面。一是兩位農民之間的權力鬥爭，這兩位農民都是地方上的聞人，依據誰才是真正忠於毛澤東思想和地方社區而捍衛社會主義的標準，他們兩人交替主導陳村的政治舞臺（農村裡往往沒有人願意接下領導位置，有時情況頗嚴重，如同清朝，村民通常逃避而不願承擔保甲長的責任和風險）。另一權力鬥爭是發生在下放到陳村生活、工作的城市知青與在地村民之間。一般都是由下鄉的知青帶頭領導村民進行政治討論，因為他們都曾受過教育（陳村村民大部分是文盲），能夠使用擴音器——一九六六年陳村電氣化之後才開始使用——來維持熱烈的政治批評和群眾激昂的學習情緒。隱含在這兩個鬥爭層面底下的，還有無數的小衝突，村民清查「四舊」的代表、學生整肅「右派分子」，而這些受害者均被隔離，關進名為「牛棚」這種特設的小屋子，每隔一段時間就被拉出來鬥爭。

儘管處於政治風暴之中，面對牆上塗的革命口號、數不清的毛澤東肖像、擴音器震耳欲聾的聲音、「學習大寨」的標語不斷縈繞耳邊、耳提面命，陳村的農事與家庭生活律動所帶來的喜怒哀樂一如往昔。遵從上級的路線指示，村民屏除「私心」或私有產品，回歸到大躍

* 譯注：一九六六年五月七日，毛曾就解放軍總後勤部〈關於進一步搞好部隊農副業生產報告〉給林彪寫了一封信。信中的意見即為所謂「五・七指示」的內容來源。

進時期中國的一般社會思潮，服膺公有制，將果樹、竹林、魚網，甚至他們飼養的母豬統統收歸公社所有。曾有一段時期，由相互熟識的村民所組成的生產隊，他們被剝奪了會計、分配工作和土地的權力，而將之移轉到生產大隊的手中。即使地方上十分憂心這種制度性的變革，不過在一九六八年，陳村裡最優秀農工的個人所得仍高於前四年的任何一段時期。新的資源使集體勞動者的生產多樣化，村民得以預見到未來的榮景。幾年時間的光景，陳村各蓋了一座磚廠、碾米廠、榨花生油廠、糖廠、酒廠，和一座將木薯磨成粉的工廠。

在每一頓飯前，陳村各家都會向毛主席像鞠躬，朗讀一段毛主席的語錄，合唱紅衛兵的聖歌「東方紅」，並齊聲祝禱：

> 我們衷心祝福最紅最紅的紅太陽，最偉大的領袖毛主席萬壽無疆。祝林副主席身體健康，永遠健康。我們因土改翻了身，矢志不忘共產黨，我們將永遠追隨毛主席革命！[13]

在此處論及林彪並非純屬形式上的意義。自從一九六九年毛澤東宣布林彪將繼承黨主席權柄之後，林彪就升至前所未有的地位。是年，人民解放軍因邊界的糾紛與蘇聯的軍隊爆發幾場嚴重的軍事衝突。蘇聯在新疆邊境以及東北的烏蘇里江沿岸部署愈來愈多部隊，中蘇之間的緊張態勢遽然升高。雖然軍事衝突並未導致全面開戰，但大約有一百名俄國人被殺或受傷，而中國則有八百人傷亡。不過對中國而言，軍事衝突的影響主要還是在國內的政局。戰爭的消息很快就傳開，人民熱烈讚揚解放軍的英雄主義行徑，並激化了人民反蘇的情緒，這使人民將林彪的軍隊視同弔民伐罪的王師。林彪的聲望在陳村，就和其他地區一樣臻至高峰。是故，一九七一年底陳村幾位領導幹部被通知匆匆趕往公社總部後，莫不感到震撼，而他們帶回村裡的是一開始被要求保密的驚人消息：林彪已經背叛毛主席並於空難中喪生。

陳村村民並不知道，毛澤東早已開始防備林彪，以及解放軍正在大肆整肅和審訊黨內的老幹部。毛澤東認為黨業已逐漸恢復革命動力，於是決意強化黨的角色功能；此外，毛本人和其餘領導人亦開始覺察軍隊在逮捕和審訊幹部時，態度漫不經心、且倨傲自大。一九七〇年三月，毛澤東提議從憲法中廢除自劉少奇下獄之後就一直懸缺的國家主席職位，這意味著林彪不僅無法繼任國家主席，而且身為總理的周恩來權位依然凌駕林彪之上。

一九七〇年八月，毛澤東開始重新著手黨的重建工作，刻意降低自一九六〇年代初林彪和解放軍大力提倡的革命熱忱與淨化意識形態的標準。整個一九七一年，毛都在進行自己後來所稱的「甩石頭、摻沙子、挖牆角」[14]三項策略。這個「石頭」被毛直接甩向林彪所控制的那批資深軍事幹部，而這些人個個被迫公開自我批判。其次，毛也在中共中央軍事委員會內摻「沙子」，大力調動中央軍事委員會內原本的人事布局，拔除一批林彪的支持者。最後，北京軍區內還留有支持林彪的「牆角」，毛如法炮製，更動重要人事。隨後毛澤東繼續小心翼翼地在解放軍內部發動反「錯誤的工作態度」的批判運動，而毛本人則前往南京和廣州視察，並接見當地的軍事指揮員，想必毛欲藉機測試部隊指揮官對他的忠誠度。

根據中共後來公布的文件顯示，林彪因無法遂行其政治野心，尋求一干密友支持，意圖暗殺毛澤東；而在事跡敗露後，偕同妻兒*倉皇間搭乘三叉戟噴射機逃離中國。這份文件進一步指出，飛機的目的地是蘇聯，但油料存量不足以完成這趟行程；加上機上沒有領航員和無線電操作員，於是在一九七一年九月十三日，墜毀在蒙古，機上人員全部罹難。不過中共的說法基本上還是啟人疑竇，因為當局事後所公布的照片真實性可疑，而林彪的確切計畫和其他陰謀者等細節也曖昧不明。不過可以肯定的是，林彪的政治生命、當然還有他的肉身，在當時一併消殞無蹤。

當林彪處於權力雲端之際，曾於一九六九年四月一日的「九大」大會上，向與會黨代表說道，中國先前的國家主席劉少奇早在第一次國內革命戰爭時期就「叛變投敵，充當內奸、工賊」。如今，一九七二年，周恩來宣布林彪「叛國投敵」。可想而知，陳村每一位村民必定對中央的說詞困惑不解。在日後的訪問中，陳村一名農民回憶當年說道，「我一向忠於毛主席，但是林彪事件影響了我的想法。」或者誠如下放到陳村的一名城市知青所說：

當劉少奇被鬥下臺時，我們全都忠心擁護。那時候，毛澤東的地位被抬得很高，他就是紅太陽什麼的。不過林彪事件給我們上了重要的一課。我們慢慢明白，上面的領導人今天可以說這是圓的，明天說那是扁的。我們已經對這個制度失去信心了。[15]

村民的不知所措確實不難理解。對領導人的讚美之詞響徹雲霄，隨後接踵而至的就是誹謗辱罵聲不絕於耳，中國人民輕而易舉地被玩弄於股掌之間。中國社會所承受的最大斲傷，無非是已經陷入無政府狀態，那些基本的組織結構也遭嚴重破壞，幾乎崩解。大躍進運動起碼還預設了深具意義的經濟和社會烏托邦理想。然而無產階級文化大革命時期，不管是毛澤東或者中國共產黨，均對如何駕馭國家、國家該前往何處感到茫然無知。

* 譯注：葉群、林立果。

注釋

1 關於毛澤東的私生活，請參閱其私人醫生的回憶錄，內容充滿渲染力且有許多近身觀察：李志綏，《毛澤東私人醫生回憶錄》（*The Private Life of Chairman Mao: The Memoirs of Mao's Personal Physician.*, New York: Random House, 1994）。關於雷鋒日記內容的「真實性」，請參閱：田曉菲，〈塑造一位英雄：雷鋒與一些史學的議題〉（The Making of a Hero: Lei Feng and Some Issues of Historiography），收錄於柯偉林（William C. Kirby）編，《中華人民共和國建國六十週年研究文集：各國學者的評估》（*The People's*

Republic of China at 60: An International Assessment., Cambridge: Center for Chinese Studies, Harvard University, 2011），頁二九二至三○五。

2 谷梅，《中國知識分子：建議與異議》（*China's Intellectuals: Advise and Dissent.*, Cambridge: Harvard University Press, 1981），頁三一至三四。

3 谷梅，〈黨與知識分子，第二階段〉（The Party and the Intellectuals. Phase Two），見《劍橋中國史，第十四卷》，頁四四六。

4 吳晗作品的屬性究竟為何，可參閱湯姆．費雪的仔細評估：湯姆．費雪（Tom Fisher），〈至關重要的劇作：重探吳晗與《海瑞罷官》〉（The Play's the Thing': Wu Han and Hai Rui Revisited），收錄於：安戈（Jonathan Unger）編，《以史為鑒》（*Using he Past to Serve the Present.*, Armonk: M.E. Sharpe, 1993），頁九至四十五。

5 前揭書，頁九○。

6 林彪，《關於中國無產階級文化大革命的重要文件》（*Important Documents on the Great Proletarian Cultural Revolution in China.*, Peking, 1970），頁二九至三○。

7 《中共有關無產階級文化大革命的文件，一九六六至一九六七年》（*CCP Documents of the Great Proletarian Cultural Revolution in China, 1966-1967.*, Hong Kong, 1968），頁八、九、十一。

8 林彪，頁一九九、二○八至二一五、二二一。

9 陳志讓，《毛澤東文集：文選與文獻書目》。頁二四至二五。

10 李鴻永（Lee Hong-yung），《中國文化革命的政治：個案研究》（*The Politics of the Chinese Cultural Revolution: A Case Study.*, Berkeley: University of California Press, 1978），頁一五四。

11 前揭書，頁一六九。

12 楊絳（Yang Jiang），《幹校六記》（*Six Chapters from My Life "Down Under"*., Seattle: University of Washington Press. 1984），頁五〇。*

13 陳佩華（Anita Chan）、趙文詞（Richard Madsen）、安戈（Jonathan Unger），〈陳村：毛中國一個農民社群的近史〉（Chen Village: The Recent History of a Peasant Community in Mao's China., Berkeley: University of California Press, 1984），頁一七〇。

14 布里奇漢（Philip Bridgham），〈林彪的垮臺〉（The Fall of Un Piao，《中國季刊》（*China Quarterly*），第五十五期，一九七三年七月至九月。頁四三五。

15 林彪，頁十四；布里奇漢，頁四四一；陳佩華等，頁一三一。On the attempt to erase Lin Biao's closeness to Mao, see Jin Qiu, "From 'Number Two Deity' to 'Number One Demon,'" *The Chinese Historical Review* 18, no. 2 (Fall 2011): 151–182.

* 譯注：引文逕引自楊絳，《幹校六記》（香港：廣角鏡出版社，一九八一年五月）。頁三三。

第五部

生活在人間

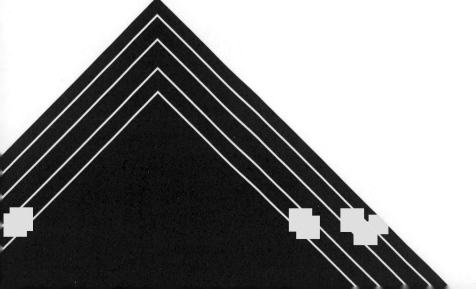

一九六〇年代末，文革派領導人毅然決然地與蘇聯決裂，且和西方強權怒目相視。中國傾一己之資源，希冀建構一個嶄新、純化的社會，試圖融合馬克思主義的形式與毛澤東思想的動力。但是這種雜亂無章的途徑，並無法維繫長治久安的局面，特別是中國已經遭逢諸如海上石油開採這類新技術的挑戰。是故，縱使這種純潔化的革命修辭仍然甚囂塵上，但投石問路者已經踏出家門前往美國，隨後於一九七二年尼克森（Richard Nixon）總統造訪中國並與毛澤東會面而取得重大外交斬獲。毛澤東與尼克森針對中美關係情勢以及關於臺灣地位的立場發表聯合公報，嗣後中國與美國簽訂多項協定，同時中國亦先後與日本、英國、西德、法國簽訂有關輸入先進技術的條約。

不過，中共領導人內部還是因為對外開放的政策歧見而分裂為兩大陣營，特別是當中共領導人發覺輸入先進技術的成本十分高昂，眼見國家的收支失去均衡。即使政府漸漸承認國外技術的應用價值，但文革派的領導人仍然高懸大寨與大慶的旗幟，以作為自力更生發展策略的典範。一場新的意識形態運動正在浮現，表面上針鋒相對的目標在於「批林（彪）批孔（子）」，但這場運動亦凸顯了中共領導人對於過度西化和墮馬克思主義價值觀的深層憂慮。

與此同時，中國人民逐漸敢於表達批判共產黨的意見，一九七六年春天，中國掀起自中共立足北京以來首宗規模龐大且真正自發性的示威抗議運動。示威者要求提升政府的透明化程度，呼籲終結專制獨裁政體，回歸馬克思主義、列寧主義的真諦。當時政府下令公安部隊彈壓示威者，但後來示威群眾獲判無罪，促使這些示威者的抗議進一步昇華，孕育成新一波、規模更為龐大的追求政治和學術自由的運動，此即所謂的「民主牆」運動。另一方面，隨著毛澤東病故，國家總體方針轉向追求經濟發展的新躍進，但新經濟政策仍舊亦步亦趨，依循結合自力更生模式，以及工業、農業、科技、國防這「四個現代化」政策的發展路線。

截至一九七〇年代末期，中國經濟生活領域內的新興趨勢隱然成形：集體部門裡傳統的自力更生理想被一種強調地方創新與工人責任的策略所取代。在若干後來被證實十分有效的試驗性計畫中，農村家庭獲准增加他們所擁有的自留地面積，並得以在市場上以非管制性的價格出售產品。在城市裡，中共亦局部鼓勵企業主經營非剝削性的事業。

一九八二年，中共實施有史以來最嚴謹的人口普查，證實了中國的人口總數已經超過十億。這一發現頓時令中國蒙上一層陰影，因為除非膨脹的人口數能有效遏制，否則即使農業與工業部門的產能大幅增長，也無法提升國家的生活水準。人口普查的結果亦暴露出中國即將面臨的其他課題，例如，中國少數民族的高死亡率，還有耕地面積慢慢縮減，人口密度卻也不斷上升。從年齡層來分析男女性別的比例同樣顯示，中國強制執行每個家庭一胎化的政策，復又伴隨著農村地區勃興的新經濟誘因，導致許多家庭做出殺害女嬰的行徑，期待下一胎能夠生個男孩。

為了駕馭中國，期使化解橫亙在眼前的危機，首先必須解決的是攸關政府結構性的課題。雖然毛澤東擁有至高無上的絕對權威，但中華人民共和國的領導階層從未有過真正的團結一致。隨著毛澤東溘然長逝，有關政府的結構性弊端逐一浮現：中國政府如何能在講究關係文化，充滿偏私不公、討價還價過程，強調利益交換的習性中，順利推展行政工作，以及中央官僚體系與省級政府的所有部門，又如何能彼此協調採取具體的作為。此外，當前中國身處於新世界之中，必須去處理與外資企業錯綜複雜、長時期的互動關係，倘若處理不善，結果可能導致人民幣數十億元的損失。這種結構性轉型的問題，進一步威脅到中國的經濟成長。

縱使文化大革命的語彙與實踐被束之高閣，但新的經濟發展策略卻誘發了腐化現象的警訊，西方世界的文學、電影、藝術、音樂，使中國的知識分子與青年人從馬列主義的僵化教義中省悟過來。隨後即釀成一股新的文化熱潮，這時候政府再度祭起「清除精神汙染運動」的大旗，斷然採取粗暴的回應手段。然而當知識分子受到震懾之際，政府卻又在工業部門和農業部門重申個人權利，並制定新的法律制度來安撫外國投資者和本地企業家。

這些充滿矛盾衝突的徵兆顯示，隨著毛主義烏托邦理想的幻滅，以及販夫走卒對文革期間若干共產黨領導人的不信任，致使中共政權面臨嚴重的權威危機。自中共建政之後，儘管假公濟私的現象時有所聞，但時至一九八五年，這類貪贓枉法的腐敗行為規模之龐大，是中共歷來所僅見。從經濟改革政策撈得好處的人無不渴望獲取消費商品，這也導致另一批人在利之所趨的誘惑下，將稀有的進口消費品弄到黑市出售。政府似乎陷入前所未有的窘境——正當政府放眼未來之際，卻又無力擺脫傳統力量的牽絆。

迄至一九八六年底，學生、知識分子對政府的失望之情達到引爆的臨界點。在一連串的示威抗議聲浪中，學生無視政府的禁令，而要求政府賦予人民民主的權利，俾使經濟的現代化能朝向更開放的方向邁進。一如往昔，政府對此的回應是譴責學生背棄黨國，再度乞靈於聖潔的（但現今看來似乎是食古不化）革命團結、自我犧牲這類陳腔濫調的口號。黨的總書記胡耀邦因為不能及時阻止這場混亂而遭解除權柄。不過，就在政府打壓民主呼聲的同時，另一方面卻也訴諸憲法來保障新興工、農企業。

一九八〇年代末期，中國的革命元老一一淡出政治舞臺（或被冷落一旁），但取代資深革命幹部的新領導人，面對困擾中國社會的諸多問題同樣深感束手無策。暴發户、先進技術與素樸的生活條件並轡而行，黨對開放的要求充耳不聞，猖獗的經濟腐敗現象糾結著根深柢固的徇私偏袒體制，無不令圈外人感到憤慨與挫折。一九八九年，距離中共壓制最近的抗議運動不到兩年，潛隱在中國社會底層的暗流再度公開化。不過這次的衝突較上次更為猛烈，而衝突範圍之廣也是中共歷史上前所未有。五月中旬，逾一百萬名學生群聚北京的天安門廣場，要求與政府領導人對有關民主以及遏止貪汙等各個生活層面的腐敗現象進行對話。此時也恰逢中蘇結束長達三十三年的敵對狀態，蘇聯領導人戈巴契夫造訪中國，中蘇舉行峰會，但因為中國學生抗議運動趨於嚴重而相形失色。示威學生的訴求越來越高亢，為了進一步對政府施加壓力，示威學生不惜犧牲生命，採取絕食抗議的策略。

中華人民共和國政府以頒布戒嚴令來回應示威學生的壓力，但戒嚴令的實施卻首次遭到北京市民油然而生的勇氣所掣肘，他們阻擋人民解放軍前進至北京城內的心臟地帶。最後，主張強硬路線的領導人，無論是在票數上或是在謀略上均勝過主張採取懷柔方法的同僚，並下令召集大批部隊，在坦克車的護衛下，掃蕩通往天安門道路的所有路障。接踵而來的大屠殺震驚了中國與全世界，這足以證明存在於中國內部，提倡中國人多元生活形態和自由表達意見，以及主張依循傳統黨國一體化統治機制來遂行改革政策，這兩者之間的鴻溝是多麼難以逾越。從後續的發展看來，中共的確是一壓迫人民的政權，因為喪失至親者未能獲准公開表達哀悼，醫院不得公布傷亡數據，大多數逃亡的抗議學生都遭一網打盡，身陷囹圄多年，而鄧小平則是公開稱讚人民解放軍表現英勇。

廣大群眾提出擴大民主參與的呼聲被打壓後，中共政權再次得以鞏固。在此同時，政府為經濟成長創造出最大空間，一方面可以讓人民專注於此，避免他們提出更多政治要求，另一方面則是有助於壯大整體國力。中國進入經濟成長的快速起飛期，以致都市風貌徹底改頭換面，鄉間的工業化程度也穩步提升。外資投資金額居高不下，各國開始對中國出現貿易逆差，其中又以美國為最。一九九七年春，鄧小平終究以九十三歲高齡辭世，但並未出現大規模抗議；反而那些八九學運期間以強硬派之姿進入權力核心的領導高層似乎繼續大權在握，風風光光地在一九九七年七月一日迎接香港和平回歸中國，而無論是就象徵或實質意義而言，這都意味著西方帝國主義在中國的一個半世紀榮景終於結束了。中共領導階層似乎決意全力避免社會混亂，藉此讓中國維持在經濟成長的康莊大道上，不過許多人看在眼裡都覺得並不可能。統一臺灣的問題沉寂已久，此時又浮上檯面，焦點在於兩岸在未來必須面對何種抉擇。

中國終究會蛻變成屹立於這世上的現代國家嗎？抑或中共將會採行種種管控與威迫措施，持續讓中國截然不同於其他已開發國家？

二十一世紀已經過了這麼多年，儘管世界上許多欣欣向榮的國家瀰漫著樂觀主義的氛圍，但我們所看到的跡象仍令人喜憂參半。在國內外記者筆下，我們看見中國的許多成就，像是主辦二〇〇八年北京奧運、藉由中美貿易差額創造了龐大利潤；不過，在這追尋的過程中，儘管中國距離突破性發展看似僅有咫尺之遙，但眼前仍有重重阻礙像波濤滾滾捲來，複雜的情勢令人無法忽視。

第二十三章

重啟門戶

美國與尼克森的造訪

文化大革命運動發軔之初，雖然周恩來疲於奔命，設法在一片批判撻伐聲中勉力維持外交部的正常運作，並保護部內資深官員，但中國外交政策的措詞卻越來越有睥睨一切的革命氣息。林彪在一九六五年宣稱，正如農村革命在一九四八年和一九四九年間包圍了中國的城市一般，貧窮的第三世界國家現在應重施故技，圍堵世界強權與其他先進資本主義國家。林彪這種觀念在文革期間成了中國外交政策的基調，許多西方觀察家也把這點解釋為中國企圖在全球動亂中扮演主導的角色，以削弱資本主義國家。

不過這類措詞並沒有任何軍事行動與之呼應，只不過是虛張聲勢而已。它反倒凸顯了中國無能以實質的方式幫助那些陷入掙扎的國家。不過，林彪的思維還是可以用來說明，中國何以與各個激進的反對集團聯繫，與非洲、中東地區的貧窮國家互通聲氣，或者與「巴勒斯坦解放組織」（Palestine Liberation Organization）這類阿拉伯民族主義團體接觸，而無視於其恐怖主義主張。中國的報章雜誌高唱中國人民與全世界受壓迫的民族乃休戚與共。看在一些老一輩的知識分子眼中，這類言論或許令人聯想起五四運動期間李大釗的說法，李大釗當年曾說外國帝國主義已經將中國人民「無產階級化」（proletarianized）了。

中共雖然內部混亂，但仍持續公開援助第三世界國家幾個重要的發展計畫。毛主席的想在國際上被奉為革命圭臬，《毛語錄》被譯成各種語言，數百萬份在世界各地流傳。而在這種歷史普遍主義（historical universalism）之下，最生動的想法莫過於有些中國分析家甚至以為，當年率常勝軍協助曾國藩、李鴻章鎮壓太平天國之亂的英國軍官戈登，日後於一八八五年在喀土木（Khartoum）的蘇丹人叛變中遭殺害，可說是劫數難逃，因為非洲人民就是能心領神會太平天國中的受難者向戈登復仇的需要。

一九六〇年代末期，中共也加強國際遊說活動，以贏回自一九四九年即為臺灣國民政府所把持的聯合國與安理會常任理事國的席次。在一些不結盟國家的聲援之下，中華人民共和國的呼籲年年在聯合國大會中提出，而美國雖然對所屬同盟國施加強大的壓力，但是由美國所支持的圍堵網絡亦逐漸鬆弛。一九七一年，美國最後放棄反對立場，是年十月，中共取得聯合國中國代表席次，臺灣則被迫退出聯合國。

在聯合國席位代表權更易之前，美國早已逐步重新展開與中共的接觸。此前多幾年來，美國與中共雙方關係的進展，都是透過美國駐波蘭大使與中共駐華沙外交人員之間不時往來的迂迴方式為之。甘迺迪（J. F. Kennedy）總統所主導的重新考慮不再對中共妥協的種種動作，也因其於一九六三年遇刺而告停頓。到了一九六六年，才又開始推動政策的轉向，美國國務卿向中國政府建議，允許部分中國科學家、學者前往美國進行訪問。不過美國的善意卻碰上中國爆發文化大革命，中共政府把這個舉動解讀為敵對強權了無新意的宣傳伎倆而悍然拒絕。

一九六九年，中蘇爆發邊境衝突，到了一九七〇年，毛澤東對於蘇聯在中國邊界駐軍的行為益發感到不安，對林彪高漲的政治野心也深感芒刺在背。雖然江青和其他文革領導人高唱革命與反帝國主義的論調，但是開啟部分管道與美國接觸的觀點，已悄然在中共領導階層浮現。大慶油田與「石油工業部」所屬的部分技術人員，同時也積極遊說中央不要再排斥西方的先進科技。這群人當中有許多幹部係於一九六四至一九六六年間受到毛澤東的拔擢而進入經濟計畫部門，但卻在一九六〇年代末期受到紅衛兵的折磨蹂躪，或是被下放到「五七幹校」。現在，油田產量持續成長，是中國經濟領域中少數成長的部門，同時毛澤東也開始防備林彪以及鼓吹自力更生政策的激進者，「石油派」（Petroleum Group）因而受到毛的寵信。石油派認為，如果要照領導人所希望的速度來提高石油產量，中國就必須在海洋的石油探勘方面取得重大進展，不過中共在這方面卻面臨資源、技術兩缺的局面，外國技術可彌補中國之不足，而在這方面又以美國執世界之牛耳。

一九七〇年一月，在中美之間華沙會議的第一百三十五次例行會議上，中共打破針對臺灣定位議題一貫的憤怒模式，提及可能進一步召開「更高層次或通過雙方都願意接受的管道」的會談。經過雙方檯面下的往來穿梭，中共在一九七一年四月突然邀請正在日本比賽的美國乒乓球隊前往中國進行親善訪問。中共的動作既直接又公開，這是不容錯過的好機會。短短幾天之內，正式開啟了中、美雙方「乒乓外交」的新紀元。

尼克森總統的國家安全顧問季辛吉最先瞞住美國民眾、國會、國務院、甚至國務卿本人，多次與中國進行祕密協商，嗣後於一九七一年七月啟程前往中國，會見周恩來，並安排尼克森總統訪問中國的細節事宜。為配合協議內容，美國財政部和其他部門復又取消禁令，自韓戰以來首度允許匯美金至中國——這讓美籍華人現在得以匯錢給住在中國的親戚——並允許懸掛外國國旗的美國船隻載貨運抵中國，也批准中國貨物出口到美國。七月十五日，尼克森總統在加州透過廣播及電視，公開宣布將接受中華人民共和國的邀請訪問中國，時間未定，但會在「一九七二年五月之前」成行。中共同樣在《人民日報》頭版，以小小的方塊提及即將展開的訪問。

季辛吉後來在回憶錄中說，「接下來即將發生的事千不該，萬不該發生在臺灣政府身上。」[1]從韓戰剛爆發、杜魯門總統宣布協防臺灣以遏止中共入侵以來，臺灣就成為美國的堅實盟友，也是美國在太平洋地區深具戰略價值的飛彈基地，而臺灣也從美國身上取得龐大的援助和貿易機會。臺灣議題在美國也很敏感，因為「中國遊說團」高聲疾呼，美國必須不顧一切代價防衛蔣介石的政權不受中國的威脅，而任何人只要被指控對共產中國「寬大為懷」，就有可能再次淪為麥卡錫時代的政治祭品。或許唯有像尼克森這種素來對共產主義強烈敵視、甚至無可轉圜的共和黨籍總統，才能偷偷做出如此冒險的決策，而又不至於在國會引起政治衝突。既然中華人民共和國與中華民國都認為「兩個中國」會否定己方代表了全中國的基本權利，因而堅決反對這個解決方案，所以不可能輕易達成妥協，而尼克森中國之行一經披露，對聯合國產生的作用便可預見了。十月底，聯合國大會以五十九票對五十五票，十五票棄權，否決了由美國支持讓臺灣保有聯合國席次的程序動議；中華人民共和國藉由正式的投票取得在聯合國的代表席位，意味著臺灣將被排除在聯合國之外。

尼克森總統及幕僚以為此行會受到中國人民夾道歡迎，然後這幅畫面會傳送回美國，出現在電視上；可惜這個感人場面並未出現。一九七二年二月二十一日，尼克森總統踏上北京機場的柏油路面，公開向在場迎接的周恩來握手寒暄致意——這次握手緩和了十八年前杜勒斯在日內瓦會議上的輕蔑之舉——但在場只有一小排中國官員，以及服裝配飾平淡無奇、但軍容壯盛的人民解放軍三軍儀隊。前往美國官員下榻賓館*的車隊行駛於空蕩蕩的街道上，途經紫禁城前的天安門廣場同樣是人跡杳然。

當天下午，尼克森前往會見毛澤東。毛向尼克森解釋，謹慎的接待場面主要是因為有一

* 譯注：釣魚臺賓館。

個「反動集團」反對與美國進行任何官方的接觸，而且毛明確點名，林彪就是集團成員之一。毛還開玩笑說，蔣介石也不贊成這次會面。在一些非正式的陳述中——這些言談可能在事先就已經備妥——毛向尼克森說：「上次選舉時，我投了你一票。」然後又繼續說，「右派」比較容易捉摸。尼克森想誇讚毛，說他的著作「推動了一個民族，改變了整個世界」時，毛回答：「我沒能改變世界，只是改變了北京郊區的幾個地方。」[2]中共一反常態，把尼克森與毛澤東的這次會面拍成影片，並剪輯成十分鐘的短片，在中國的全國電視節目中播放。中共的報紙同樣刊登了尼、毛會面的照片。

尼克森和隨扈還出了北京城，到長城與明十三陵一遊，並出席中方所安排的大宴小酌，此時中、美雙方的協商代表則正在籌思尼克森這次中國行的外交宏旨。雙方協議的關鍵焦點主要環繞在如何妥善處理臺灣地位的問題，以及評估預定在五月召開的中、蘇高峰會議之後，中國政策的改變對蘇聯有何影響。兩國政策在協議結果中都有重大的轉向，並在尼克森於一九七二年二月二十八日訪問上海時簽署。這份聲明是以「聯合公報」的形式對外發表，美國與中國在其中各自表述了對於國際政治的認知，同時雙方在文件中也並未刻意調和彼此的歧見。「美國方面」再次強調美國在越戰的角色並未構成對越南內政的「外來干預」，並重申致力「個人自由」的追求，亦堅定表示繼續支持南韓。在「中國方面」，中共聲明「哪裡有壓迫，哪裡就有反抗」，並且「一切外國軍隊都應撤回本國去」，韓國應以北韓所提之朝鮮和平統一方案（即北韓於一九七一年四月十二日所提之八點方案）來進行統一。

關於臺灣問題，《上海公報》措詞嚴謹，聲言雙方明顯的歧見根源於「中美兩國的社會制度和對外政策有著本質的區別」，因此欲達成全面共識是不可能的。誠如中共在重申立場時所說的：

臺灣問題是阻礙中美兩國關係正常化的關鍵問題；中華人民共和國政府是中國的唯一合法政府；臺灣是中國的一個省，早已歸還祖國；解放臺灣是中國內政，別國無權干涉；全部美國武裝力量和軍事設施必須從臺灣撤走。中國政府堅決反對任何旨在製造「一中一臺」、「一個中國、兩個政府」、「兩個中國」、「臺灣獨立」和鼓吹「臺灣地位未定」的活動。

美國也在公報中陳述己方觀點：

美國認識到在臺灣海峽兩邊的所有中國人都認為只有一個中國，臺灣是中國的一部分。美國政府對這一立場不提出異議。它重申它對由中國人自己和平解決臺灣問題的關心。考慮到這一前景，它確認從臺灣撤出全部美國武裝力量和軍事設施的最終目標。在此期間，它將隨著這個地區緊張局勢的緩和逐步減少它在臺灣的武裝力量和軍事設施。[3]

公報最後還建議，在「科學、技術、文化、體育和新聞」等方面「進行人民之間的關係和交流，對於彼此是有利的」，同意逐步發展兩國之間的貿易，「不定期」派遣「美國高級官員代表」前往北京訪問（中共得以派代表進駐紐約，這使得中共的高級外交人員能長駐美國土地。因為當時美國在外交上仍然承認臺灣是中國的代表，臺灣政府在華盛頓仍派駐大使）。最後，中、美雙方將致力於「兩國關係正常化」，俾能對「緩和亞洲及世界緊張局勢作出貢獻」。

這是外交史上令人難忘的一刻。毛澤東在文化大革命之後的斷垣殘壁中、在林彪之死的打擊、以及健康狀況進一步惡化等逆勢之中、依然奮力重建中國的秩序。而尼克森的個人聲望卻在國內一片反越戰的聲浪中滑落；同時，「水門案」的揭露使美國人民對尼克森產生深切的不信任感，令他的總統任期蒙塵而告中輟。不過，毛、尼兩人所希冀之全球政權版塊重組的機會業已到來，而兩人亦決意把握住這次機會，不容它錯過。儘管一六八九年的《尼布楚條約》、一八四二年的《南京條約》、一八九五年的《馬關條約》對中國人民的震撼更為劇烈；而一九七二年的協定雖然措詞力求謹慎簡要，不過它在中國外交關係史上，仍是同樣重要的轉捩點。

批林批孔

倘若要問在文化大革命領導人當中誰會在現今與未來的中國政壇上擔任要角，那麼非出身上海的政客、理論家張春橋莫屬；二月二十七日、即《上海公報》公布的前夕，張春橋以「上海市革命委員會」主任的身分，主持了歡送尼克森總統及扈從官員離華的宴會。在一篇據張春橋本人宣稱是得自毛澤東教誨的演說中，述及上海人是「獨立自主，胼手胝足，自力更生」的。[4]張春橋的演說所彰顯的正是毛主義「自力更生」的價值觀，不過張春橋及在場聽眾或許都了解，美國將有助於強化中國在經濟和戰略上的地位，以與蘇聯相抗衡。

而且，在中國的城市與鄉村，人民的政治期望與幾年前已經大不相同。即使劉少奇貴為國家主席、毛澤東四十年來的親密戰友，但是劉少奇在一九六六年遭到整肅時，中國各地也只是淡然接受這個消息。不過如前述陳村農民的反應，林彪的垮臺，以及傳言中林彪的叛國與意外亡故，對於他們來說就更難以了解。林彪曾是文革的推手，毛語錄還留有林彪所寫的序言，一九六九年的黨章更欽點林彪為毛的接班人。那麼黨對林彪的詆毀如何服人，黨又如何取信於人民群眾？

對毛澤東而言，這一問題所牽涉的代價尤其高，因為林彪之死使毛喪失了人民對他的信任，林彪事件也殃及江青、姚文元、張春橋與王洪文這班於一九六六年之後步向權力巔峰的領導幹部。數十萬名在此時掌握權力的幹部，以及數百萬名新進黨員也受到這次事件的波及。中共在這段期間召募新進黨員正說明了中共權力更迭的蹺蹺板模式，文革之初竄升了一批新權貴，之後被反對文革的幹部整肅，繼之又有一大批黨員入黨。之所以會有這一九七二到一九七三年間的第二波黨員，一方面是因為黨內高層希望繼承毛澤東的中國統治者地位，

中共的新進黨員，1966至1976年[5]

年份	中國的總人口數	百分比的變動	共產黨員總數	百分比的變動
1966	七億五千萬（約計）		一千八百萬	
1969	八億零六百萬	7.5	二千二百萬	22.2
1971	八億五千二百萬	5.7	一千七百萬	-22.7
1972	八億七千萬（約計）	2.1	二千萬	17.6
1973	八億九千二百萬	2.5	二千八百萬	40.0
1976	九億二千五百萬（約計）	3.7	三千四百萬	21.9

所以透過招募黨內新血來擴大其權力基礎，另一方面則是先前遭開除黨籍的許多黨員又回歸到黨的各個職級，鄧小平就是一例。

我們可以從黨內反對批判林彪一事得知，中共如何來維繫黨的威望於不墜。雖然地方領導幹部已經在特別會議中接獲有關批林運動的訊息，但在林彪亡故的頭幾個月，官方並未提及林彪的名字。報章雜誌、黨的期刊和電臺以不點名的方式，針對所謂的「劉少奇一類騙子」或「假馬克思主義的政治騙子」發動一連串的攻勢。這些騙子的罪狀是「意圖以無政府主義的幽靈煽動騷亂並毒害人民群眾以達到反革命的目的」，以及他們「狡猾地誘發極左的思想風尚，追求沒有集中的民主、沒有紀律的自由」。[6]到了一九七三年初，部分文革集團的領導人必然已經明白，這類抹黑攻勢必然會引起反彈，因為所安的罪名聽起來很怪異，好像他們的行為也適用這項罪名。所以到這時候他們才改變說詞，向中國人民提出警告：這些騙子的路線是一種修正主義的路線，而不是左派，而這些騙子「會在某些時候、某些議題上……披上極『左』的外衣以便掩飾他們右派的本質」。這些騙子其中一個用意是「一種企圖恢復已被推翻之地主與資產階級的反革命欲望」。[7]這些罪名指的就是林彪，這在中國人人皆知，但是一直到一九七三年八月的「十大」會議上，周恩來才公開表達官方立場。但是對於林彪的所作所為、黨何以縱容林彪、林彪的行動是否有跡可循，周恩來並未提出令人信服的說法，而這聽在別人耳裡，也一定是荒誕無稽的。

就在「十大」會議進行期間，中共又發動新一波的群眾運動，這次群眾運動表面上的攻擊對象是孔子，亦即孔子的人道思想和保守價值觀。中國的學者針對孔子學說發表文章，但文章內容顯然涉及文革、官僚體系與勞動在社會中扮演的角色：孔子被說成沒落的奴隸社會貴族，憎恨逐漸崛起的封建地主和支持他們的法家學派。就像從奴隸社會過渡到封建社會是一種「進步」，因此在西元前五世紀的社經脈絡中，從奴隸社會過渡到封建社會也是，但卻遭孔子反對，所以他顯然是反動分子。

一九七三年底所發表的文章把對孔子的攻擊，與對西元前二二一年統一中國的秦始皇的謳歌關聯一起。雖然歷史視秦始皇為暴君，以中央集權之名令生民塗炭，但是一九七三年的學者卻要人民稱頌秦始皇以及支持秦始皇的法家。這些學者辯稱，秦始皇為了鞏固「地主階級專政」，不得不焚書坑儒。《紅旗》雜誌上的一份報導稱，五四運動時代的知名學者胡適，與「背叛者、賣國奴」林彪一樣，都是在捍衛孔子的學說（任何受過教育的中國人皆知，胡適後來同情國民黨而不是共產黨，並在一九四〇年代初，出任蔣介石政權的駐美大使一職）。唯恐還有讀者不懂這篇報導的含意，作者繼續以堅定的筆調宣稱：林彪是當代中國儒家的代表人物之一。[8]

到了一九七四年，「批林批孔」運動已蔚為風潮，成為全國性的群眾運動。「批林批孔」運動也在黨的小組、大學、解放軍單位、地方公安系統，以及人民公社、工廠所召開的群眾大會和小組討論會上展開，這讓人想起一九五〇年初政權鞏固時期的「反胡風集團」運動，或是引發文革的批判吳晗運動。就算這類多不勝數的群眾運動無聊乏味，人民也只能順從地方幹部的要求，參加小組討論，跟著當地幹部閱讀指定的相關教材。西方的訪問者和學者已出現在中國，他們寫了無數的報告來闡述這場運動的本質與重要性，以及了解中國歷史上新發展的深層意蘊。

義大利導演安東尼奧尼（Michelangelo Antonioni）拍攝了一部有關中國的紀錄片，也受到中國人的猛烈譴責，因為在片中這位導演無視於「新中國」的偉大成就，反而被中國傳統耕作模式、舊式建築物、老房子所深深吸引。安東尼奧尼雖曾表示他欽慕中國，現在他卻反被中國誣指「透過影片來毀謗文化革命，汙衊人民群眾，中傷領導階層」。[9]抵華的外國訪問者莫不因懸掛在工廠與公社裡批判安東尼奧尼的旗幟標語感到驚駭，因為訊息再清楚也不過，除非外國人能對舉目所見的事物大加頌揚，否則他們在這塊土地上是不受歡迎的。不過，政府並不是每次都能預知別人會怎麼來運用政令宣傳。有些中國教授偷偷表示，他們在課堂上以批孔運動之名來講授中國古典文學。在文化大革命運動高潮期間，學習這類古典作品是落伍的象徵；老師故意以無知的語氣問道，如果學生不能了解孔子反動言論的微言大義，那學生又怎能徹底批判孔子思想呢？

這種文化的內在張力反映出中共領導階層內的意見分歧（或許是江青一手主導的），而在這種張力的背後，則是重建中國教育體系的問題。文化革命初期，各級學校的校舍彷彿廢墟，校園裡的建築物紛紛關閉，學生組織紅衛兵隊伍或成群結隊被下放到農村，行政人員與教師慘遭羞辱或被解職，新的課本教材付之闕如。一九六〇年代末、一九七〇年代初，中共重新恢復高等中學與大專院校的體制運作，特別是中共於一九七三年恢復大學入學考試之後重拾課本，但許多學生歷經文革時期的「學習」經驗洗禮，如今反應各自不同。「張鐵生事件」是其中著名的個案。張鐵生是一名被下放到東北遼寧省五年的知青，後來晉升為生產隊隊長一職，他因參加大學入學考試時交了白卷而引起全國矚目。張鐵生在考卷上寫了一封信告訴閱卷的領導，他在公社裡每天辛苦工作十八小時，無暇準備入學考試，他寫到：「說實話，對於那些多年來不務正業、逍遙浪蕩的書呆子們，我是不服氣的。」張鐵生在信裡寫道，他為祖國宵旰勤勞，卻因為「幾小時的書面考試，可能將我的入學資格取消」，這是不公平的。[10] 張鐵生的個案受到全國的重視，這顯示出有許多領導幹部試圖以文化大革命期間受到熱烈稱頌的「革命純潔性」，來作為入學的資格標準。

媒體關注度更勝於張鐵生的，是另外一位南京大學哲學系的鍾（音）姓學生，他在二年級時就自動退學。鍾姓學生曾在一處公社插隊落戶，父親是一位長征老幹部，鍾姓學生的父親曾給南京大學入學委員會打過電話，之後鍾姓學生就獲准進入這所知名的學府就讀。鍾姓學生寫道，他現在知道像這類攀「關係」、走「後門」的行徑是不恰當的，對人民群眾是不公平的。他申請退學經核准後，再度回到農村的工作崗位上，他的行囊裡裝滿了尊敬他的友人所餽贈的禮物：馬克思、恩格斯、列寧與毛澤東的作品集；滿袋有關批林批孔的鬥爭材料；一把鋤頭、一柄鑿刀、一把剪刀，以及一雙牢固的草鞋。[11]

張、鍾兩位學生對於大學入學考試所抱持的不同態度，以及他們所共有的農村公社工作經驗，正是文化大革命期間無數上山下鄉的中國青年的心聲寫照。照中共的想法，知青的下放有益於提高農村生產，並減輕城市人口的壓力。這些年來，逾一千六百萬名城市青年遷徙至農村，其中約有一百萬人來自上海。西南地區的雲南省就吸納了來自各個不同城市的六十萬名青年人，總計有九十萬名中國青年遠赴東北與蘇聯接壤的黑龍江省。這項龐大的人口遷移計畫或許能緩和大城市裡諸如犯罪、人口過剩等社會問題的嚴重性，然而相對的，也對那些不習於農村勞動的城市青年，造成生活適應方面的困擾，無形之中把新的社會和政治衝突帶進農村地區。在這些下放到貧瘠農村地區過生活的城市青年當中，只有少數個案才真正符合樂觀官員口中所斷言的：「在幅員廣大、物產豐饒的農村地區逐漸茁壯。」

界定經濟範疇的一九七四至一九七五年

到了一九七四年，中共的領導梯隊勢必有一番劇烈變動。周恩來罹患癌症，雖然身為總理仍然要日理萬機，但是常常住院接受治療；毛澤東的「路．蓋瑞格」症（Lou Gehrig's Disease）*已無法再控制了，現在公開露面時都必須要有護士隨侍在側，對談論哲學的興趣越來越濃，而不關注具體的行政問題，毛隨時都「準備去見上帝」。朱德這位垂垂老矣的紅軍之父，當時年近九十，長久以來就已不再從事公開活動了。

在一班虎視眈眈、蠢蠢欲動的權位覬覦者之中，應屬四位領導幹部**所構成的文化革命集團最富野心、也最具實力，他們受到一批自一九六六年以來先後掌握權柄的省級領導或主管傳播媒體之幹部的擁戴。儘管這權力集團勉強接受了部分對西方的開放路線，然而這樣的權力布局意味著，大躍進運動之後所建立的公社體系將會持續運作，在公社層級節制的制度下，農民被重新組織起來，數百萬以十二戶家庭為一單位的生產隊，進一步被組織成有兩三百戶家庭的生產大隊，這些生產大隊最後則結合成約莫二十萬個人民公社。北京的領導人

* 譯注：這個病的正式名稱是「肌萎縮性脊髓側索硬化症」（Amyotrophic Lateral Sclerosis，簡稱 ALS），因一九四一年美國洋基隊的名球員路．蓋瑞格死於該病而得名。這是一種神經細胞的疾病，破壞運動神經元和神經細胞。經過三到五年的時間，患者便會癱瘓，甚至無法呼吸。

** 譯注：江青、張春橋、王洪文、姚文元。

派幹部到公社去督導指揮，確保達到生產配額，分配公社的發展基金和重工業設備，並控制地方教育、醫療照顧和民兵組織。

這種激進路線繼續高懸「農業學大寨」的大旗，大寨是山西省所屬的一個生產大隊，它的神話色彩在一九六〇年初期幾乎被剝除，現在卻再度由媒體渲染成象徵無私奉獻、體現毛主義自力更生美德之地方創新的真正模式。類似把大寨吹捧成自給自足之農村發展模式的偉大典範這種溢美之詞，同樣被用在地處黑龍江省哈爾濱西北方的大慶油田身上，工人人數高達數萬的大慶油田已經成為重要工業企業成長的楷模。據說在大慶，強調的仍是自力更生、獨立自主的原則，以及如何通過不斷學習毛澤東思想的政治教育與灌輸，來提升工人的生產力。然而諷刺的是，這類自力更生的情操，卻有可能耗費極高的生產成本。根據同一時期的報導，在糧食以一九五〇年的價格水準賣給城市居民的時候，國家向公社農民收購糧食的價格，卻是一九五〇年價格的兩倍。這種變相以糧食貼補來壓低城市工資的策略，每年耗費了國家幾十億人民幣的公帑。

這種激進主義路線繼續堅持具有「優良階級成分」的中國人本身得以享有特殊權利，所謂「優良階級成分」是指他們的父親曾是貧農或工廠的工人，這類人可以不必循正式的考試管道進入大學，而進人大學之後，這群人往往炫燿他們優良的政治血統。激進主義者亦繼續強制實行城市知青上山下鄉的政策。激進主義路線的自力更生原則同樣出現在醫療體系中，他們雇用「赤腳醫生」以及只受過簡單訓練的醫療輔助人員，而不是受過西式醫學訓練、擁有昂貴醫療器材的內科或外科醫生。到了一九七四年止，全中國總計有逾百萬這類赤腳醫生。在文化領域方面，激進派依循江青在文革之初所倡提的觀點，希冀嚴格操控藝術、戲劇、文學蘊含的政治意涵，以避免因曖昧不清的內容而模糊了階級路線的焦點，或削弱了社會主義宣諭的道德力量。為了達到此一目的，在戲劇表演方面，僅有少數所謂的「樣板」戲，如《白毛女》、《紅燈記》可獲准表演，像這類曲目皆能對革命行動主義的純潔性，做出深具教育意義的「正確」詮釋。

中共的計畫官僚逐漸不滿激進派這種自閉式的國家發展計畫，他們意欲在維持中國經濟與政治完整性的同時，又能吸收外國技術與專家，以提振經濟成長的動能。這曾經是十九世紀自強運動奮鬥的目標，雖然自強運動那一世代的政治人物最後以失敗收場，但後繼的一九七〇年代共產黨人卻信心滿滿。周恩來就是這一發展策略的擁護者，陳雲算是這一發展策略的核心人物，長期以來主導中共的財經政策，在一九六一、一九六二年期間試圖提出實際可行的替代方案，以取代大躍進運動所標榜的快速集體化政策，以及漏洞百出的經濟計畫模式。陳雲於文革初期失勢，現在又重返權力圈層。鄧小平是此一發展途徑的另一位重量級支持者，雖然在一九六六年遭到整肅，不過在中共黨內依然是眾望所歸的領導幹部。此刻，鄧小平復出擔任國務院副總理一職，在一九七四年的聯合國大會上，鄧小平發表演說，勾勒出今後中共所欲追求的國家目標。鄧小平在演講中雖然凸顯文革派所宣揚的自力更生發展途徑，但他卻賦予自力更生原則新的意蘊：

中國對外貿易與整廠輸入[13]（單位為百萬美元）

年份	出口總值	進口總值	貿易均衡	機械設備的進口	整廠輸入
1966	2,210	2,035	175	455	0
1967	1,960	1,955	5	380	0
1968	1,960	1,825	135	275	0
1969	2,060	1,835	255	240	0
1970	2,095	2,245	-150	395	0
1971	2,500	2,310	190	505	0
1972	3,150	2,850	300	520	0
1973	5,075	5,225	-150	860	1,259
1974	6,660	7,420	-760	1,610	831
1975	7,180	7,395	-215	2,155	364
1976	7,265	6,010	1,255	1,770	185
1977	7,955	7,100	855	1,200	80
1978	10,260	10,650	-390	2,500	6,934

自力更生絕不是「閉關自守」、拒絕外援。我們一向認為，各國在尊重國家主權、平等互利，互通有無的條件下，開展經濟技術交流，取長補短，對於發展民族經濟是有利的和必要的。[12]

誠如前述所見，儘管石油派的成員大都崛起於大慶的領導梯隊，不過石油派該集團的領導幹部同樣樂見中國對外面世界的開放。「技術轉移」自然會是中國對外開放政策的考慮因素之一，技術轉移也可能包括低利貸款、國際貿易以及雇用外國技術專家。除此之外，技術轉移的合作模式，亦可使外國的機械設備整廠輸入中國。

有關工業部門整廠輸入的合同[14]（單位為百萬美元）

	1973	1974	1975	1976	1977	1978	總計
石油化學	698	114	90	136	39	3,325	4,402
鋼、鐵		551		40		2,978	3,569
化學肥料	392	120		8			520
煤與電力	161	46				202	409
交通運輸			200			79	279
通訊、電子工業						217	217
非鐵金屬						127	127
製造業	8		74	1	21	6	110
石油、瓦斯					20		20
總計	1,259	831	364	185	80	6,934	9,653

中國的經濟成長推手們，起初的設想是提高大慶油田的石油產量，增加石油和其他產品的出口，來平衡輸入大量機械設備的龐大成本。然而中共的計畫官僚並未料到全球的經濟衰退與通貨膨脹兩項不利因素接踵而至，因此到了一九七四年，中國的出口市場開始呈現萎縮，而中國進口機械設備的成本則急遽升高。結果，中共在一九七四年的貿易赤字高達七億六千萬美元，導致激進派對其「崇洋媚外」和追隨「奴才買辦哲學」的強烈譴責。

歷史經驗周而復始、反覆出現，「古為今用」的歷史分析又再一次被用來作為批判的材料。有一篇文章譴責十九世紀自強運動者李鴻章，自外國進口高科技，並委由外國人經營中國人的工廠，文章的矛頭顯然是指向總理周恩來。另一篇論文則是批評清季最後一位重要的自強運動者、湖廣總督張之洞，他所提出的「體、用」二元論深具影響力，而這篇文章不消說，是衝著鄧小平而來。一九七五年秋天，一篇批判立論相彷的文章，以「梁效」的化名，登載在中國最富盛名的歷史期刊上，「梁效」是一群捍衛文革集團激進政策的北京知識分子所使用的筆名。在這篇文章中，作者以古諷今，影射十九世紀當時中國的處境：

在政治方面，「全盤西化」就是意味著主權與國家尊嚴的淪喪，完全出賣中國的獨立自主與自決……。在意識形態方面，「全盤西化」就是意味著崇洋媚外，蔑視中國，宣揚民族虛無主義以瓦解中國精神中的民族意識……。在經濟方面，「全盤西化」的目的，就是鼓動風潮去盲目信仰西方資本主義的物質文明，而使中國的經濟完全淪為帝國主義的附庸。[15]

激進派的反擊範圍，在一九七五年九、十月於山西省盛大召開的「第一次全國農業學大寨會議」上展露無遺。江青、鄧小平兩人與七千名代表一同出席這次會議。在政治上，江青與鄧小平彼此是宿敵，在國家發展戰略方面，江、鄧兩人的見解也完全背道而馳。不過在這次會議上，攸關基本政策的總結報告是由華國鋒宣讀，而不是江青、鄧小平。華國鋒先前擔任毛澤東湖南故鄉的省委書記，剛被拔擢升任國務院副總理，專責中國的農業發展工作。

一九二〇年華國鋒出生於山西省，一九五〇年代初在湖南省供職。華國鋒的權力基礎來自他在一九五九年期間於湖南擔任省委書記，種種表現都在凸顯大躍進政策的進展，令毛澤東備感欣慰。一九六四年，為了進一步投毛澤東所好，華國鋒師法大寨模式，在湖南廣設大寨大隊，並組織紅衛兵隊伍前往毛的故居*朝拜；在一九六〇年代末，毛出生的村子宛若眾人朝聖的殿堂。華國鋒的另一項成就是，他曾在湖南監管一家年生產量三千萬枚毛澤東徽章的工廠。嗣後，華國鋒負責調查林彪意圖謀害毛澤東的罪行，這項職務的任命更強化了他的政治實力，一九七五年一月，華國鋒升任公安部長的要職。

華國鋒進一步指出，大寨運動之所以成功，部分原因在於它所標榜的自力更生與高額生產原則，另外則是仰賴機械化提升的程度。在聲稱全國有逾三百個縣現已達到與大寨相同的機械化、組織化水準之後，華國鋒又提出新的挑戰，要求到了一九八〇年，全中國三分之一的縣必須達到同等的機械化程度。而已經落後的縣或公社，則必須透過政治運動的激勵來改善落差。華國鋒認為，欲達到此一目標，唯有迅速擴張集體化經濟部門，以及縣委領導核心能堅決執行黨的路線政策並團結奮鬥。除此之外，黨還必須建立貧下中農的階級優勢，使他們能「對資本主義活動進行堅決鬥爭」。此處所謂的資本主義，並非針對工業資本主義或外

* 譯注：湘潭韶山沖。

國人的經濟活動，而是指涉貪得無厭的、「富裕中農」階級。簡言之，中共無意對市場經濟鬆綁，沒收自留地並減少家戶自留地農業生產量的政策並未有所轉圜。華國鋒指出，假使通過這類方法而達成農業的現代化，就能有效帶動並確保「工業、國防、科學和技術的現代化」。[16]先前周恩來、鄧小平業已指出，國家的現代化工作首先應集中在這四大領域，現在華國鋒一方面宣揚毛主義有關人民公社的激昂話語，另一方面又大力支持經濟成長的實用政策，以兩面討好的妥協立場來樹立自己的權力地盤。

大寨會議在一九七五年十月十九日落幕，幾天之後，呼應大寨會議政策基調的論文、文章、廣播節目紛至沓來，向全國各地傳遞激進路線的訊息。在各式會議、討論會上，華國鋒的觀點一再被反覆申論，而地方上的生產單位紛紛研究試行達成新目標的步驟、方法。到了年底，至少有一百萬名幹部通過生產隊和宣傳隊的途徑抵達「前線」，而被下放到他們自己所領導的公社去，成千上萬的領導人遭到整肅清洗。

隨著毛澤東生平兩大「敵手」相繼去世之後，意圖復甦毛主義革命論述和形象的主調旋律，在全中國迴盪不已。其中一位是彭德懷，身為中共重要軍事領導人，一九五九年於廬山會議上大肆抨擊毛的大躍進政策之後，就斷送了他的權柄；另一位是蔣介石，二十二年前，蔣與毛的農村革命纏鬥良久，之後撤退至臺灣，憑恃著成功的土地改革政策而延續了政權。此時毛的兩位政敵都已辭世，無緣看見中國再度颳起整風的熱烈報導。彭德懷於一九七四年十一月過世，得年七十有六；蔣則於大寨會議召開的前幾個月與世長辭，享年八十七歲。

一九七六年：老人凋零

死亡的陰影籠罩在中國革命老人的身上。周恩來與癌症搏鬥四年之後，先一步屈服於病魔，在一九七六年一月八日凌晨撒手人寰，享年七十八歲。令當時許多人備感詫異的是，在周恩來生命歷程中的最後階段，毛澤東從未親赴探望他，亦未曾發表隻字片語表彰周恩來的功勛和革命貢獻。毛澤東並未向周恩來的遺孀*弔唁致意，而周的遺孀也是一位終身為黨奉獻、地位崇高的革命老幹部。隨後，毛澤東本人也未親臨「人民大會堂」參加周恩來的追悼大會。或許有人會以為毛澤東自己同樣身染重症，不過至少在周恩來過世的兩周前，毛澤東並未因為健康的理由而拒絕接見聖多美普林西比的元首，甚至還在二月與前美國總統尼克森會面。在詭譎莫測的文化大革命政治漩渦裡，毛澤東已經漸漸失去對周恩來的信任，或許這才是毛澤東缺席的真正緣由。晚年的毛澤東對於周恩來的確抱持著各種複雜的態度，而且常在其他中共高層領導面前羞辱周恩來，逼迫他進行有損尊嚴的自我批判。

不管毛澤東的態度如何，整個國家陷入一片哀戚。在外國通訊員的筆下，北京有如一座鬼域，周恩來在遺言中表示希望將骨灰撒在所敬愛的祖國江河大地之上，而非在火化後長埋於紀念堂之中的消息傳開之後，中國人民莫不淒然動容。周恩來辭世後，世人突然發現他是

* 譯注：鄧穎超。

千千萬萬百姓景仰的對象，大家都認為他曾於中國陷入一片混亂的時代，為社會維持最起碼的秩序，替國家保住一定程度的體面。

一月十五日，鄧小平代表中共中央致悼詞。在鄧的悼念文中，大部分的用語都是在呼應中共中央於周恩來過世當日所發表的官方措詞，或是拘泥於周恩來一生非凡、無私、勇於任事之政治生活的細節。不過就在文末，鄧還是表達了對周恩來人格特質的個人觀感，縱使鄧的語言是一種儀典場合的官式口吻，不過這似乎是發自鄧內心深處的真實告白：

他光明磊落，顧全大局，遵守黨的紀律，嚴於解剖自己，善於團結廣大幹部，維護黨的團結和統一。他廣泛地密切聯繫群眾，對同志、對人民極端熱忱……。我們要學習他謙虛謹慎、平易近人、以身作則、艱苦樸素的優良作風，學習他堅持無產階級的生活作風，反對資產階級的生活作風。[17]

或許有人可把鄧小平在此的簡短陳述，視為是對毛澤東及文革集團一種自我克制的尖銳性控訴，因為在這群人之中，沒有一個有資格符合「光明磊落」、「善於團結廣大幹部」的讚美之詞，或是他（她）曾展現出如周恩來般的「熱忱」、「謙虛謹慎」美德。

鄧小平的悼念演說是否強化政敵的敵對意識，或促使他們決意再度壓制鄧小平，我們不得而知。然而就在一九七六年二月的第一周，亦即中央委員會提名華國鋒出任代總理一職之後，原本於一九七五年底即展開的批判鄧小平群眾運動隨之加溫。一如中國近來群眾運動的慣有模式，先是由大字報和群眾集會帶頭開火，不過此刻被攻擊的主要目標仍是隱而未顯。一批來自北大與清大的學生，要求農村與城市的清寒子弟有權繼續取得深造的機會，他們指稱一小撮「修正主義者」和「走資派」堅持重新走上傳統菁英主義的老路線，輕忽「經驗才是科學發展的基礎，而不是閉門造車地關起門來辦科研」。三月，「中國科學院」公開抨擊中國「走資派」的鄧小平，而刊登在《紅旗》雜誌上的一篇文章中，任誰都看得出來嚴厲撻伐的對象就是鄧小平，不過當時鄧尚未被點名批判。作者自述這篇文章是受到江青本人的啟發而寫的，在文中亦指稱，江青對於鄧小平不願積極回應江所發起之激進人民戲劇特別感到惱怒。這篇文章寫道：

> 他不但仍然堅持不看革命樣板戲，而且對學習革命樣板戲經驗而創作的優秀作品也非常反感。電影《春苗》，他看了一半就拂袖而去，連聲斥之為「極左」。相反，凡是和革命樣板戲唱對臺戲的作品，或者歪曲工農兵形象的作品，他就一見傾心，親自出馬，大力撐腰。總之，無產階級支持的他偏反對，無產階級反對的他偏提倡，就是要同無產階級對著幹。[18]

隨著批鄧群眾運動的開展，中共有史以來最不尋常的事件在這個時刻爆開來。這次事件和之後十四年中所發生的事件一樣，顯現出雖然國家試圖把革命的純潔性加諸人民身上，但群眾的自發情緒與偶發行動是如何融會在一起，左右了大局。一九七六年四月四日，清明祭祖的前夕，成千上萬的群眾齊聚在紫禁城前天安門廣場中央的「人民英雄紀念碑」。一九六六年與一九六七年，毛澤東和林彪正是在這座廣場上接受數以百萬計紅衛兵隊伍的行禮致意；現在，北京市民利用傳統祭祖的節日，以花圈、輓聯、詩歌、鮮花表達對周恩來總理的無盡追思。

四月五日凌晨，再度聚集在紀念碑的群眾驚覺前一天弔唁的花圈、輓聯、詩歌、鮮花已經悉數被公安移走。群眾抗議，最後導致肢體衝突、拳頭相向。群眾燒了多輛公安座車，而且因為人數暴漲至十萬以上，紛紛湧進了廣場周圍的一些政府大樓。隨著廣場傳來北京市委書記警告群眾不要受到「進行破壞搗亂、進行反革命破壞活動的壞分子的蒙蔽」[19]的廣播後，大部分的人群在傍晚六時逐漸散去。不過直到晚上十時，一群中堅分子依然佇足廣場。就在這個時刻，數以萬計的工人民兵與衛戍部隊突然衝向示威人群，並逮捕了報導中提到的三百八十八名抗議者；事實上，被捕的人數應不止於此。遭逮捕的示威者有人被帶到設於北京大學內的「人民審判庭」，有人則逕行被送到「勞改營」，「通過勞動來改造他們自己」。清明節因紀念周恩來而引爆的示威抗議，並非僅局限在北京一隅。包括河南的鄭州、雲南的昆明、山西的太原、吉林的長春，以及上海、武漢、廣州，紛紛傳出類似的衝突，但規模沒那麼大。

最令中共領導當局憤怒的挑釁是，若干示威者和大字報宣稱，秦始皇的統治已經結束了，並要求回歸「真實的」馬列主義。顯然，示威者的批判對象指向毛澤東與激進的文革集團領導人，不論示威者的舉措是否受到鄧小平的唆使，在毛澤東本人的催促下，中央委員會決意開始反擊。四月七日，以毛澤東與中央委員會的名義，中共中央發表一則簡短聲明，解除鄧小平「黨內外」的一切職務，不過仍讓鄧保留黨員的資格。同一天內，中共中央又發表另一則同等簡要的命令，提名華國鋒擔任中共中央委員會第一副主席（權位僅次於毛澤東）與國務院總理等職位。

隨後數月內，聲討鄧小平的批鬥大會和小組討論會在全國各地舉行，而批判的力度也逐漸升高。天安門事件被視同為一九五六年匈牙利暴動，鄧小平被比喻為匈牙利總理納吉（Imre Nagy）的翻版而遭到公然的譴責，紀念碑上的祭文詩歌被視為林彪暗地裡用來攻擊毛澤東的反革命「邪惡言論」。隨著批鄧的群眾運動在全國各地展開，許多罪名都加到鄧小平身上，例如他相信沒必要在中國進行階級鬥爭，意圖扭曲文化革命的成就，希冀復辟資本主義的道路，主張中國必須仰賴技術專家與引入更多的先進外國技術，藉以達成大寨會議所宣示的四個現代化目標等。[20] 鄧小平讓批評者有許多話柄，因為他在過去兩年間就已直言批評這類群眾運動，斥責毛主義的「宗派活動」，嘲訕政治清洗的惡性循環，並悲嘆這片土地上：「無論老少，人人自危。這正是我們科技落後的原因。」[21]

批鄧的風潮席捲全中國，華國鋒則汲汲於鞏固權力基礎，此刻毛澤東的身體顯然已經不行了。一九七六年五月二十七日，毛澤東接見巴基斯坦總理布托（Zulfikar Ali Bhutto），是他最後一次以國家元首身分公開露面。是年六月，中央委員會宣布，毛澤東不再接見任何外賓，流言盛傳，歐洲一位著名的神經外科醫生已兼程趕赴中國照料毛澤東。不過全國目光的焦點已被轉到另一位革命元老的死亡上；朱德剛過完九十大壽不久，就於七月初病逝北京。甫上任的國務院總理華國鋒在朱德的追悼大會上宣讀悼詞，文中總結朱德身為解放軍總司令、軍事戰略家、一九三〇與一九四〇年代紅軍創建者不平凡的一生。

不到三周之後，即一九七六年七月二十八日，中國發生震度在史上名列前矛的大地震，震央位於河北的唐山。唐山市轉瞬之間就被夷為平地，唐山市西南六十哩處、甚至一百哩以外的北京市都受到地震的波及，災情慘重。唐山市毀於一旦，據事後官方的報導，唐山大地震造成的死亡人數累計為二十四萬兩千人，嚴重受傷者共達十六萬四千人（河北省革命委員會最初的估計遠超過這一數字：死亡六十五萬五千人，七十七萬九千人受傷）。無論如何，這都是一場人間慘劇。中國為了奉行自力更生的激進精神，婉拒了國際與聯合國的人道援助。中共發起全國性的救援行動，地震過後一日內，來自上海的五十六個醫療隊率先抵達災區。還有來自各省、自治區的無數醫療、救援隊伍分別趕赴唐山市。人民解放軍在災後重建工作中扮演吃重的角色，多少洗刷了軍隊因文革期間殘殺紅衛兵以及軍事領導人林彪因叛國而遭玷汙的負面形象。

中國災後的復原、河川與鐵路橋梁的重建、唐山煤礦的迅速復工、唐山鋼鐵廠礦爐的重新啟用，種種表現在全國各地受到廣泛討論，且為人所津津樂道。九月一日召開的救援會議場合上，讓華國鋒能以「毛主席代表」的身分，利用唐山大地震從中獲取政治利益。華國鋒指出，緊隨在大躍進運動之後一九六〇年所爆發的天然災害，被劉少奇、鄧小平用來作為擴張自留地、開放自由市場、鼓勵家庭生產和小型企業的藉口。在一九七六年，社會主義原則反而成為處理天災的重要關鍵。饒富趣味的是，華國鋒在此竟然還向毛澤東的權威乞靈，對傳統中國史家而言，諸如地震、洪災或是天上異象等自然劇變，通常是造成王朝更迭之政治動盪的先兆。當然，像這類民間迷信早已是歷史的灰燼，然而當毛澤東在九月九日零時十分死於宿疾所引發的併發症，許多中國人必定會將這兩個事件聯在一起。

中共宣布，全國進入為時一周的悼念期，毛澤東的遺體將被存放在水晶棺之中，並置於「人民大會堂」內供廣大民眾瞻仰遺容。確實有三十萬名群眾前往憑弔，然而人民對於毛的與世長辭雖感到震驚，但卻又默然不語，這不似群眾對周恩來過世時內心迸發出激烈澎湃的情緒。來自世界各國的慰問與悼念紛紛傳抵北京，其中唯一例外的是蘇聯，毛澤東逝世的消息被刊登在蘇聯《消息報》（*Izvestia*）第三頁的下方，同時蘇聯也拒絕以「國家對國家」的層級致悼詞。不過中國方面也以「黨對黨」的方式並不恰當為由，婉拒了蘇聯的慰問之意。中央委員會的公開頌詞、以及華國鋒於天安門廣場毛澤東追悼大會上百萬群眾面前所發表的致詞，無不頌揚毛澤東的非凡功績，同時也不忘傳達中央的政治訊息：他們宣稱毛澤東的偉大成就之一，就是鎮壓黨內的「右派與左派機會主義者」，其中所羅列的長串名單，始於陳獨秀、瞿秋白、李立三，而迄至彭德懷、劉少奇、林彪、鄧小平。

中共中央委員會幾乎是以強制的手段要求舉國上下進入悼念期。中共中央下令，在九月十八日下午三點，全國人民都要放下手邊的工作，立正默哀三分鐘。儘管中國由東至西綿延三千哩，不過全中國不分時區皆以北京的時間為基準。同一時刻，所有的火車、輪船、軍艦、工廠必須鳴笛三分鐘。各個政府機關、工廠、礦區、軍事單位、學校、人民公社、街坊組織的人員全員集合，聆聽現場廣播或觀看北京紀念大會的電視轉播。

由華國鋒最後致悼詞，引起人民群眾的矚目，另一方面，激進派的文革集團的四位領導人同樣吸引了眾人的目光。王洪文出任追悼大會的主席，張春橋則是追悼大會籌備委員會的領導。江青伴隨著她與毛的小孩，以及毛與前妻所生的子女，出現在追悼大會上，顯得十分醒目。鎂光燈的焦點也捕到姚文元的身影。然而動盪曲折的歲月，最後卻以突如其來的事件作為收場，在迅雷不及掩耳的情形下，華國鋒於十月六日下令逮捕文革集團的這四位激進派領導人，祕密羈押他們。他們被控搞「四人幫」反黨集團，不顧毛本人的警告陰謀篡權。

華國鋒成功粉碎政敵的主要關鍵不在於他具備敏銳的政治洞察力，而是取決於一群解放軍資深的將領，還有北京重要軍事領導人汪東興的背後支撐。汪東興從離開貧窮的農村、於一九三三年加入江西蘇區以來，就對毛忠心耿耿，長征期間是毛澤東的貼身警衛，在延安與內戰時期，均擔任毛的護衛工作。一九四九年之後，汪東興負責指揮「八三四一」（即中共中央警衛總團的番號）精銳部隊，它的任務是保衛中共中央重要機關及特別指定的中央要員*；汪東興是「八三四一」部隊的司令員，兼任中共中央軍委警衛部長，權傾一時。「八三四一」部隊承擔逮捕和監禁一干文革受難幹部如彭真、劉少奇、鄧小平的任務。「八三四一」部隊同時也負責戒護黨的祕密檔案，並在一九六七年強制占領北京地區的各大兵工廠與大學，以恢復此地的「社會秩序」。傳言汪東興本人曾參與粉碎林彪意圖顛覆毛澤東權力的陰謀。同時，據聞汪東興因深信華國鋒是毛澤東嫡傳繼承人的不二人選，所以才於十月六日趁「四人幫」一同參加黨的會議時將他們一網成擒。雖然有關汪東興一生的真實面貌仍是隱晦不明，不過從他的權力本質與權力伸展的範圍大致可以知悉，結合軍人與祕密警察身分的共謀次級集團，依然是決定中國共產黨內部權力爭奪結果的核心。

十月、十一月，越來越多的指控加諸在文革集團四位激進領導人的身上，「四人幫」的稱號在中國各地不脛而走。在每一本政治紀實書籍內，他們幾乎被指控犯下每一條可能的罪名，包括組織宗派活動攻擊周恩來，捏造毛澤東的言論，為了安然脫罪而故意沖淡對林彪的批評力道，建構自己的軍事力量，瓦解教育體系（偽造張鐵生繳交空白試卷的故事），鼓動群眾相互攻訐，以一種似是而非的口號如「誤點的社會主義列車優於準點的修正主義列車」支持毫無效率的技術，攻擊政府的幹練之才，抨擊大寨和大慶模式，破壞工業生產，阻擾地

* 譯注：這相對也是一種對中共領導要員的監視。

震的救災工作，汙衊華國鋒，詆毀軍事幹部，出品反動影片，批評優秀的教師，妨礙對外貿易，領導青年人反抗馬克思主義，為一己之私利用公安系統。在文革期間，這一集團的成員各個巧思羅織無數罪名來誣指中共黨內的知名領導人與知識分子，如今他們飽嘗相同的苦果。

那些因林彪倒臺而覺得驚訝的人現在可能會有同樣的感覺，然而政府一定不鼓勵他們公開提出質疑。在一九七六年十月七日，華國鋒繼毛之後獲提名為中共中央委員會主席與中央軍事委員會主席的職位。至此，華國鋒已經集黨、政、軍三大權力於一身，而立於中國政府三大權力結構的巔峰。

一九七六年十月底，上海與北京兩地逾一百萬的中國人齊聚慶賀華主席時代的來臨。十一月，華國鋒為矗立在天安門廣場上用以安置毛澤東遺體的紀念堂*舉行奠基儀式。這座紀念堂正位處昔日紫禁城向外輻射的軸心點上，是舉目向南方遙望的心臟地帶，是中華帝國中心力量向城外之天下黎民百姓伸展的象徵。現在，毛澤東那塗滿藥水的屍體所散發出的耀眼光芒，卻成為一道藩籬，永遠遮蔽了這一權力中樞的形象。

* 譯注：「毛澤東紀念堂」。

注釋

1 季辛吉（Henry Kissinger），《白宮歲月》（*White House Years.*, Boston, 1979），頁六八七。

2 前揭書，頁一一六〇至一〇六三；尼克森（Richard Nixon），《尼克森回憶錄》（*RN: The Memoirs of Richard Nixon.*, New York, 1978），頁五六〇至五六四。

3 〈季刊文獻〉，《中國季刊》，第五十期，一九七二年四月，頁四〇二。

4 前引文，頁三九二。

5 李鴻永（Lee Hong-yung），〈中國社會主義國家機器轉變中的幹部體系〉（The Changing Cadre System in the Socialist State of China，未公開發表的手稿），頁二四六。（經作者允許援用）

6 〈季刊文獻〉，《中國季刊》，第五十三期，一九七三年一月，頁一九二至一九三。

7 〈季刊文獻〉，《中國季刊》，第五十四期，一九七三年四月，頁四〇八至四〇九。

8 〈季刊文獻〉，《中國季刊》，第五十七期，一九七四年一月，頁二〇七至二〇九。

9 前引文，原文引自《北京評論》（*Peking Review*），第五期，一九七四年。

10 〈季刊文獻〉，《中國季刊》。第五十六期，一九七三年十月，頁八〇九至八一〇。

11 〈季刊文獻〉，《中國季刊》，第五十八期，一九七四年四月，頁四一四至四一五。

12 〈季刊文獻〉，《中國季刊》，第五十九期，一九七四年七月，頁六四四。

13 布朗（Shannon Brown），〈中國獲取科技的計畫〉（China's Program of Technology Acquisition），見鮑瑞嘉主編，《中國的四個現代化》（*China's Four Modernizations.*, Boulder, Col., 1980），頁一五九。

14 前引文，頁一六三。

15 前引文，頁一六一。有關「梁效」的文章與身分，見樂黛雲與韋克曼，《迎向風暴：一位中國革命婦女的漂泊之旅》，頁三六二至三七五。

16 前引文。頁一六八至一七三。

17 〈季刊文獻〉，《中國季刊》，第六十六期，一九七六年六月，頁四二三。

18 前引文，頁四三一。

19 〈季刊文獻〉，《中國季刊》，第六十七期，一九七六年九月，頁六〇七。

20 前引文，頁六七三。

21 畢仰高（Lucien Bianco）等編，《中國：國際工人階級運動參考書目字典》（*La Chine: Dictionnaire bibliographique du mouvement ouvrier international.*, Paris, 1985），頁一六九。

第二十四章

再定義革命

四個現代化

毛澤東的屍骨一經防腐處理，永遠安息後，中共內部的權力鬥爭又達到新的高潮。受到惡意中傷的鄧小平，識時務地在一九七六年春天離開北京，南下廣州避難。鄧小平在廣州受到老資格軍事領導幹部許世友的保護，並詳細規畫他政治反擊的每一步驟。許世友是一位強悍的軍事領導幹部，在未投靠共產黨之前，曾是軍閥吳佩孚麾下的一員。自一九三七年企圖帶領手下叛亂共軍失敗之後，許世友就一直效忠於毛澤東，但許並不支持四人幫或華國鋒。在政治方面，更重要的是，許世友不但是廣州軍區司令員，在華東地區更擁有另一個權力班底，因為他曾擔任南京軍區司令員達十九年之久（一九五四至一九七三年）。南京軍區統攝富庶的江蘇、安徽與浙江三省。於是，許世友在一九七七年初受到廣東省委書記的支持，開始向中共中央施壓，讓鄧小平復出，而最後許世友取得了的勝利。一九七七年七月，鄧小平東山再起，擔任國務院副總理，以及政治局與軍事委員會等職銜，而華國鋒名義上仍是當時中共最高領導人。

鄧小平與華國鋒兩人政治理念迥異，所以中國國內與外交政策在一九七八、一九七九年還看不出清楚的大方向，這並不足為奇。人民公社制度仍是農村社會的主要組織形態，農民若是過度熱中於生產農副業還是會招致批評或懲罰，工業部門則延續過去的運作模式，依賴政府僵化的經濟計畫。不過中國在高科技方面的發展還是取得重大的成果。中華人民共和國大舉發展國內、國際空中航線，在河北省山海關（一六四四年多爾袞曾以「為明朝崇禎皇帝復仇」的名義，率軍由此進入中國）附近的港口興建一座巨型的乾塢設備，完成第一艘五萬噸級的油輪，鋪設了一條聯絡日本的海底電纜。除此之外，中國還進行一連串的大氣層及地下氫彈和其他核子試爆，並在一九七五年開始著手衛星發射的計畫，同時進行研發中國自製的洲際彈道飛彈的發射系統（北京在一九八〇年五月宣布成功試射彈道飛彈）。雖然與美國的經濟交流成長緩慢，但北京已與日本簽署一項金額高達一百億美元的工業協定，兩國合作共同開發渤海的石油。另一方面，中共亦擴大與英、法兩國的商業往來，顯示中國逐步邁向國際舞臺。

在內政方面，中國在華國鋒主席名義上的領導下，仍然依循「農業學大寨」、「工業學大慶」的激進政策。華國鋒聲稱，這是國家追求農業、工業、國防以及相關科學技術等四個現代化目標真正的道路。此時，鄧小平策動文革受難幹部的平反取得豐碩成果，也開始進行結合吸引外國資本、技術，派遣中國學生赴海外留學深造的現代化發展策略。一九七八年三月，於北京召開的「國家科學會議」期間，華國鋒與鄧小平雙雙蒞會發表演講，進一步推動了鄧小平這項現代化發展策略。為了達成能源、電腦、雷射與太空科技、高能物理學和遺傳學等優先項目的發展目標，中共提出八十萬名科學研究人員的速成培訓計畫，以及整合新設立的研究發展中心。

隨後數月內，中共提出發展八十八所「重點」大學的計畫，透過嚴格的考試，篩選優秀的學生入學就讀，並設立許多較低階的技術學院。學校在初期甄拔有天分的兒童，給予深造栽培。文革期間遭下放的科學家，現在一一召回，重返專業工作崗位。在一九七八年三月通過的新憲法明文闡釋，中國的現代化必須仰賴科技專家，並保障這些科技專家發揮專長的機會。一九七八年期間，中國首度遴選四百八十名學生赴二十八個國家留學深造；一九七八年底正當中美關係正常化談判加速進行之際，中國向「美中學術交流委員會」（Committee on Scholarly Communication with the People's Republic of China）提出一長串高級科技人員訓練的請求。儘管這些請求並未悉數獲允，但從中共所提出的需求項目可知，科技訓練是後毛澤東時代國家優先發展的重點項目。

中國政府在一九七八年下半年中執行了一系列關於外交及內政的重要決策，以貫徹這些計畫。在外交方面的大事是全國人大常委會批准了〈中日和平友好條約〉（Sino-Japanese Treaty of Peace and Friendship）（十月二十三日）；鄧小平向外界譴責〈蘇越友好合作條

留美中國學生的研究領域，1978至1979年[1]

研究領域	學生人數
數學	30
物理學	58
化學	30
力學	10
材料科學與技術	15
天文學與天體物理學	6
氣象學	7
生命科學	25
醫學	29
放射性科學	0
電算機學與電算機工程	45
控制工程	15
航空工程	15
太空科技	15
原子工程	10
建築技術	10
機械工程	8
冶金工程	10
化學工程	10
農業科學	11
其他科目	24
總計	433

約〉（Soviet-Vietnamese Treaty of Friendship and Cooperation），宣稱其對太平洋地區的和平繁榮是一種威脅（十一月八日）；中共對外宣布，美國與中國將於一九七九年一月一日起建立全面的外交關係，並在同年三月一日，雙方互遣大使（十二月十五、十六日）：以及譴

責越南支持「柬埔寨民族統一戰線」（Kampuchean national united front）意圖推翻波帕政權（同樣是在十二月十六日）。

在內政方面，重要事件有北京市委宣布，一九七六年四月因紀念周恩來逝世而發生的天安門抗議運動，完全是一種「革命的行動」（十一月十五日）；將冤錯假獄的平反，往前溯及一九五七年反右鬥爭運動期間的受害者（同樣是在十一月十五日）；北京市內公開出現一張不尋常的大字報，指稱毛澤東是四人幫的後臺，因此毛必須為「天安門事件」及鄧小平所遭受的迫害負責（大字報出現在十一月十九日）。一九七八年，在國家控制的雜誌期刊上出現新形態的文章。這些文章的焦點放在文革期間中國人所承受的恐懼和悲劇性經驗，這種後來名之為「傷痕文學」的寫作風格，激發了讀者去爭辯與反思中國過去歷史和未來前景的動機。許多徵兆似乎顯示，新的文化寬鬆時期即將降臨，其中包括吳晗的《海瑞罷官》以及布萊希特（Bertolt Brecht）的《伽利略》（*Galileo*）等劇獲准在北京上演。此外，中國境內（遠在雲南的昆明）也曾以「比較宗教」這一長期以來被視為學術禁區的主題，召開一場學術會議，會中發表多篇有關佛教、道教、伊斯蘭教、基督教的學術論文。

不過，文革爆發以來，中共整體政策最重要的轉變，發生在一九七八年召開、正式稱為「中國共產黨第十一屆中央委員會第三次全體會議」（三中全會）的會議上。這次會議的召開，對中國未來影響之深遠並不亞於文革的十年浩劫。首先，三中全會闡述了達成四個現代化目標的工業生產相關需求，並指出：鑑於大規模揭批林彪、四人幫的群眾運動基本上已經勝利完成，因此「全黨工作的著重點應該從一九七九年轉移到社會主義現代化建設上來」。這個決定非同小可，在日後將會產生重大影響。

> 實現四個現代化，需要大幅度提高生產力，也就必然要多方面改變同生產力發展不適應的生產關係和上層結構，改變一切不適應的管理方式，活動方式和思想方式，因而是一場廣泛深刻的革命。[2]

這場全新革命所面臨的課題之一，是中國境內依然存在「少數敵視和破壞我國社會主義現代化建設的反革命分子和刑事犯罪分子」，不過中共此刻已有能力妥善處理這類問題。全會進一步指出，橫亙在中國經濟管理體制面前的一項艱鉅挑戰是「權力過於集中」的弊端。依據全會決議的措詞可以預見到，一場重大們官僚管理結構的變革即將來臨。除此之外，三中全會亦點明權力的運作「應該有領導地大膽下放」，讓生產單位的三大要素——即共產黨、地方政府以及企業本身，彼此之間有一明確的分工與相互合作，以解決「以黨代政」、「以政代企」等黨政企職權不分的現象；並加強「管理人員」的權限和責任，落實考核、獎懲、升遷等制度。

再來，關於農業政策方面，全會亦提出重要的觀照點：

只有大力恢復和加快發展農業生產，堅決地、完整地執行農林牧副漁並舉和「以糧為綱全面發展，因地制宜，適當集中」的方針，逐步實現農業現代化，才能保證整個國民經濟的迅速發展，才能不斷提高全國人民的生活水平。[3]

在這段關鍵性的引言當中，重點擺在「副業」上面，因為地方在糧食、蔬果、畜牧、家禽的增長與市場化，經常被「左派」的計畫官僚和幹部抨擊為頑固農民的「資本主義傾向」，而意欲加以剷除。其他諸如社員的小塊自留地，全會也堅決宣布，「家庭副業和集市貿易是社會主義經濟的必要補充部分，任何人不得亂加干涉。」在攸關農民切身利益的政策轉變方面，全會亦建議國務院，糧食統購價格從一九七九年夏糧上市時提高了百分之二十，超購的部分在這個基礎上再加價百分之五十，像這類糧食政策的轉向，對全體中國人民的經濟生活產生巨大的影響。全會也相應建議，農業機械、化肥、農藥、農用塑膠與農用工業品的出廠價格和銷售價格降低百分之十至十五。為了保護城市工人免於受到這些改革所帶來的衝擊，國家對於糧食價格的補貼依比例增加，因此針對糧食配給，工人無須負擔較高的價格。

第三，三中全會還敦促致力於結合「集中主義」（centralism）與「人民民主」（people's democracy），以確保社會主義現代化的成功，三中全會同時也主張社會主義「法制」對維繫社會主義現代化建設成果的重要性。全會暗示了中共即將到來的另一項重大制度革新，因為全會宣稱，檢察機關和司法機關「要保持應有的獨立性」，它們必須同時「保證人民在自己的法律面前人人平等，不允許任何人有超越法律之上的特權。」[4]在欠缺獨立司法審判條件的中國，全會這類宣稱的真正內涵要旨為何，並不明朗，然而在三中全會上，中共已經開始承認，地方的商業創新與獨立的生產活動（更不用說擴大與外國的接觸）勢必對司法裁判制度有不同的要求。滿清政府當年受困於法律糾紛，西方各國把治外法權強加在中國身上，中華人民共和國為了避免舊事重演，必須想出新的司法防衛措施。

三中全會最後作出結論，指出會上的重要評言，都是建立在毛澤東思想「不可磨滅的」偉大功勛基礎上。許多人認為此舉不過是中共在事後對毛的例行頌讚，意義並不大。與中國年輕一代有更密切關係的是，三中全會承認毛澤東並非沒有「缺點、錯誤」。對中國人民而言，基本的關鍵是要能「把馬列主義、毛澤東思想的普遍原理同社會主義現代化建設的具體實踐結合起來，並在新的歷史條件下加以發展」。[5]

十一屆三中全會於一九七八年十二月二十二日閉幕。就在閉會前三天，即十二月十九日，「波音飛機製造公司」高級主管在位於華盛頓州西雅圖市的龐大飛機製造工廠向外界宣布，中國已下訂三架波音七四七巨型噴射客機的訂單。同樣在十九日，喬治亞州亞特蘭大市「可口可樂公司」的總裁宣布，可口可樂公司已與中共達成商業協定，將於中國銷售可口可樂，並在上海設置裝瓶工廠。

此後，諸般事件各循其道而發展。大批越南部隊在耶誕節當日入侵柬埔寨，意圖趕走波帕政權。一九七九年元旦，中美依預定計畫，宣布展開全面外交關係，而華盛頓也在此時正式終止與臺灣的官方關係。一月二十八日，就在中央委員會下令停止歧視地主與富農子弟的同一天，鄧小平飛抵華盛頓訪問。抵達華府時，鄧小平受到興高采烈的群眾與大批焦急盼望的採訪記者夾道歡迎，鄧小平訪美的影象，亦透過人造衛星適時傳送至中國人民的電視螢幕中，創了中共新聞史上的先例。在華盛頓期間，鄧小平拜會了卡特總統與國會重量級領袖，並在「甘迺迪表演藝術中心」（Kennedy Center for the Performing Arts）接受美國人民的款待。鄧小平還前往休斯頓的太空中心（the Space Center）參訪，了解美國訓練太空人的作業。接著前往亞特蘭大與西雅圖兩地，參觀中國新的商業夥伴「可口可樂」與「波音」兩家公司。之後，鄧小平一行取道東京停留兩日，並與日本首相短暫會晤之後，於二月八日返抵北京。

對此新局勢的發展，世人或許會忖思，時值此刻，中國自當傾其全力向全世界展現中國人愛好和平的性格，以促使各國前往中國投資，並博取國際社會對中國的信任。但是出乎世人意料，二月十七日清晨，人民解放軍大舉橫跨中越邊界，開拔入侵越南北境。中共對外宣稱，出兵越南旨在回應越南在中越邊界的一連串挑釁舉措，並抗議越南軍隊在高棉的軍事行動，以及越南政府過度向蘇聯靠攏。人們同樣可以見到，誇耀軍力是中共進軍越南的另一動機。隨著國內經濟成長課題被高度凸顯，中共領導人決意向世人展示，中國除了關切農業改革、科技訓練以及工業發展等在三中全會上所強調的議題之外，他們也不忘還有第四個現代化：國防。

第五個現代化

中共十一屆三中全會與鄧小平訪美等重大事件，皆是發生在中國學術思想氛圍相對自由的環境中。逾二十年來，在中國，人人庶幾噤若寒蟬，沒人敢大肆批評國家對人民心靈的禁錮；即使是紅衛兵運動也不例外，因為在紅衛兵運動中往往是打著紅旗反紅旗，以另一個正統來攻訐既存的正統，以毛澤東思想來為批判他人找藉口。然而到了一九七八年十一、十二月期間，一方面受到天安門事件示威運動平反的鼓舞，另一方面鑑於中國逐漸向西方世界開放，成千上萬的中國人開始將思想形諸文字，並以大字報的形式把他們的看法貼在牆上，供來往行人閱讀。其中最著名者莫過於北京市內紫禁城西翼區域，此時這一地帶有部分規畫為博物館與公園，部分則作為國家高層領導人的府宅。因為某些大字報的用語十分直率大膽，而且許多內容主張政府應允許某種程度的民主自由，所以北京這一地區遂成為中國聞名遐邇的「民主牆」。

在這次短暫民主運動中，用來表達知識分子思想的主要媒介是在牆上貼大字報，而大字報的內容有文章，也有詩歌，以及一些性質範圍廣泛的地下雜誌，這類雜誌通常都是由志趣相投的好友運作，他們利用難以取得的紙張以油印或複印的方式出刊，發行數量有限，彷若五四運動時代如雨後春筍般湧現的新刊物。這些刊物的名稱所喚起、再現的正是中國人心中鬱積已久的情愫：《中國人權》、《探索》、《啟蒙》、《四五論壇》、《秋實》、《科學》、《民主法制》、《群眾參考消息》、《今天》、《北京之春》。這些雜誌上所登載的部分詩歌，有的只是一種公開對即將躍上中國權力巔峰之新領導人鄧小平所作的政治頌辭，談不上任何文學美感。

鄧小平
智佐華帥，才繼周公*，
談笑間，民安國靜，
嘆什麼二落三起，
征途上怎無奸佞。[6]

有的詩歌則是直言譴責毛澤東對中國所造成的災難，而將毛的統治與中國歷史的專制王朝等同視之。

皇宮遙對主席堂，
一代導師百代亡，

* 原注：一九七三至一九七四年的批孔運動期間，「周公」一名曾被用來影射周恩來。

層層階梯堆白骨，
簷壁處處滴血漿。7

但也有幾位青年詩人受到民主運動的激盪，試圖以中共建政以來從未允許的出版自由來探索他們自己和他們周遭的世界。部分原因，是他們的情感無法直接表達、充滿矛盾，無法以階級來分析和對政治無動於衷。這是崛起於民主運動、出類拔萃的詩人北島的詩作，詩名為〈走吧〉：

走吧
落葉吹進深谷，
歌聲卻沒有歸宿。
走吧
眼睛望著同一塊天空，
心敲擊著暮色的鼓。
走吧
我們沒有失去記憶，
我們去尋找生命的湖。

走吧
路呵路，
飄滿紅罌粟。[8]

這一時期所湧現的文章詩作中，以魏京生的作品最富渲染力。魏京生文章所展現的蒼勁力道，部分肇因於他所揭示觀念的衝擊性，部分則源自他於一九七八年十二月五日貼在北京市內那張大字報所揭櫫的「第五個現代化」宗旨。對共產黨的領導階層而言，包括聲稱四個現代化目標足以改造中國基石的鄧小平在內，魏京生的吶喊不啻是一記當頭棒喝。魏京生堅稱，中國人民要現代化，首先就必須實行第五個現代化，否則其他四個現代化「不過是一個新的諾言」。對魏京生而言，第五個現代化就是民主，亦即「把權力交給勞動者全體來掌握」，而不是通過黨國已腐化的代理人，將新的獨裁政權強加在中國工人與農民身上。「什麼是真正的民主？」魏京生在大字報上這樣問道。那就是：「人民按他們的意願選擇為他們辦事的代理人，按照他們的意願和利益去辦事，這才談得上民主，並且他們必須有權力隨時撤換這些代理人，以避免這些代理人以他們的名義矇騙人民。」[9]

魏京生思路清晰，勇敢果決，昂揚激憤，正是新中國的聲音。魏京生的父親是赤忱的毛派革命分子，在黨的官僚體系中擁有一份令人稱羨的職位，魏京生生於一九五〇年，從小在每日晚飯前即必須熟讀一頁毛主席的著作。文化革命期間，魏京生在就讀的一所北京學校加入紅衛兵組織，這所學校是在一九六六年中設立，專供高幹子弟就讀。嗣後，魏京生所屬的紅衛兵組織與忠於江青的敵對派系發生衝突。在遭拘捕並監禁四個月後，魏京生就利用父親的管道在黨的限閱期刊上取得難見的材料，開始研讀國際政治。魏京生接受了電工訓練，工作了一段時間後，他加入解放軍，在軍中服役四年。之後重操舊業，回到電工的崗位上。魏京生一方面極度關注一九七六年四月的示威活動，另一方面正與一位西藏姑娘相戀，這位西藏姑娘的父親曾遭受中共的政治迫害。魏京生於一九七八年時的著作，大抵反映了他人生前期的強烈情緒。

從魏京生的文章可以知悉，他是一位熾熱的社會主義分子，他嚮往文化革命之初尚未退化成「獨裁暴政」的時代。因為對魏京生而言，他在文革初始階段目睹了中國人民團結一致所彰顯的力量，他也看到人民為民主而奮鬥所表現出的動能。魏京生的文章同時也道出了當時周遭同胞無不陷入可怕的貧窮狀態，不過魏京生無法接受中國人命定要在貧窮的日子中掙扎的結果，因為他清楚中國人的聰明才智、技能和豐饒的資源。魏京生勇於挑戰列寧與毛澤東等人理論的基本假設。魏京生寫道：民主並不完全像列寧編造的那樣，僅僅是社會發達的**結果**……也是生產力和生產關係在這個發達階段以及更加發達的階段中得以存在的**條件**，「沒有這個條件，社會將停滯不前，經濟的增長也將遇到難以克服的障礙。」[10]

針對自己在民主牆上貼出的第一張大字報，魏京生先後寫了兩篇補遺，分別於一九七八年十二月和一九七九年一月登載在《探索》雜誌上。嗣後魏京生更進一步推演他的思路邏輯，魏京生說道，我們只要看看中國各地的貧民區、氾濫的淫業（或者說中共幹部普遍對婦女施加的性暴力，與之簡直如出一轍），以及人民普遍一窮二白、行乞現象無所不在，就足以證明共產黨並未徹底解決中國的問題。中國以歐洲十九世紀偉大社會小說（魏京生心中所想的或許是狄更斯〔Dickens〕、巴爾札克〔Balzac〕、左拉〔Zola〕？）來揭示、證明西方文明的腐敗墮落，但這些小說中所描述的景象竟與中國今日的處境完全吻合；歷史彷彿停止了腳步不再向前行。世界上所有的「社會主義國家」無一例外，也是世界上最貧窮的國家，而社會主義國家所吹噓的集體主義卻都不攻自破，因為這些國家不容許個人主義的獨立存在。魏京生的結論是，今後，中國必須為追求過有意義生活的權利而奮鬥。他更進一步主張，自由促進了國家的現代化，「我們不應再淪為奴隸了。」[11]

民主運動不能僅是紙上談兵。一九七八年十二月十七日，二十八位青年人在天安門廣場示威，抗議中國西南地區惡劣的生活與工作環境。雖然抗議人群寥寥可數，然而這群示威者卻是代表五萬名曾被下放至雲南農村工作的青年人，說出他們被壓抑的心聲，他們甚至自十二月九日進行大罷工，抗議中共地方幹部「踐踏他們的人權」（之所以選擇在十二月九日這天舉行罷工，或許是為了呼應一九三五年十二月九日，一群勇敢的民眾遊行進入北京，抗議國民黨的無能）。在另一事件中，即一九七九年一月八日，曾被強迫下鄉的數以千計群眾蜂擁至北京示威遊行，他們高舉著「反飢餓」、「要民主，要人權」的標語。到了一月底，據估計有逾三萬名下放工人及其子女進入京城，他們在火車站周圍搭營帳或是露宿街頭，在冷冽的天候中大多數人僅有單薄的衣裳蔽體，無助地向政府領導人請求，渴望他們能伸出援手。至少有八人在酷寒中凍死。在上海，下放至農村插隊落戶的青年，集結遊行進入該市，並包圍上海的共產黨市黨部長達數小時之久。在杭州，牆上的大字報不斷要求「像人一樣生活的權利」，並抗議住房嚴重短缺、一屋難求的窘境，往往使得年約三十或更年長的夫妻連單人房都難以覓得，更遑論保有個人的隱私權。

就在一九七九年一月中旬鄧小平前往華府前夕，政府毫不意外地準備開始對民主運動展開鎮壓。人們似乎有理由相信，民主牆運動最初是受到鄧小平暗中鼓動的，因為民主牆上有關現代化的論點，與鄧小平的主張不謀而合，它們對華國鋒與其他激進毛主義分子的批判或攻訐，亦與鄧小平的立場相合。然而一旦民主牆運動走得太過頭，逾越了共產黨所能容忍的範圍，鄧小平絕不會手軟。鄧小平對民主運動的打擊，令人回憶起毛澤東在一九五七年所採取的行動。當時毛澤東發動反右鬥爭，藉以粉碎他一手促成之百花齊放運動中令他難以忍受的雜音。中共中央秘書長*，曾在一九五七年輔佐毛大力整肅中國的知識分子。

一九七九年反民主鎮壓行動中的頭一個祭品，是一位名叫傅月華的年輕女子，她遭到中共拘捕，被指控煽動和組織下放知青至北京示威遊行。傅月華曾有一段悲慘的歲月，她的婚姻破碎，單位領導又曾數度意圖強暴她，最後在與領導發生齟齬之後失去工作。傅月華多方奔走，但投訴無門，或許是同病相憐之情油然而生，促使她轉而去幫助請願的民眾。傅月華因「擾亂社會秩序」的行為被監禁兩年。**

隨後中共進行大規模的逮捕，遭拘捕的人大多與地下刊物有牽連或是地下刊物的編輯。在政府政策急轉彎的危殆氣氛中，他們不僅被指控「破壞國家體制」，還被安上「支援外國人」的罪名，這使他們的活動幾乎處在叛國罪的邊緣。一九七九年三月底，魏京生已經寫下數篇慷慨激昂的文章，其中有一篇更是直指鄧小平無視於中國的需求，魏在其他文章中還揭露中國用來監禁高級政治犯監獄的實情。就在這個時候，魏京生遭中共逮捕並被拘留。魏京生不僅因文章內容觸怒中共，還被依從事間諜活動、洩漏中越戰爭的機密給一位外國記者而遭起訴，魏被定罪並被判處十五年徒刑。魏京生以從未接觸任何機密資料為由，不服判決而屢屢向司法單位上訴，不過他的上訴被政府駁回。

以這類罪名來起訴魏京生反倒令中共十分難堪，因為中共原本預期中越戰爭是懲戒越南入侵柬埔寨的一場快、狠、準的軍事行動，希望藉機向蘇聯和世界各國展示人民解放軍的現代化勁旅，無奈戰事的發展結果卻讓中共付出沉痛的代價（中共軍隊的司令官正是兩年前保護了鄧小平的許世友，不過在這場戰爭中，許因指揮不力而遭降職處分）。歷經慘重的傷亡

* 譯注：一九五六年九月後改稱「總書記」。

** 原注：刑期屆滿之後傅月華並未如期獲釋，反而被中共送至勞改營。中共從未公布傅月華的罪狀以及遭受羈押的理由。

以及後勤補給的困難之後，中共於一九七九年三月五日開始撤軍，三月十六日中共軍隊悉數撤離越南戰場。這時恰好是魏京生被捕的兩周前。後續的情勢發展，鄧小平本人出面譴責民主運動逾越尺度，其餘民主刊物也一個接著一個被中共勒令停刊。四月一日，除了少數公安監視下的地區之外，中共已明令禁止張貼大字報。到了一九七九年四月五日清明節這天，人們預期一九七六年當時的大規模示威活動會再度上演，然而現在中國民主運動的響應者似乎已筋疲力竭，無力再向中共進行反擊，一九七九年的清明節就在一片靜寂聲中平淡度過。

無論如何，部分人士對於這場曇花一現的民主運動的反思相當透澈，他們警告政府，這場運動所釋放出的能量是不會被完全撲滅的。一位在一九七九年五月被捕的知識分子就曾寫道，他要為在中共政權統治下成長、並「自發地」起來挑戰中共政權那批新中國的第二代抒發心聲。他點出對中華人民共和國的批判有兩種形式：一種人相信中國共產黨確實是失敗了，因為中國共產黨並未秉持馬列主義的原則；另一種人則相信，中國共產黨曾經稱得上是馬列主義者的政黨。對第二種人而言，最可怕的正是這馬列主義本身荒誕不經而錯誤百出。他相信，倘若知識分子能團結一心，民主運動不致遭受如此挫敗，然而現在知識分子整體而言對民主運動保持距離，只因中共偶爾還是會施捨給他們一點點創作自由，而知識分子唯恐遭這點自由都失去了。這場運動的主要成就是由那些年紀在二十至三十歲之間的人士所締造的，這群「年輕的工人們從未上過大學」，他們僅有初中的學歷。這位匿名作者的結論是，這場運動已經展現了民主的潛在力量，縱使表面上中共與其所屬的龐大官僚體系、軍隊武力權力至高無上，但「區區數張紙、幾行字就嚇得共產黨員不知所措」。[12]

有些人則是捨棄政治分析的方式，回歸詩歌創作。就在一九七九年四月一日，中共宣布鎮壓民主運動之後，有目擊者指出，一名年輕男子迅速穿越在民主牆附近逗留的人群，不顧中共的禁令，在一度布滿大字報的牆上貼上一首優美的詩歌，不說一句話就匆匆離開。這首詩的作者係以「凌冰」的筆名發表，詩名為〈給你……〉：

我的朋友，
分別的時刻已經臨近，
再見了——民主牆，
我能對你說點什麼呢？
說春天的寒冷，
說你像臘梅一樣顯得凋零？

不，還是說歡樂吧！
說明天的歡樂，
說純淨藍色的天空，
說野外金黃的花朵，

說孩子透明的眼睛，

總之，

我們要像男子漢一樣分手，

你說對嗎？[13]

臺灣與經濟特區

就在中國向美國敞開大門、以及民主運動積極分子挑戰共產黨的統治權威之際，臺灣也邁入新的繁榮階段，並積極重新追尋自己未來前途的定位。根據一九七九年中美關係正常化的官方聲明，中國共產黨對外做出如下的宣稱：

眾所周知，中華人民共和國政府是中國的唯一合法政府，臺灣是中國的一部分。臺灣問題曾經是阻礙中美兩國實現關係正常化的關鍵問題。根據《上海公報》的精神，經過中美雙方的共同努力，現在這個問題在中美兩國之間得到解決，從而使中美兩國人民熱切期望的關係正常化得以實現。至於解決臺灣歸回祖國、完成國家統一的方式，這完全是中國的內政。

但是美國政府的聲明卻與中共迥然相異，因為在美國官方聲明中，是提及有關臺灣與美國外交關係的結束，以及臺灣與美國之間所簽訂《中美共同防禦條約》的終止。美國的聲明中也宣布，在與中國簽訂條約之後，美國將自一九七九年一月一日起之後四個月內，撤出在臺灣的餘留軍事人員。有關臺灣前途的問題方面，雖然美國與中國共同宣布，美國承認（recognized）「中華人民共和國是中國的唯一合法政府」，在聲明的其他段落裡美國也詳細說明這對臺灣的意義：

今後，美國人民和臺灣人民將在沒有官方政府代表機構，也沒有外交關係的情況下保持商務、文化和其他關係……美國深信，臺灣人民將有一個和平與繁榮的未來。美國繼續關心臺灣問題的和平解決，並期望臺灣問題將由中國人自己和平地加以解決。[14]

但唯有臺灣係屬於中國的一部分，亦即作為暫時脫離母國的一個行省，中華人民共和國主張「解決臺灣歸回祖國」是「中國內政」的聲明才合情合理。事實上，至今臺灣仍宣稱其政府代表全體中國人，而自一九四九年以降臺灣的發展進程，以一種獨樹一幟的模式，使臺灣蛻變成一個具備特殊經濟、政治結構的獨立社會。一九五〇及一九六〇年代，蔣介石在島上推行了各項徹底且成功的改革，一方面是受到美國的敦促，一方面也為了保住政權。臺灣政府當時仍由一九四八、一九四九年間從中國撤退到島上的兩百萬國民黨支持者所掌控。而原來已經在臺灣定居的早期移民，在一八九五年至一九四五年間生活在日本殖民統治下，此時參與政治事務的權利再次遭到剝奪。不過，在新改革推行後，臺灣人民經濟好轉，而且加入國民黨的話甚至有高升的機會。

中、美關係正常化之時，臺灣的總人口數是一千七百一十萬人，占中華人民共和國估算之九億五千萬人口的百分之一點八。但一九七九年當時臺灣的人均國民生產毛額約為中華人民共和國的六倍，一九五二至一九七九年間，臺灣的人均國民生產毛額成長為百分之四百一十六。這樣的非凡成就並非一蹴可幾，最初，臺灣的成長受惠於美國的大力協助，尤其是通過「農村復興聯合委員會」，而農復會在一九五〇年代的主要功能是督導土地減租、土地出售等計畫的實施，以扶持臺灣的自耕農。這些計畫能獲得成功推展，有賴於有效控制曾在四〇年代蹂躪了臺灣以及中國的惡性通貨膨脹。把新、舊臺幣的兌換率固定為一比四萬，臺灣於一九四九年成功實施了貨幣改革政策（其結果不似一九四七年在國民黨時代進行金圓券改革的慘痛經驗），而貨幣改革的成功，大部分歸因於臺灣領土面積比較小，所以能輕而易舉地監督、管制黃金的交易。一九四九年約為百分之三千四百的通貨膨脹率，迄至一九五〇年已降低為百分之三〇六，一九五一年為百分之六十六，而自一九五二年之後，下降為平均每年百分之八點八。截至一九六一年，臺灣的通貨膨脹率已降低至百分之三。

起初，臺灣方面在控制通貨膨脹時所運用的技術與中華人民共和國雷同。臺灣政府把儲蓄率固定為百分之十，並嚴格控制硬幣流通等政策，得以牢牢控制新貨幣的流量。在「耕者有其田」政策方針下，臺灣政府把國營企業的股票分配給地主，以補償其土地的損失；另一方面，佃農只要在十年內按照國家規定的定額繳交糧食，就授予佃農目前耕種土地的所有權。不過臺灣是一黨專政，權力是由追隨蔣介石主導之國民黨撤退至臺灣的兩百萬大陸流亡者所壟斷，是故在推動改革政策時並不存在相應所需的民主程序。

隨著臺灣糧食生產提高到能滿足國內的需求時，政府開始致力於改變一八九五至一九四五年日治時代所建構的以米、糖為主要出口產品的經濟形態，轉而以先進工業產品為出口的主要項目。政策轉向所取得的傲人成就，特別是臺灣的出口部門，可以見諸於下表的記載。一九六〇年代的經濟主力大部分集中在電子產品和其他技術先進的產品，不過在紡織品與橡膠、化學、塑膠方面亦有驚人的成長。一九七三至一九七四年的世界石油危機，導致過度仰賴石油進口的臺灣經濟飽受劇烈的衝擊，然而在動盪時刻所實施的糧食價格貼補政策，再加上斷然的貨幣措施，使得這場危機不至於釀成巨禍。

若以成長率來比較，臺灣與實施第一個五年計畫時期的中華人民共和國大致相當，但在之後的大躍進經濟混亂時期迅速超越了中華人民共和國，嗣後於文化大革命的失序年代則遙遙領先中華人民共和國（從有關日本的數據顯示，臺灣在這段期間幾乎趕上日本的成長速率。見下頁表）。

臺灣政府盡量對可能損及其收支平衡的產品設下層層限制，尤其是奢侈品或直接與臺灣製造業競爭的產品。反之，國家提供低利貸款予製造外銷產品的企業以及對這些企業在「加

臺灣的經濟基礎，1953與1962年[15]

	1953	1962
就業部門百分比		
農業部門	61	55
工業部門	9	12
國內生產毛額（GDP）百分比		
農業部門	38	29
工業部門	18	26
出口百分比		
農業產品	93	49
工業產品	7	51

成長率：臺灣、中華人民共和國、日本，1952至1972年[16]

	1952-1960	1960-1965	1965-1972
國民生產毛額成長率百分比			
臺灣	7.2	9.6	10.1
中華人民共和國	6.0	4.7	5.7
日本	8.3	9.8	10.8
人均國民生產毛額成長率百分比			
臺灣	3.6	6.4	7.3
中華人民共和國	3.6	2.9	3.3
日本	7.2	8.8	9.5

工出口區」進行特殊的經濟協助，來積極拓展國外市場。第一個加工出口區在一九六六年創立於高雄港，同時，在美援的支持下，高雄港躍升成為一個貨運吞吐量龐大的港口。直至一九六九年，又增設了兩個加工出口區。在這些區域內，工業園區的管理由一精簡的行政體系負責，以免除政府的繁瑣手續，此外，在園區內，外國或臺灣本地的企業均能享有減免租稅，假若企業生產的產品完全以出口為導向，對於企業進口特殊機械設備，還得以享有免除關稅的優惠。

一九七二年《上海公報》的簽訂，並未對臺灣的經濟榮景造成決定性的影響，但公報宣布之前未能事先知會蔣氏政府的作法，的確讓臺灣十分難堪。當臺灣把這樣的外交羞辱與臺灣在聯合國喪失席位聯想在一起，惱怒與遭背棄的激憤之情達到沸騰。一九七一至一九七二年期間，臺灣爆發反美的騷亂，加上對蔣氏政權的專擅、國民黨政府代表性的闕如、生活領域中對個人自由的箝制等等的抗議，使得局勢更加不安。蘊含在這種不滿情緒之中的是占絕大多數人口的受壓迫群體——一九四五年前即遷居該島的漢人——其內心深處的無力感，以及他們對一九四九年之後自大陸撤退至臺灣的外省人霸占權力位置的憤慨。在這兩大群體之間，從婚姻形態到教育方式，都有相當的差異，而使得嚴重的暴力衝突可能一觸即發。蔣氏政府唯恐動亂的蔓延可能進一步鼓舞尚屬襁褓狀態、卻目標鮮明的臺灣獨立運動順勢坐大，危及國民黨的權力；因此便以綿密的警力與嚴厲的政治來控制，若是有必要，再輔之以優勢軍力，來鎮壓內部的異議分子。中華人民共和國受困於本身內部的跌宕起伏，此時並無能力從中加深臺灣島內的裂痕，以遂行其政治目的。

無論如何，一九七九年卡特與鄧小平兩人達成關係正常化的協議，對臺灣而言更具威脅，至少看在美國國內那些國民黨支持者眼裡是如此。蔣介石於一九七五年溘逝，蔣介石之子蔣經國繼承臺灣總統的職權，有人擔心蔣經國欠缺統治臺灣的必要威望。而美國終止與臺灣的所有官式外交關係，這意味著雙方關係只能通過一在臺北、另一在華府設立的兩個「協會」來進行——不過，臺美雙方的外交官一旦進入這兩個協會任職，就會被當成休假，暫時不具官方身分。就臺灣的支持者而言，特別令人惶惶不安的是美國政府預計在四個月內撤回臺灣島上的所有美方軍事人員，終止美國與臺灣的共同防禦條約，並與中華人民共和國達成協議，不再提供臺灣新式的攻擊武器，並逐步減少軍事援助。

局勢進展的結果導致美國國會於一九七九年四月通過《臺灣關係法》（Taiwan Relations Act），在這項法案中，親臺勢力藉由重申美國對臺灣的承諾，反映出他們內心潛藏的憂慮，特別是該法案凸顯「臺灣的前途將通過和平方式決定」，中華人民共和國針對臺灣所採取的任何「抵制或禁運」視同是對「西太平洋和平與安全的威脅」。再者，國會進一步強調向「臺灣提供防禦性武器」，堅決反對會「危及臺灣人民的安全或社會、經濟制度的任何訴諸武力的行為或其他強制性形式的能力」。以上立場與卡特的整體中國政策並無不同，唯一令臺灣方面與友臺人士稍感欣慰的是，該法案聲言美國將同時致力於「維護並促進全體臺灣人民的人權」。[17]

臺灣在一九七九年失去美國的外交承認，但是經濟發展並未如預期般受到重創。反之，一九七九年是臺灣經濟發展強勁的一年，國民生產毛額成長百分之二十點三，總值達三百二十億美元，創歷史新高。儘管基於務實考量，臺灣降低對美貿易依賴的程度，但在同年，臺灣與一百二十個國家的外貿總量仍然成長了百分之三十一。臺灣的外資總額亦成長迅速，從一九七八年的兩億一千三百萬美元至一九七九年的三億兩千九百萬美元，增加逾百分之五十。對進口石油過度依賴仍是臺灣所面臨的主要問題，臺灣每日需進口石油三十八萬桶，每年耗費逾二十億美元；不過臺灣核能發電能力的拓展，或多或少緩和了對進口石油的依賴過度（一九八〇年，臺灣喪失了在「國際貨幣基金」〔International Monetary Fund〕、「世界銀行」〔World Bank〕的席位，由中華人民共和國取而代之，但這對臺灣的經濟發展並無明顯的負面影響）。

中華人民共和國領導人也知道臺灣經濟的繁榮，他們漸漸認清，無論他們口中所發出的「統一」語彙是何等義正辭嚴，只要雙方的經濟落差過大，那麼統一就沒有指望。下表是一九七〇年代中期上海與臺北兩地工人在食物、衣著、消費性產品方面購買能力的比較。該表顯示，臺北產品價格占工人所得的百分比，大致上低於上海。據此，臺灣工人幾乎人人擁有較高的購買能力，但中華人民共和國卻必須補貼城市居民的糧食支出。此外，再根據上海與臺北每月家庭預算的比較，兩地在糧食支出占全部所得百分比方面近乎相等，這意味著臺北工人的購買力優於上海工人。雖然欠缺更嚴謹的統計數據支撐，但這樣的結論亦是顯而易

上海與臺灣消費能力的比較，1970年代中期[18]

項目	價格 上海 （人民幣）	臺北 （新臺幣）	所得價格* 上海（%）	臺北（%）	上海／臺北
食物					
米（公斤）	0.28	16.90	1.04	0.88	1.18
麥粉（公斤）	0.28	13.30	1.04	0.69	1.51
豬肉（公斤）	1.80	78.00	6.67	4.04	1.65
雞肉（公斤）	2.50	110.00	9.26	5.70	1.62
魚（公斤）	0.44	37.00	1.63	1.92	0.85
雞蛋（公斤）	1.60	35.50	5.93	1.84	3.22
白糖（公斤）	0.45	15.80	5.37	0.82	6.56
醬油（公斤）	0.54	16.70	2.00	0.86	2.31
鹽（公斤）	0.28	5.00	1.04	0.26	4.00
馬鈴薯（公斤）	0.06	12.80	0.22	0.66	0.34
蔥	0.15	10.00	0.56	0.52	1.07
豆腐（公斤）	0.52	12.50	1.93	0.65	2.97
紅豆（公斤）	0.11	18.30	0.41	0.95	0.43
包心菜（公斤）	0.06	15.00	0.22	0.78	0.29
衣著					
襪子（公尺；雙）	2.50	16.00	9.26	0.83	11.17
多元酯襯衫（公尺）	6.00	150.00	22.22	7.77	2.86
棉夾克（公尺）	12.50	240.00	46.30	14.43	3.72
塑膠拖鞋（雙）	4.50	35.00	16.67	1.81	9.19
運動鞋（雙）	9.50	130.00	35.19	6.74	5.22
外套（公尺）	66.00	400.00	244.44	20.72	11.80
消費品					
腳踏車	120.00	2400.00	444.44	124.25	3.57
籃球	15.00	280.00	55.56	14.51	3.83
電風扇	179.00	864.00	662.96	44.76	14.81
電子時鐘	19.00	683.00	70.37	35.39	1.99
洗衣機	150.00	2725.00	555.56	141.18	3.93
電視機（11吋）	700.00	5000.00	2592.59	259.05	10.01
電晶體收音機	30.00	320.00	111.11	16.58	6.70

*「所得價格」（Income price）係指消費一單位所需之每月人均所得的百分比。上海每月所得是人民幣 27 元，臺北是新臺幣 1930.10 元。「上海／臺北」是指上海與臺北所得價格的比率。

上海、臺北每月家庭預算分配，1970年代中期[19]

項目	上海%	臺北%*
食物	38.55	36.24
衣著	15.06	4.30
住房	5.62	17.54
家具	5.95	2.05
公用支出	5.30	4.38
醫療	1.20	3.25
教育	4.22	4.25
交通	6.02	2.33
娛樂	6.02	1.77
儲蓄	6.02	16.46
稅、利息	0.00	3.45
匯款	6.02	0.00
其他	0.00	6.14

* 臺灣的累計數字實際為 102.16%

見的。相較之下，臺灣工人的所得支出比例大部分集中在住房與醫療照顧上。

中華人民共和國所面對的挑戰是，如何在短時間內採取適切的方法以實踐四個現代化計畫（「第五個」現代化當然不在考慮之列），而解決之道是讓中國向國際金融圈開放。為了開展這項計畫，鄧小平挑選了前陝西省領導幹部習仲勳來擔任開路先鋒。習在毛澤東的延安時期為其追隨者，在此之前，習曾經迅速崛起，但在一九六二年，毛澤東指責他支持反黨觀點並將他降級並下放為工廠副廠長。一九七八年底鄧小平擢升習仲勳為廣東省委第一書記，並指示習籌建經濟特區，將中國沿海經濟發展起來。鄧小平在一九七九年四月召開的中央委員會工作會議上大力闡揚特區的觀念，此時中、越戰爭剛結束，中國國內示威抗議運動也趨於沉寂。於是，一組工作隊前往南方沿海省分廣東、福建兩省，一九七九年七月，中央委員會提案設置四個「出口特區」。翌年，「出口特區」更名為「經濟特區」，藉以進一步彰顯特區所涵蓋的廣泛經濟活動範圍，或許這還有與臺灣「加工出口區」加以區隔的用意。

經過慎重挑選的這四個地區，主要著眼點是這些地區比鄰外國資本來源，且出入便利。珠海鄰近澳門，深圳地處香港北方邊界，汕頭、廈門與臺灣相望。汕頭、廈門均是昔日列強逼迫清廷開放的條約港口，兩者的地名分別由英國人根據當地方言音譯為「Swatow」與「Amoy」。揮之不去的帝國主義幽靈容或帶來些許的困擾，不過時移勢易，今日中國領導人似乎有信心通過中國人強而有力的控制與監督，避免外國人對這些地區的主宰。然而，這四個地區所提供給外國人和海外華人的優惠措施仍是十分可觀的。中華人民共和國針對外國投資者的企畫內容建造所需的廠房，提供受過訓練（或許還包括服從性強以及並未從屬於任何工會組織）、薪資低廉的勞動力。中華人民共和國政府亦提供優惠的稅率和多項金融誘因，其中還包括該經濟特區交通運輸網絡的建設。

投資者確實有所回應，但速度並不如中國的預期，來的也不是中國原先希冀的先進技術。中國勞動力的技術層次不符外國投資者的期望，官僚作風仍是行政運作的障礙，而品管標準也普遍低落。經濟特區的確開始起飛，特別是深圳，與高樓聳立的鄰近城市香港相比，與其下轄較為落後的地區彷彿已不相上下，但對中華人民共和國的計畫官僚而言，經濟特區崛起的代價所費不貲，因為計畫官僚必須在經濟特區投入遠超過他們預期的龐大建設資金，構築其他相關的配套制度。而且，深圳地區進口商品以驚人的速度成長，也令計畫官僚感到詫異。同時，一連串的社會問題開始在經濟特區浮現，例如港幣的流通，黑市的產生，官僚的腐敗，街頭犯罪與操持淫業。中國政府高層領導人——其中部分領導人或許已警覺到隱伏在鄧小平雄心萬丈計畫中的潛在問題——開始憂慮變革的速度與範圍。

早在一九七九年七月，全國人民代表大會即大聲疾呼調整經濟步調，重新關注農業部門，並建議謹慎、穩健處理四個現代化中其餘三個領域的改革問題。資深的經濟計畫官僚陳雲於一九七九年進入中央委員會政治局的常務委員會，稍後於翌年要求中國經濟進入治理整頓時期。這項決策的理由之一是中共發現縱然經濟成長的預期榮景令人振奮、經濟特區的潛在利潤可期，但一九七九至一九八〇年中國的外貿逆差攀升至三十九億美元，這是中國有史以來最龐大的貿易赤字。整合進入由技術先進貿易國所構成的世界體系中，顯然是一項代價昂貴的交易。

一九七九年四月二十三日，《人民日報》刊載了中華人民共和國迄今為止所揭露之最嚴重的貪汙弊案，這類弊案的嚴重性程度容或有不同，但結局同樣沸沸揚揚。一名名叫王守信的共產黨中級幹部，與一群同樣擁有黨、政職務的同事於黑龍江省內供職，在超過七年時間的一連串貪瀆案件中，至少盜用了國家財產五十三萬六千元人民幣。王守信的案子牽連甚廣，涉及了她所管理的煤炭公司與其相關的分配制度。這件案子引起了劉賓雁的興趣，劉是中國當時最敏銳作家之一，曾於反右鬥爭與文化大革命運動期間因直言敢諫而遭受迫害。一九七〇年代末，「調查報導」的專業素養往往被用來作為抒發不滿貪官汙吏民怨的管道，而劉賓雁則是把這樣的角色發揮得淋漓盡致，縱使他身處於國家機制箝制出版事業的中國。劉賓雁前往黑龍江省訪問王守信單位裡的人，試圖爬梳這件案子的始末。六十頁的傑出報導文學、題目為〈人妖之間〉，刊載於一九七九年九月的《人民文學》雜誌上。由於這是一份「官方期刊」，中國共產黨文化當局顯然是認可劉賓雁對黨內部分不肖幹部的控訴。

在劉賓雁冷嘲熱諷的描述中，王守信是一位「感情豐富、愛憎鮮明的女人。她手裡這幾萬噸煤和九輛卡車，就是她的筆和墨，她每天書寫著的抒情詩篇」。然而王守信所譜寫的詩篇是用來為她自己的家人牟利，以及通過選擇性的操縱與賄賂去迎合各級黨員、幹部所好。劉賓雁順道提及，王守信其實並不特別，只是王的案子株連甚廣而顯得非比尋常。王守信僅是一個徵候、一個不誠實的人，她的行為經年累月地包藏著「社會風氣的敗壞，非法活動的逐漸合法化，對於道德淪喪現象逐漸習以為常」。[20]假若王守信的確僅是一個先兆，並非是孤立的個案，那麼中國向西方世界開放所帶來的就不只是機會，接踵而至的還有數不盡的誘惑。

「實事求是」

一九七六年毛澤東過世後的四年間，中國經濟政策的劇烈震盪，反映了中央政府內部鄧小平與華國鋒兩人政策走向的深刻歧見。鑑於權力鬥爭的代價是如此高昂，而上層權力核心之中又欠缺和平轉移權力的機制，因此不管是鄧小平或華國鋒，無不處心積慮地想要擊垮對方。在這場權力賽局中，最後由鄧小平勝出。

雖然表面上華國鋒控制了中共權力結構中的職位，亦即中共中央委員會主席、國務院總理以及中央軍事委員會主席，不過鄧小平在黨機器或是軍隊之中都擁有豐沛、堅實的人脈，又有學術界的菁英領袖以資奧援。華國鋒是以毛本人挑選的接班人自居而逐步攀爬至權力的頂峰，然而隨著四人幫的倒臺，批評毛的聲音也轉趨公開化，華國鋒猛然察覺毛澤東的遺澤對於他的權力鞏固並不見得有幫助。而且，一九七〇年代末、一九八〇年代初，鄧小平就在臥薪嘗膽、默默工作，伺機刻意羞辱華國鋒。一九七六年取得權力之後，華國鋒輕率魯莽地對外宣稱：「凡是毛主席作出的決策，我們都要擁護；凡是損害毛主席形象的言行，都必須制止，」華反覆宣傳所謂「兩個凡是」的結果，令他和他的同黨被冠上「兩個凡是」的稱號，不管他們係出自個人情感或者詡詡自得的心態，結果都在主張應純化毛主義原則的過程中顯得窒礙難行。鄧小平則是高懸毛主義的口號——「實事求是」，興致勃勃地在自己身上塗上務實主義的色彩，並進一步以簡潔有力的「實踐是檢驗真理的唯一標準」命題，豐富毛澤東「實事求是」口號的意涵。

鄧小平又藉著兩位自己一手調教的輔弼之士來鞏固他挑戰華國鋒權威的成果。胡耀邦、趙紫陽這兩位鄧小平拔擢的幹才，論及革命資歷，比起當年意氣風發但如今已身敗名裂的四人幫還要優秀。胡、趙雖然未接受革命萌芽之初的洗禮，不過他們兩人的成長過程也都經歷了中國過去半世紀以來各種不同層面的鬥爭。胡耀邦的年紀較長，胡於一九一五年（一說一九一三年）在湖南一戶貧困的農家出生。孩提時代，胡耀邦曾在命運多舛的秋收暴動中受徵召支援毛澤東。一九三三年，胡在江西蘇區正式加入中國共產黨，歷經長征，爾後在延安時代與內戰期間，於黨內官僚體系中漸次獲得拔擢，最後升任「共青團」第一書記的職位。文化革命時期，「共青團」被紅衛兵視為奪權的潛在競爭對手，當時「共青團」是一個擁有三千萬人的龐大組織，最後，胡耀邦在一九六六年被罷黜。一九七五年，胡耀邦復出擔任極富盛名的「中國科學院」的黨委書記，任職「科學院」期間，胡耀邦堅定捍衛科學研究，以及知識分子進行研究的權利，迅速博得聲譽。胡耀邦的談話內容向來辛辣直率，中國人民在歷經毛主義所灌輸服務人群的陳腔濫調之後，胡耀邦的談話總是令人有振聾發聵的作用。「科學院就是科學院，」胡耀邦曾說，「它不是生產院。它是從事研究的地方，不是種植甘藍菜的地方。它不是一塊馬鈴薯田，它是從事科學、自然科學研究的地方。」[21] 一九七六年，胡耀邦與鄧一同遭到整肅，一九七七年復出之後，胡步步高升，先後膺任「中央黨校」副校長、「中央委員會組織部」部長的職位。一九七八年十二月底，胡耀邦進入政治局。一九八〇年出任政治局常務委員。同年，鄧小平安排胡耀邦接任中共中央總書記，為迫使華國鋒下臺預作準備。一九八一年，華國鋒失勢後，所留下的中共中央主席的位置就由胡耀邦接任。

輔佐鄧小平鞏固權力的第二位幹部是趙紫陽。趙紫陽的出身背景與歷練途徑不同於胡耀邦，但是趙紫陽也是一位卓越的行政幹才與身經百戰的政治領導。一九一九年，趙紫陽出生於河南一戶地主人家，一九三二年，趙紫陽於在學期間就加入了共青團的組織。十九歲正式成為共產黨員，二次大戰期間，趙紫陽擔任游擊根據地的領導幹部，在困難重重的豫冀魯邊區從事游擊活動。在一九四〇年代，這塊區域一如往昔，是盜匪黑幫滋生的沃土，例如林清在一八一三年策動的「八卦教叛亂」就是以此地為根據地。共產黨奪權成功之後，趙紫陽轉往廣東供職，在廣東的官僚體系中逐漸竄升，於一九六一年當上廣東省委第一書記。趙紫陽為了迎合新的政治方向，在一九五〇年代初大力推動土地改革政策；大躍進的經濟失序過後，趙積極捍衛以家庭為單位的生產制；文化大革命初期階段，趙將紅衛兵的造反運動置於省委領導之下，算逃過了一劫，直到一九六七年被更激進的紅衛兵趕下臺為止。到了一九七〇年代中期，趙紫陽一度於內蒙古供職，之後重返廣州。

趙紫陽的仕途直到一九七五年轉往四川膺任省委第一書記兼成都軍區第一政委職務後，才真正算是扶搖直上。四川自古就是物產富饒之地，一九七〇年代中葉人口九千七百萬，但在文革期間卻飽嘗社會失序、經濟衰退之苦。狂熱的激進幹部在該省大力推動極端主義政策，導致農、工業破產，結果素有中國「糧倉」美譽之稱的四川，竟然出現了數十年來首次糧食無法自給自足的現象。該省盤根錯節的政治網絡，縱使在林彪失勢而其散落各地的羽翼紛遭翦除之後，四川的政治仍為林彪的嫡系所把持。

趙紫陽身為黨委第一書記，必須處理這些錯綜複雜的政治局面，一九七六年底，趙開始實施一系列政策，扭轉標誌大躍進運動、文革十年浩劫刻痕的經濟激進主義。趙紫陽極力主張擴大自留地的土地面積讓農民耕作，允許四川省內公社土地的百分之十五由私人耕種，同時個人亦可以非管制性的價格把自留地生產的農作物送至市場出售。另外，趙紫陽又允許個別家庭從事「副業」貼補家用。隨著個人經濟活動所滋萌的新自由權利，致使農產品產量獲得驚人的成長；一九七六至一九七九年間，四川省糧食作物的產量提高了百分之二十四。

對於四川國有企業的運作方式，趙紫陽同樣採取彈性作法。廠長被賦予實際的財務自主權，允許他們尋找管道進入市場，以及與其他部門合資興辦企業。工廠的留成利潤可用於支付工人的獎金津貼，另一方面則嚴格管制工廠營運的開支。四川的工業生產在一九七六至一九七九的三年內，以不尋常的速度成長了百分之八十，於是盛傳一句以「找」、「趙」押韻的順口溜：「要吃糧，找紫陽。」鄧小平也是四川人，於一九七七年重掌權柄的時刻，提名趙紫陽為政治局的候補委員，隨後趙即受到不次拔擢：一九七九年任政治局正式委員；一九八〇年二月，膺任政治局常務委員；一九八〇年四月，晉升為中國的副總理；同年九月，取代華國鋒擔任總理一職。回顧此次成功創新，可以發現趙紫陽所取得的成就，賦予了鄧小平足夠的信心，在十一屆三中全會中提出改革所需的指導方針。

於一九七八年從華國鋒手中取得「中共中央軍事委員會」主席一職的鄧小平，顯然已在一九八〇年達成他心中所立下的目標：中國國家機器三大部門的關鍵性職位現已被他本人和另外兩位同黨所牢牢控制。華國鋒並未承擔任何刑責，甚至還保有身為中央委員會普通委員的地位和尊嚴。但華國鋒以毛澤東權力接班人身分自居統治國家的機會已悄然消逝，而強調突破舊時代框架的鄧小平，正領導著黨人進行再評價毛澤東遺產的微妙工作。中共不願目睹黨的權威受到削弱，或不願屈從於已遭官方打壓之民主運動所立足的理論基礎，但這樣的考量又往往會讓評毛的工作陷入左支右絀的窘境。黨開始陸續公布一批可悲的案件，牽涉了因批判毛在一九六〇、一九七〇年代一連串失誤政策、且堅持須為這些事件還原歷史真相而遭到迫害、甚且拷問、殺害的人。當時，中央委員會所主導的評毛決議案於一九八一年夏天完成。*決議文中批評了毛澤東晚年的「左」傾錯誤，例如：毛認為資產階級仍潛伏在共產黨內，鼓動群眾革命來反擊修正主義，呼籲在「無產階級專政下繼續革命」。中央委員會的最後評價，毛澤東是七分功、三分過，而且大部分的錯誤都是在他晚年犯下的。不過若是根據毛澤東晚年的錯誤，便試圖「否認毛澤東思想的科學價值，否認毛澤東思想對我國革命和建設的指導作用」，這種態度是「完全錯誤的」，中央委員會總結認為，「只有社會主義才能救中國。」[22]

* 譯注：即一九八一年六月中共十一屆六中全會通過的〈關於建國以來黨的若干歷史問題的決議〉。

隨著政治鬥爭逐漸演變成公開決裂的狀態，國家機器控制下的新聞媒體開始報導著重於揭示中國地方創新的例證，凸顯各式小型企業經營的活躍盛行。起初這種地方創新的經營方式十分謹慎低調，誠如一九八〇年一對年老夫妻的故事，他們經營一家原來為雜貨店的小型旅社已有數十載之久。這對夫妻所經營的「天義客店」，專供前往北京的農民與住不起普通旅館的貧窮百姓住宿，賓館裡一個「炕」可睡八個人。如遇有女客就與客店老闆娘同床，至於她的丈夫則是去與炕上的男客同寢。三十年下來，這對夫妻就靠著這種克難的方式照料了四萬六千名客人，似乎對詭譎多變的政治氣候完全無動於衷。這樣的經營方式並未使這對夫妻被貼上「資本家」的標籤，根據共產黨所屬媒體的評述，因為這對夫妻總是「依靠自己的勞力，而非剝削他人」。[23]

在另一則廣為流傳的故事裡，四川成都近郊的幾戶農家因「勤奮勞動而發財致富」，並且得到褒獎。這些農戶通過「責任制」承包了一小塊公社土地來耕作。超過國家收購額度的所有農作物產品則運往地方上的市場出售。農民的副業包括養蠶織絲賣給公社，豢養豬隻出售。農戶從事副業每年所得可達七百人民幣，有鑑於四川省內富有公社每年人均收入是一百六十人民幣，而四川全省的平均所得是五十五人民幣，「責任制」代表了富庶繁榮的新契機。到了是年年底，像這類農村商業成功的故事已是司空見慣。在這類故事情節裡，點綴其中的是一小撮地方幹部所扮演的惡棍角色，這些人不是拘泥於食古不化的官僚流程，就是經年累月地埋首於文牘作業。

置身在這種令人心醉神馳的獨立創業氛圍裡，於文革期間曾蒙受毀謗的黨領導人劉少奇，過去加諸在他身上的所有不白冤屈在這個時候皆得以昭雪。劉少奇本人已在一九六九年病歿，據傳他係死於肺炎；但劉的遺孀、曾於大躍進後期加入調查工作隊而讓毛澤東惱怒不已的王光美，於今仍然健在，故能親耳聆聽到恢復其先夫名譽的演說。現今年輕一代的黨員對於平反劉少奇案的觀感，必然與昔日其父母輩乍聽黨對劉少奇做出指控時的心情同感困惑。自從劉少奇蒙受不白之冤之後，中共的黨員人數已成長一倍，總人數從一九六六年的一千八百萬提高至一九八〇年的三千八百萬，是故黨內有半數的黨員，其一生的黨內生活皆沉浸在劉少奇是「叛徒、內奸、最大的走資本主義道路的當權派」的信念之中。然而一如一九七一年隨著林彪罹難經過的傳開，黨的信用再度瀕臨破產。

在一九八〇年這段過渡期間，時機有利於讓四人幫一干人下獄。列為被告者總計有十人：四人幫、被控共同參與林彪陰謀的五名高階將官*，以及先前毛澤東倚重的祕書、意識形態專家、曾是文革初期的激進派健將陳伯達。對於這場審判，全國與國際矚目的焦點均集中在四人幫身上，他們被指控在文革期間讓為數約三萬四千八百人慘遭「迫害致死」，同時總計有七十二萬九千五百一十一人在四人幫掌權期間蒙受「誣陷與迫害」。正當審訊的重

* 譯注：黃永勝、吳法憲、李作鵬、邱會作、江騰蛟。

點集中在一九六〇年代末、一九七〇年代初四人幫所犯的罪孽時，檢察官突然一改對四人幫痛加批判的作法，轉而從遙遠的歷史過去中挖掘（或羅織）罪狀，以降低審判四人幫的政治色彩。例如，江青被控在一九三四至一九三五年間與國民黨合作，並把地下黨員的名單洩漏給蔣介石的警察。同樣地，張春橋被控於一九三〇年代中期曾加入「藍衣社」組織，而且在一九四〇年代初抵達延安之後，張春橋仍在祕密為國民黨工作。姚文元被控隱匿了他的家庭先後五代曾是浙江地主階級這個事實，他還是國民黨祕密警察高階官員的義子。四人幫當中最年輕的王洪文，並未經歷過曩昔革命時代的動盪歲月，他被控在韓戰中以欺瞞的手段調換任務，從信號員搖身一變成為樂隊中的號手。在審訊毛的遺孀江青期間，她目中無人，向證人咆哮，怒稱審判長是「法西斯主義者、國民黨員」，因此不時遭審判長下令押出法庭。江青堅持她的辯白，即她在文革期間的所作所為皆是毛澤東所認可，而她只不過是恪遵毛的意志。張春橋在整個審訊過程中保持緘默，拒絕回答檢察官所提出的任何問題。其餘被告大體顯得較為馴服，這顯然是受到長年監禁的煎熬而筋疲力竭的結果。然而這場審判並未讓觀察者對中國已回歸法治的論斷產生信心。事實上，縱使中國人樂見這群先前的領導人受到應有的果報，不過這場審判對他們而言，無疑是一場令人瞠目結舌的奇景。

在一九八一年一月二十五日的正式宣判中，四人幫之中最頑固的江青與張春橋，被判處死刑，但緩刑兩年，俾使他們「悔改」，因而使江、張二人免遭處決。王洪文被判處終身監禁；姚文元獲判二十年徒刑。陳伯達與其餘五名陸軍軍官被判十六到十八年不等的徒刑。隨著審判的終結與華國鋒的倒臺，中國的極左政治年代似乎已告結束。新時代的降臨，復因劉少奇冤案獲得昭雪，甚至若干一九二〇年代末、一九三〇年代初黨的領導人如瞿秋白、李立三從長久以來的汙衊中獲得平反而更為彰顯。黨內領導人於今似乎已覺醒，假若他們意欲重建國家的社會主義經濟，他們就必須同時反省黨自身過去的歷史教訓。

注釋

1 鮑瑞嘉編，《中國的四個現代化》，頁一七〇。

2 〈季刊文獻〉，《中國季刊》，第七十七期，一九七九年三月，頁一六八。

3 前揭書，頁一七〇。

4 前揭書，頁一七二。

5 前褐書，頁一七三。

6 古德曼（David Goodman）編，《北京街頭之聲：中國民主運動的詩抄與政治》（*Beijing Street Voices: The Poetry and Politics of China's Democracy Movement.*, London, 1981），頁七九。

7 前揭書，頁九五。

8 北島著，杜博妮譯，《八月夢遊人》（*The August Sleepwalker.*, London: Anvil Press, 1988）。頁三四。

9 司馬晉（James Seymour），《第五個現代化：中國的人權運動，一九七八至一九七九年》（*The Fifth*

Modernization: China's Human Rights Movement, 1978-1979., Stanfordville, N.Y., 1980），頁五二一。

10 前揭書，頁五四。

11 前揭書，頁六三至六四、六九。

12 古德曼，頁一四二。

13 前揭書，頁一二二。

14 《中國季刊》，第七十七期，一九七九年三月，頁二一六。

15 熊玠（James C. Hsiung ）編，《一九五〇至一九八〇年的臺灣經驗：當代中華民國》（*The Taiwan Experience, 1950-1980: Contemporary Republic of China.*, New York, 1981），頁一三一。

16 前揭書。

17 前揭書，頁四三七。

18 尼庫姆（James E. Nickum）、薩克（David C. Schak），〈上海與臺灣的生活水準與經濟發展〉（Living Standards and Economic Development in Shanghai and Taiwan），《中國季刊》，第七十七期，一九七九年，頁四〇。（摘取部分比較選項）

19 前揭文，頁四二一。

20 劉賓雁著，林培瑞（Perry Link）編譯，《〈人妖之間〉以及後毛中國其他故事和報告文學》（*"People or Monsters?" and Other Stories and Reportage from China after Mao.*, Bloomington: Indiana University Press, 1983），頁二三、五一。

21 畢仰高等編，《中國：國際工人階級運動參考書目字典》，頁二四六。

22 黎安友（Andrew Nathan），《中國的民主》（*Chinese Democracy.*, New York. 1985），頁一〇三。

23 《紐約時報》（*New York Times*），一九八〇年三月三十一日。

第二十五章

權力圈層

十億人口

到了一九八一年，儘管中共領導階層對於經濟改革的適當幅度仍然有異見，但是他們卻有個共識：假使沒有一套嚴格的人口控制計畫，中國將步入一些開發中國家的後塵，必定會耗盡任何可能獲得的成就。中華人民共和國建政以來曾做過兩次人口統計調查，一九五三年的普查結果顯示，中國總人口數是五億八千兩百六十萬人；一九六四年的調查為六億九千四百六十萬人。但這兩次人口統計調查並不精細，領導階層深知，為了制定完善的人口計畫，有必要知道確實的總人口數以及人口成長速度。於是，中共又訂下另一次全國人口普查的目標日期：一九八二年七月一日。

人口普查的結果證實了中國人口統計學家與計畫官僚的預估：中國的總人口數已逾十億人。雖然國外的人口統計學家曾質疑若干中共學者、官員所使用的調查方法，尤其是人口總數與預計值似乎太過於契合，但大抵說來，此一數據是可信的。這次人口普查的工作是在聯合國所屬人口統計專家的建議下而展開的，並經過幾個月的詳細籌畫；人口資料是由五百萬人口調查員蒐集而來，並透過二十九部大型電腦來綜整歸類。最後取得的中華人民共和國總人口數是十億八百一十七萬五千兩百八十八人，一般認為這個數據已是盡可能求其精確了。由於在政治上，北京把臺灣當成中國的一部分，所以包括臺灣、香港、澳門三地人口在內，中國的總人口數為十億三千一百八十八萬兩千五百一十一人。

一九八二年人口普查的結果凸顯出中國人口結構的年輕化程度甚高。約有六千萬的女性屬於三十歲年齡層，而有八千萬屬於二十歲年齡層，十至二十歲之間（即將邁入或已屆適婚年齡）的女性總計一億兩千五百萬人（見下表）。除此之外，預期壽命值（life expectancy）亦大幅提高。

這個龐大的潛在生育人口大大支持了那些主張應採取更嚴格家庭計畫政策者的論點。從中共建政以來，有關家庭計畫實施與否這一問題，社會主義的樂觀派與「馬爾薩斯主義者」（Malthusian）＊之「人口飽和法則」（law of population limitation）悲觀論點之間一直僵持

＊　原注：根據馬爾薩斯（Thomas Malthus，一七六六—一八三四年）在《人口論》（*Essay on the Principle of Population*，一七九八年）一書中的推論，當一國的人口成長速度超過可用資源的限制時，它注定要受到飢荒、疾病、戰爭或其他災禍的制約。幾乎在同時的乾隆晚期，儒者洪亮吉亦提出類似的警語，快速的人口成長可能會斲喪中國。

1982年中華人民共和國人口兩性年齡結構[1]

年齡組	總數	男性	女性	性別比例（女性=100）
總數	1,008,152,137*	519,406,895	488,754,242	106.27
0-4	94,704,361	48,983,813	45,720,548	107.14
5-9	110,735,871	57,026,296	53,709,595	106.18
10-14	131,810,957	67,837,932	63,973,025	106.04
15-19	125,997,658	64,420,607	61,577,051	104.62
20-24	76,848,044	40,300,907	36,547,137	110.27
25-29	93,142,891	48,310,132	44,832,759	107.76
30-34	73,187,245	38,153,148	35,034,097	108.90
35-39	54,327,790	28,669,005	25,658,785	111.73
40-44	48,490,741	25,878,901	22,611,84	114.45
45-49	47,454,949	25,123,395	22,331,554	112.50
50-54	40,856,112	21,568,644	19,287,468	111.83
55-59	33,932,129	17,530,819	16,401,310	106.89
60-64	27,387,702	13,733,702	13,653,367	100.59
65-69	21,260,370	10,171,973	11,088,397	91.74
70-74	14,348,045	6,434,731	7,913,314	81.32
75-79	8,617,043	3,496,703	5,120,340	68.29
80以上	5,050,091	1,765,823	3,284,268	53.77

* 有若干樣本的正確年齡並不清楚；因此這一數據略低於總人口數。

不下，樂觀派認為社會主義將帶給人類生活最激烈的變革，而馬爾薩斯主義者則不抱此希望。一九五〇年代之初，若干中國最富洞察力的經濟學家就已提出警告，如果漠視全國總人口數的成長趨勢，將使國家陷入困境。有許多因素導致中國人口非常可能快速成長：一九五〇年新頒布的婚姻法允許女性、男性均得與其配偶仳離而另行再婚；由於公共衛生改善，嬰兒的死亡率降低；飲食品質與老人醫療服務的改善有助於提高預期壽命值；修道院與女修道院的關閉；嚴禁賣淫使得更多女性投入「婚姻市場」；中國人以多子多孫象徵家族興盛以及香火綿延的傳統觀念。

這些警告促成了一九五三年之生育控制與墮胎等相關法令的通過，以及一九五四年之生育控制研究小組的成立。一九五六年，周恩來敦促限制女性生育的胎數。不過宣揚此一觀點的知名經濟學家在一九五七年的反右運動中紛遭整肅（周恩來仍保有權位），而且在大躍進與文化大革命等政治掛帥的極端主義年代，也沒有人敢輕言分析或主張限制中國人口的成長。整個一九六〇年代與一九七〇年代初，許多家庭有五、六個小孩。要不是中國在後大躍進時期經歷了大飢荒，而且惡劣的健康條件亦席捲了所謂的「少數民族」地區以及農村的貧窮地帶，中國的總人口數成長恐怕還會更快。

儘管一九七四年在許多國際會議上都有中國人向聽眾保證，「人口爆炸」理論是「列強所兜售的謬論」[2]，不過政府已經開始著手透過大眾宣傳機器與傳授生育控制方法來遏止人口的成長趨勢。中國婦女的生育率已從一九七四年的百分之四點二降至一九七六年的百分之三點二，一九八〇年降至百分之二點二。一九八〇年九月，當時仍是政府重要政策發言人的華國鋒，在向全國人民代表大會報告時表示，除了少數民族之外，所有的家庭必須實行一胎化政策，同時把家庭計畫納入中國的長程發展策略之中。

華國鋒發表演講之後，中華人民共和國公布了修正後的婚姻法，條文中規定男性的結婚年齡不得早於二十二足歲，女性不得早於二十足歲（一九五〇年婚姻法的規定分別為二十歲與十八歲）。由於政府鼓勵晚婚，所以男、女結婚的實際年齡應比新婚姻法中的規定更年長。這項法律條文的意義在於確立正在提倡的「晚婚晚育」政策，並防止早婚的現象。這一法律對女性初婚年齡的建議是二十四歲，頭胎（同時理想上也是最後一胎）的生育年齡是二十五歲。

為了加強華國鋒演講的效果，「國家計畫生育委員會」指出，根據一九八一年期間所做的生育研究顯示，將近六百萬的嬰兒係出生在已有一個小孩的家庭中，這個現象顯然威脅到一個家庭只生一個小孩的政策主張。令人震驚的是，至少已經有五個小孩的家庭，其再增添一個嬰兒的個案竟然有一百七十萬之多。結果，政府為了嚴格執行一胎化政策，強制在已經生過一胎的女性身體內植入避孕器，強迫對生過第二胎的丈夫或太太進行絕育。各省被強制指定進行結紮人數的額度，然後省再將這些額度分攤給各縣市去執行，而在執行政策的過程中有不少婦女被迫接受妊娠晚期人工流產。其次，許多黨幹部在與農戶簽訂土地承包契約時，均會要求附帶簽訂第二個契約，強迫農戶在耕種這塊土地期間不得生育小孩。假若農戶有了小孩，他們將會被處以罰款或被剝奪耕種這塊土地的權利。根據報導，曾經發生過節育隊進入農村，當地的夫妻便聞風逃離村子，甚至有些執行節育政策的幹部覺得生命受到威脅而要求由配槍護衛護送。一九八一年九月至一九八二年十二月期間，總計有一千六百四十萬的女性透過輸卵管結紮手術、四百萬的男性經由輸精管切除手術來進行絕育。[3]

一胎化家庭也在鄉間造成種種新問題。由於中共在鄉間推行的勞動生產誘因機制是以家戶為單位，所以每個家庭的勞動力備受重視，這讓許多鄉間的家庭比較看重是否能多生幾個小孩來耕作、還有養兒防老，反而不理會國家提出的一胎化主張。還有，儘管城市裡有許多協助推動家庭計畫的措施，但在鄉間並非如此。此外，過去那種由生產隊組成生產大隊、生產大隊組成公社的階層體系已經瓦解，所以中共政府也比較難以將控制人口的政令由上向下宣達。

對於違反一胎化禁令的家庭，政府祭出嚴懲措施。家裡有一個以上的小孩，除了必須繳納罰款，遭剝奪持有房舍的權利，孩子的受教權也不保；而遵守一胎化規定的家庭則是能獲得各種經濟、教育與住屋的優惠，這也讓許多走投無路的家庭發生了殺害女嬰的悲劇。政府猛烈抨擊殺害女嬰的現象，但某些分析中國人口數據的西方人士深信，這批評的嚴厲程度也反映出弒嬰問題極其嚴重，每年全中國有二十萬女嬰遭殺害。也有夫妻選擇用新開發出來的羊膜穿刺術在懷孕早期來檢測胚胎的性別，如果是女性就墮胎。某些病重的女嬰則是未獲醫治而死去。

有若干研究分析建議，另一種擺脫人口過剩困境的方法就是鼓勵不婚。在十九世紀末、二十世紀初就有部分女性循此途徑，她們成立類似「姐妹會」的組織一起生活，共同分享她們的勞動所得以及就業的機會，而她們獨立自主的勇氣通常是建立在對佛教的信仰之上。不過從一九八二年人口普查所發展出的另一組數據清晰顯示，幾乎每一位中國女性都嚮往結婚。此外，男性的結婚率也相當高。在清朝與民國時期，許多赤貧的男性由於經濟因素孑然一身，而朱門富室的男人卻擁有三妻四妾，貧無立錐之地者溺殺女嬰的行徑不勝枚舉，因此對養得起家的男性而言，適婚女性根本寥若晨星。雖然，中華人民共和國建政之後的社會變遷完全改變了此類行為模式，二、三十歲年齡層的男女比例達到一零二至一零七比一百，但仍然有一些男人縱使有意，也無法討得一房媳婦。

中國人未婚男女的百分比，1982年[4]

年齡組	總數	男性	女性
15-19	97.38	99.07	95.62
20-24	59.45	71.98	46.45
25-29	14.72	23.59	5.27
30-37	4.93	8.84	0.69
35-39	3.70	6.77	0.28
40-44	3.13	5.71	0.20
45-49	2.39	4.37	0.18
50-59	1.66	2.98	0.21
60-79	1.37	2.56	0.30
80以上	1.11	2.63	0.29

當中國的計畫官僚正在拼湊出新的人口控制方案時，還有許多其他因素須謹慎以對，其中有五大方面：整個中國的農業可耕地面積、整個中國人口壽命結構的輪廓、城鄉的均衡、勞動力的特質、以及人民的教育水準。關於這

五方面，一九八二年的人口普查提供我們新的、饒富深意的細節資料。

首先，就人均農業耕作土地面積而言，中國比起世界其他國家顯得遜色，所以沒有多少空間可發展理想規畫。中國的領土面積雖大於美國（九億六千萬公頃*），但耕作面積僅達美國的一半（一九七〇年代末為九千九百萬公頃比一億八千六百萬公頃），可耕種面積相對狹小；再加上中國龐大的人口，導致中國的人均耕作土地面積僅有零點二五英畝，而在美國則有二點一英畝。而且，中國的可耕作土地在大躍進前夕達到高峰，之後便開始緩慢減少。這得歸咎於政府的許多決策對生態環境造成破壞效應，例如森林的砍伐毫無節制，水力發電用水壩的建造欠缺通盤規畫，以及大量的工業汙染；其次則是由於新的住房、工廠、公路、鐵路的興建對農業用地產生排擠效應。雖然新品種農作物的選擇、集約且有效的土地利用、灌溉、化學肥料的噴灑，均有助於抵銷農業用地縮減的效應，但可耕地面積逐漸減少，而農民仍仰賴體力勞動在耕種，這確實是一種警訊。不過在可耕地面積相對狹小的既定條件下，這也意味著新的農業誘因機制的確成功地促進提高生產力。下表數據正可以清晰說明這一發展過程的梗概。

其次，最具危險性之傳染病、寄生蟲疾病在中國被根除或有效控制，中國人口的壽命隨之迅速提高。截至一九八二年，中國城市所有死亡人口中逾百分之六十三是死於腦部疾病（如中風）、心臟疾病、惡性腫瘤（如癌症），而在農村死於這三種疾病者占所有死亡人數的百分之五十三。呼吸疾病是鎮（百分之八點七）與縣（百分之十一點五）第四常見的疾病

中國可耕種土地面積的演變，1949至1978年[5]

年代	總耕種面積（1,000公頃）	人均面積（英畝）	平均農業人口（英畝）	平均可用之農業勞動力（英畝）
1949	97,881	0.44	0.54	—
1952	107,919	0.46	0.54	1.53
1957	111,830	0.42	0.51	1.43
1962	102,903	0.38	0.45	1.19
1965	103,594	0.35	0.42	1.09
1970	101,135	0.30	0.36	0.89
1975	99,708	0.27	0.31	0.83
1977	99,247	0.26	0.30	0.83
1978	99,389	0.25	0.31	0.82

殺手。這部分得歸功於疾病防治的成效。到了一九八一年，中國人的預期壽命值，城市是六十九歲，農村是六十五歲半（一九五七年，男性是六十三歲半與五十九點二五歲，女性是六十三歲與五十九點七五歲）。

第三點是城鄉的均衡，中國的人口結構顯然逐漸朝向城市化的方向發展。但相對於其他開發中國家，中國的過程似乎較為緩慢，這是因為中共透過戶籍登記制度與警力的嚴格監控，依據戶籍所在地進行糧食、衣服的配給，強迫數以百萬計的城市青年（以及右派知識分子、遭受整肅的幹部）下鄉等政策來控制人口的流動。儘管中共官方在文革期間確實已成功地在城鄉之間築起一道難

＊ 原注：一公頃約等於二點四七英畝。

中國城鄉人口的均衡，1949至1983年[6]

	城鎮人口總數（10,000）	都市人口占全國總人口的百分比（%）	農村人口總數（10,000）	農村人口占全國總人口的百分比（%）
1949	5,765	10.6	48,402	89.4
1958	10,721	16.3	55,273	83.7
1966	13,313	17.9	61,229	82.1
1976	16,341	17.4	77,376	82.6
1981	20,171	20.2	79,901	79.8
1983	24,126	23.5	78,369	76.5

以逾越的鴻溝，但若思及中國人口的數量，那中國城鄉人口組成結構的轉變，不可不謂劇烈。

就許多（或許是大多數）農民而言，人民公社的解組與家庭承包制度的施行，帶來了自由的空氣，亦創造出新的利潤。但這樣的制度變革並未普遍受到農民的歡迎。對於因人民公社與生產大隊之集體結構而取得豐碩成就的農民而言，他們昔日所堅信構成集體主義社會、經濟組織的政治理由原是極富說服力的；同時，對於人民公社是中國經歷長久且血腥革命後的最大福祉這樣的說法，他們亦深信不疑，現在這些人被迫放棄過去的生活形態而改採家庭承包，若無家庭者則採取個人承包的方式。一旦農村生產大隊不再保證供應農村社區居民最起碼的糧食時，有能力往返鄰近市集者開始前往市集，尋找就業機會賺取薪資，而將承包的糧食生產工作留給婦孺或老人。從這整體情況看來，一九八二年的人口調查反映出強烈的地區性差異。例如，人口數字顯示，與大都市相較，各個窮困地區的嬰兒在四歲前的死亡率大約為六倍，而這是因為都市的健康照護設施比較完備。

第四個關鍵因素是中國的勞動力，它同樣是中國必須加以正視的嚴苛挑戰。相較於日本或美國的工人，中國的勞動力存在著就業早、退休早的特質。根據一九八二年的人口調查，中國總勞動力之中有百分之十八點零九是屬於十五至十九歲的年齡層（相較之下，僅有百分之三點二五的日本工人、百分之七點九四的美國工人是屬於同一範疇）。這些年輕的工人往後均沒有機會接受高階教育。而在中國總人口的年齡曲線中，僅有百分之三十八點一五的勞動力是屬於三十五歲至六十歲的年齡層，然而可以預見的，這一年齡層的工人經驗豐富，具責任感、能力佳（相對而言，日本是百分之五十三點五七，美國是百分之五十四點四一）。一九八二年期間，中國的勞動力總計五億兩千一百五十萬人，其中百分之五十六點三是男性，百分之四十三點七是女性。男性工人大抵集中在體力勞動的職業如建築業（百分之八十一點一三是男性），或是採礦業、木材工業（其中百分之八十點六四是男性）。雖然政府宣稱女性在受教育以及在公家機關就業的機會均等，而中國人所謂的「政府部門、黨與群眾組織」的職位，其工作性質並非強調體力勞動，同樣被男性所壟斷，男性總計占有這類職位的百分之七十九點五五，而在這類職業中由女性出任的職位，位階通常是屬於較低層次的。且如同在基本農業勞動方面，從事餐飲業、商業、公用事業與街道鄰里服務的男女性別比例大致相等。

這次人口調查也記錄了所有勞動人口中教育程度偏低的現象，這令許多觀察者感到震驚，特別是那些相信中國人所大力宣傳的、文盲已在中華人民共和國絕跡之論調的西方人士。僅有百分之零點八七的中國勞動力接受過大專教育，百分之十點五四曾進入高中就讀，百分之二十六上過初中，百分之三十四點三八在受過小學教育之後就輟學，而有百分之二十八點二是屬於分類中的「文盲或半文盲」。

這次人口調查所計算出的各種數據，使各種類型的分析得以進行，而中共領導階層似乎已平靜接受這項事實：自一九四九年「解放」以來，已過了三十三個年頭，全國百分之七十三點六九的農民教育水準依然無法超越小學教育的門檻。但比較難以令人釋懷的，顯然是在所有中國的官僚與黨的幹部之中，仍有百分之二十六點九六未能超過小學教育程度，百分之四十二點七八僅達初中教育程度，其餘只有百分之二十一點八七完成高中教育，百分之五點八五曾接受過大專教育。這樣的數據在游擊作戰的群眾動員時代、以及土地改革之初、大躍進、文化大革命等階段可能無關宏旨，然而處於中國野心勃勃意欲達成四個現代化目標的新環境中，這樣的數據恐怕只會挫傷中共雄心萬丈的銳氣。

一九八〇年代的政府

到了一九八〇年代後期，中華人民共和國政府開始面對許多新的任務：控制十億人口，處理價值數十億人民幣的國外合約，全面重建經濟體制，復原被搗毀的學校、大學，使學術與科學的研究能符合國際標準。但現今治理中國的政府結構卻雜亂無章，充斥著疊床架屋、相互矛盾的弊端，不足以回應中國所面臨的艱鉅挑戰。更何況，中華人民共和國建政之後，其政府曾在短時間內遭逢徹頭徹尾的撼動，大躍進與文化大革命兩階段即是最顯明的例證。同時，其他事件的爆發亦暴露出中共領導階層間對若干根本性政治、經濟或思想議題，存在著深刻的歧見：一九五三至一九五四年高崗與饒漱石事件的危機、一九五七年的反右鬥爭運動、一九六四年的社會主義教育運動爭論，一九七一年的林彪之死、一九七六年的整肅鄧小平與逮捕四人幫、一九七八年三中全會所象徵的政策劇烈轉折等都是。在這些事件之中，尖銳的論辯、下臺、逮捕、死亡的情節，在在凸顯出中華人民共和國政府本身即是凌駕於法律之上，不容許有公開或公正的場域讓民怨得以宣洩，也缺乏有效的機制使權力能和平轉移。為了理解在制衡機制闕如、各種力量相互衝撞，任何領導人都難以施行特殊的改革策略或方案的情形，我們可以看看一九八〇年代前五年的政府輪廓。

在中國權力金字塔頂端，是由二十五至三十人所組成的統治集團，而在這輪替更迭的權力集團中，除一人之外，其餘均係男性*。這一統治集團無正式官銜，不能單以形式上的權力位階加以辨識，它的組成分子不必然有相應的官職或頭銜。只有熟悉中國政治運作的人，才

* 原注：屬於權力內圈或內圈邊緣成員唯一的女性是錢正英，她在一九八二年被任命為水利電力部部長。錢正英出生於一九二三年，大學時代主修工程學，第二次世界大戰期間曾在「新四軍」供職。嗣後，她在工程部門的官僚體系中迅速竄升。

能了解誰在這個權力圈裡頭——這些人大都在位處北京紫禁城之西、警衛森嚴的「中南海」內生活或辦公。[7]

這個統治集團之中又可歸納出四種類型的領導人。第一類是四到五位黨的「元老」*，他們經驗豐富，威望崇高，即使他們的官職並不相稱，所提供的意見往往十分受重視。他們與其他資深的黨內、軍方同志均時有往來、交情深厚，難以抹滅的革命歷史記憶魂牽夢繫，深烙於他們的腦海，基本上，這群人是重大政策的決策關鍵。第二種類型的領導人是指被公認為「最高領導人」的領袖，他們的人脈關係與歷練幾乎是全面的，他們在黨內極具威望，是故，即使他們的觀點並不總是讓人認可，但卻無法被輕忽。自從一九七八年以降，華國鋒垮臺之後，鄧小平無疑是這類型的領導人；儘管鄧小平並沒有毛澤東般的歷史光環，而且本人還兩度（一九六六與一九七六年）蒙受整肅與遭到公開詆毀，但是鄧小平從早期法國勤工儉學的歷練，中經江西蘇維埃時期、長征、乃至延安時代，這段革命歷程仍然稱得上完美無瑕、光彩耀目。更何況，鄧小平長年擔任中國共產黨中央書記處的總書記，第二次復出後又在幾年內成為「中央軍事委員會」主席，這樣的政治閱歷使他能積累龐大的人際關係網絡，永遠都是他的資產。

權力核心集團的第三類領導人是一群所謂的「技術官僚」，他們所受過的教育訓練有益於統治集團做出有效的政策決定；其中又以經濟、能源、軍事、宣傳及國內安全等專業領域方面最為重要。這類領導人的身分可能是政治局的常委、國務院的總理或副總理之一、解放軍或其他軍事部門的領導幹部，或者是重要的部、委的首長。這些機關也提供了權力核心集團第四類領導人養成的處所：即所謂的「通才型」領導人，廣泛的政治歷練使他們能超越特殊利益的囿限，熟諳長程的政策規畫。到一九八〇年代中期為止，最能代表這類型領導人物者要屬趙紫陽、胡耀邦，以及年紀較輕且曾負責統籌中共電力政策的李鵬。

這群領導人必須處理的問題十分龐雜繁複，這意味著他們並無法憑一己之力獨立處理這些形形色色的問題，在延安時期、內戰期間、或一九五〇年代的經濟與技術草創階段，情形也是如此。因此到了一九八〇年代，統治集團必須逐漸依賴由研究機構和個別技術專家所構成之知識網絡，而領導人的個人威望亦時常投射於環繞他身旁的輔佐系統，形成盤根錯節的政治集團；此外，在國家政策的評估與制定方面，又有四個部門與領導人的互動最為密切：「國家計畫委員會」、「國家經濟委員會」、「國家科學技術委員會」、「財政部」。這四個競相吸收優秀、具備科技訓練背景研究生的部委，它們的地位超越其他政府部門，同時領導人也殷切期待他們能跳脫本位主義，制定超越其他部門利益的政策計畫，以及政策可行性的評估。誠如前述所見，國家計畫委員會於一九七三年起草了一份總值四十三億（之後提高至五十一億）人民幣的藍圖，企圖把現代化的技術引進到中國來；這個委員會所主管的業務

* 原注：在一九八〇年代之初，這類型的領導幹部包括李先念、彭真、陳雲、葉劍英。

涵蓋了全部所謂的「第一類產品」（category 1），例如石油、電力、水泥、鋼材。國家經濟委員會的職掌在於執行國家計畫委員會所制定的政策議案，而為了完善執行國家計畫委員會所提的政策議案，國家經濟委員會必須相應研擬科技與管理技術的改善、原料的分配與輸出，以及能源的配置等政策。

擬定的計畫在被統治集團領導人與其幕僚所接受、上述委員會的核可，以及財政部資金的挹注之後，便層層轉發至位於北京的三十八個常設部會進行討論和執行。在這三十八個部會之中，每一個部門均各有專業職掌、部門人員與財政預算。由於這些部會在位階上與各省等同，所以部會無法將其意志貫徹到各省去。中央各部為了推動國家政策，必須與受到政策影響之各省討價還價，或期望這些受政策影響的省分能參與政策的決定。

地方各省各有行政結構與政策優先性，不必然與北京中央的結構與政策優先性契合。而各省的政治是由三位幹部來掌控：黨的第一書記、省長，以及解放軍的將領——軍區司令部的司令員，或該省即屬於其軍區範圍的高階將領。這三位幹部各自負責省之政治生活的不同側面：黨委書記監督意識形態工作、群眾運動、農村政策與人事任命；省長綜理教育與經濟發展；解放軍幹部除指揮軍事任務之外，還負責管理與解放軍之軍事需求、戰略計畫息息相關的經濟活動（各類製造廠、礦場、通訊）。解放軍幹部同時還兼管解放軍的文化工作隊與國內安全的業務。[8]（這種業務畫分係基於行之多年的行政架構；在清朝，其地方行政同樣是由統理該省一般行政業務的巡撫、掌管財政稅收的布政使司，以及出身八旗或綠營的將領三者分工負責）。這三者之間的權力分布態勢各省不同，端賴黨、政、軍領導人之關係網絡，以及與北京中央官僚體系互動關係的親疏而定。

這三位省級的主要領導人各自有其所屬的領導班子，並通過從市到縣、鄉之層層節制的指揮系統來監督該省的行政運作。在這結構的最底層，無論是在市轄區、工廠、農村生產大隊、醫院、學校或政府機關，每個中國人，不分男女，一律被鑲嵌進他們工作所在地的「單位」之中。單位內黨的領導人，對其所屬之單位成員行使無上的權力，因為黨的領導人對其人事升遷、教育機會、國內外旅行、結婚生子各方面擁有最終的審批權。學生的戶籍與入學同樣必須向單位領導人登記。於是，每個人都被束縛在一條指揮鏈之中，無所遁逃，這條鎖鍊通過寓所、房間、公寓連結到省的行政層級結構，直抵北京的中央領導人（這同樣是清朝皇帝或國民政府在實施保甲制度時的終極目標，但清朝和國民政府都無法如中共一般達致有效的意識形態鞏固與監察控制）。

人口要素、私人利益、長期的人際關係、以及地方上的互動往來，這些都是中央與省領導人之間權力拉鋸的重要因子。有些省的人口較多，例如四川的領導人到了一九八〇年中葉，統治了一億人口，河南與山東有七千五百萬人，江蘇與廣東則逾六千萬人；因此，這些省分本身具備了中央政府重視的關鍵條件。其次，某些省分蘊藏豐富的重要原料，而使前述三個中央級的委員會或各部所屬機構進駐到該省省會：比如「石油工業部」在黑龍江、遼寧、山東、河南四省設有分支機構管理當地的油井，同時又在南方成立由國家主辦的公司，來經營位於廣東與福建沿海甫開發的油田。「煤炭工業部」在山西、江蘇等地均設有下屬部門管理當地的礦場。反之，各省在首都亦派駐有官僚幹部，以利於直接向中央說項。有些北京統治集團的領導人特別偏好來自家鄉的幹部，且預料他們會同樣偏袒自己的家鄉。

我們可以透過一九八〇年代初的三則例證，來闡釋這種政治規範具體而微的意義，其中每一個個案均攸關中國的經濟榮枯以及地方上所關切的潛在長期發展。在山西省，鄧小平個人曾對引進外國技術開發當地蘊藏豐富的煤礦場，表達出濃厚的興趣，但中央政府卻無法就整體煤礦的開採貫徹其意志。在山西省，煤礦是由三個不同的行政部門管轄，每一個部門之下又有許多分支機構，各自擁有官僚幹部、技術專家、監督人員及工人。其中七大煤礦場是由煤炭工業部所屬之派出機關「山西煤炭工業管理局」營運；二百零九個小型礦場另由「山西地方煤炭工業管理局」負責管理；這些煤礦場依其管理模式的差異又區分為五大類：一類是與市或縣政府共同管理，但把所開採的煤運出山西省供境外使用；一類是由地方管理，但大部分開採的煤留歸山西省境內使用；第三類是與其業務相關的公社官僚部門以及「山西第二輕工業廳」共同管理；第四類是與「省勞改局」共同管理；換言之，這類礦場是由被下放「改造」的囚工來進行開採；第五類是與解放軍共同管理，開採的煤礦均歸軍隊使用。其他還有三千個更小型的礦場是委由地方上的鄉鎮政府經營，礦場所開採到的煤由另一單位、即「山西鄉鎮企業管理局」負責管理。

貫穿這些部門的是不同層級的中央、省、市政府機關，他們分層監管煤的運輸及分配，其業務與中國的重工業、電力部門的需求，以及家家戶戶的烹飪與取暖，都有著密切的關係。處在這種制度之中，諸如運送煤的鐵路車輛的生產與分配這類細節就顯得十分重要。一些小型礦場經常「劫持」鐵路車輛一、二周，載運它們自己生產的煤到地方或全國市場，然後再把它們歸還給理論上擁有這些車輛的大型礦場。中央無法以一己的意志，對煤的分配或開發新礦區等方面做出決策，雖然鄧小平最後還是成功說服礦區採用外國進口的技術，不過這項政策卻費了幾年的時間在部門間的協商與討價還價的過程上。[9]

中央、地方以及各省層級結構之間所隱伏的緊張關係，甚至可能癱瘓整個國家的計畫。國家計畫在傳抵地方之前，整個計畫的過程總是必須通過重重的部門渠道。比如宜昌上方長江上游的三峽大壩工程是中國有史以來最偉大的計畫之一，雖然在一九五〇年代中期就開始進行討論，但直到一九八〇年代末仍未付諸實行。三峽建壩的目的在於解除困擾中國兩千多年之久的長江水患，且每年發電量有六百四十九億千瓦，以提升中國的水力發電能力。近代長江最嚴重的一次洪水肆虐是發生在一八七〇年，隨後在一九三一、一九三五、一九四九和一九五四年也都曾氾濫成災。但三峽工程勢必掀起有關建壩對生態環境與自然景觀所造成衝擊的論辯，而且這項工程對長江下游各城市構成潛在的威脅，所以三峽建壩的計畫一直束之高閣，無法順利推展。

到了一九八〇年代，有關三峽建壩可行性、水壩的正確方位及高度、水壩水位的可能深度等議題爭論了三十年仍無結論，其中更有許多部門、人員涉及這項工程計畫：長江流域規畫辦公室一九八五年就擁有一萬兩千名職員；數個國務院的部門（涉及這項工程的部門有財政部、水利電力部、電子工業部、交通部、機械工業部）；幾位北京中央統治集團的成員，他們的幕僚，以及重要的委員會；從四川至江蘇等長江流域各省省政府，以及直轄市上海，重慶市，介於建壩可能地點與重慶市之間的所有主要鄉鎮，它們可能被江水淹沒或被挑選作為安置來自其他地區移民者的棲息之所；進行相關工程研究、設計與建設等業務的五十八個單位與工廠；十一所研究機構與大學；以及來自美、日與其他國家的許許多多諮詢顧問和企業家。[10]

在所列舉的個案之中，以負責在東南海域開發中國海上石油資源的官僚機構較為單純，涉及這項業務者僅有中央政府的委員會，各重要官僚部門（尤其是「對外經濟貿易部」），「中國銀行」*，以及「中國海洋石油總公司」（成立於一九八二年，係石油工業部所屬子公司）。中國海洋石油總公司在東南沿海一帶設立許多分支機構，以利於與外國企業以及從廣州市到小型戰略港口、交通中心等大大小小的中國城市進行協調工作。事實上，任何占據這些縱橫交錯網絡節點位置者，都有可能讓他人眼中的關鍵性計畫陷入進退兩難的困局或者完全被封殺。對中國官僚而言，當欲求不滿的情緒高漲，涉及鉅額不法的利益就越有可能發生。

清朝統治者耗費兩個世紀的光景致力於理順官僚程序，整頓並監控各地的官員，讓各省臣服於中央的號令，以及滌除由腐化行為所造成的社會苦難。在國民黨統治下，隨著官僚體系的膨脹，以及中央政府權力的弱化，造成營私舞弊、成效不彰、顢頇昏闇，使得這場戰役益發艱辛。中華人民共和國的領導階層曾經試圖徹底蕩平過去權力腐化的弊病，但現今卻覺察到，即使是先進的科技計畫層級，依然無法擺脫地方主義與人性脆弱面的頑強桎梏。

繁榮的問題，一九八三至一九八四年

到了一九八二年，中國人已普遍意識到，對毛澤東批評的禁忌已然逐漸鬆綁，而這種態度的轉變萌芽於幾年前的中共三中全會上。一般認為毛澤東是革命初期的偉大領導人，但是從大躍進時期以降，他的政策主張卻顯得反覆無常，且有時醞釀出毀滅性的效應。卷帙浩繁的毛澤東選集現已乏人問津，只是陳列在書店的一隅，沾惹塵埃。他在全國各地的肖像亦被從牆上、公共場所取下。在城市景點與公共廣場中，原本四處可見的毛澤東身披大衣、單手舉臂致意的雕像，一一被移去。大寨生產大隊的革命領導人陳永貴，一九六六年曾站在毛澤

* 譯注：改革開放前夕，中國的舉行制度有三大系統：中國人民銀行、中國銀行、中國建設銀行。中國銀行並不是獨立自主的銀行體系，它隸屬於中國人民銀行。中國銀行的角色功能局限在外匯與國際付款業務；而其國內業務往來的對象主要是國家所屬的外貿公司。有關中國大陸銀行體系的演變，詳見Nicholas R. Lardy，《中國未竟的經濟革命》（*China's Unfinished Economic evolution*, Washington, D.C.: Brookings Institution Press, 1998）。

東身旁，一九六九年被拔擢入中央委員會，一九七三年晉升為政治局委員；他於一九八一年失去崇榮的地位與政治局的席次，往日曾是農村生產大隊經濟計畫的圖騰象徵，卻被一九八〇年《人民日報》的一篇文章抨擊為「荒唐行徑」，讓「大寨精神」徹徹底底被埋葬了。而人民解放軍的革命典範、自我犧牲精神的代表人物雷鋒，他的形象雖然於一九八〇年代初一度復活，不過終究還是再次從舞臺上褪去。雷鋒形象所散發出的那種毫不妥協的自力更生氣息，與當前中共亟欲從西方國家取得最先進科技的目標扞格不入。

這些曾是為革命犧牲奉獻的權威象徵，如今，神聖的光環已剝落，經濟成長成為最受關注的標的，所爭論的焦點只是經濟成長的速度與強度而已。在一九七九年第一波經濟樂觀主義之後，一九八〇年出現鉅額貿易赤字，使得一九八一、八二年的改革步伐轉而穩健，而這正是黨內元老陳雲所贊成的方式。緊縮投資，取消多項耗費不貲的外國合約，整頓國內財政預算，透過順暢的出口政策以彌補貿易的赤字。經由上述種種措施，中華人民共和國得以對外宣布一九八二年的貿易盈餘為六十二億人民幣，一九八三年為五十二億人民幣。

在文化與藝術領域方面，黨開始壓抑部分發軔於西方電影、西方抽象畫展覽、西方戲劇表演、部分源自「民主牆」時代以來自我批判式的探索，所迸發出的創造性與激情。到了一九八二年，其輪廓漸次形成一種新運動，共產黨全面譴責所謂的「精神汙染」，這一用語意指蘊藏在西方文化中的頹廢影響所造成的傷害。然而清除精神汙染運動令海內外的知識分子感到沮喪，因為它更加強化了知識分子的觀感，認為中國共產黨無意鬆弛對人民生活的宰制。當時，數以千計的外國人前往中國，其中更有許多人長駐中國，經商、投資、進行學術研究或教學，但是這場運動挫傷了自十八世紀法國哲學家高度讚揚儒家思想以來，西方世界對中國空前未有的狂熱。

假若這類運動再一次揭櫫了潛藏在中國經驗中的弔詭，那麼踵繼清除精神汙染運動而來的改革歷史新頁，最終又撼動了主宰中國經濟生活幾達三十年之久的總體經濟框架，並解構了其集體經濟的機制。在一九八三年一月一日刊出的《人民日報》新年社論中，已為新階段的改革政策定下基調，文章裡許諾這將是中國現代化計畫中最富意義的一年。國家的優先目標在於完成各省、地區、市等行政層級的「體制改革……改善黨的工作作風」，並且把經濟成長維持在一九八一年的水平。當總理趙紫陽大聲疾呼深化經濟改革時，黨內一批理論家開始驅策黨中央，拔擢年輕幹部到權力位階，他們力陳無論是在黨或政府部門，擁有大專教育程度或專業訓練能力的幹部都應被授予省級的領導職權。一如過去的經濟改革，四川省在這波人事改革中再次扮演先行者的角色；省級領導人宣稱已大幅縮減行政人員，把在職官員的平均年齡從六十點六歲降低為五十二點五歲，並將具有大專教育程度之政府官員的比例從百分之十六點八提高至百分之三十二點二。在新的行政架構中，地方行政是由「地區」（prefecture）與「縣」（county）行政層級所構成，完全取消了人民公社的機制。「市」則是作為「它鄰近區域的政治、經濟、財政、科學、文化、教育與醫療中心」，而市的最重要特徵是它所扮演的經濟領導角色。行政層級上的「鄉」（鎮）取代過去的公社，「村」則取代過去公社之下的生產大隊。根據報導，遼寧、江蘇、廣東不久亦實施類似的行政革新政策。

更受到關注的是地方上甫出臺的「農村承包制度」、亦即官方的正式稱謂為「農業生產責任制」的成功事蹟，而這些都是三中全會「加快腳步」以及達成「現代化」農業生產的目標。到了一九八三年，中國至少有三種農村承包制。第一種是「包工制」，在此制度下由一小組農戶、個別農戶、甚至個別勞動者與村政府訂定契約，從事特定的農事工作（例如播種、移植、收割）並履行一定質、量、成本水準的工作表現。如果他們成功履行契約，就能提高「工分」（work-point）的分配，亦即可以取得更多的現金或糧食；反之，假使無法達到契約的規定，將被扣減工分。第二種是「包產制」，農戶被授予一定的耕地生產定額的農作物；假如他們能繳交規定的額度，超產的剩餘就歸農戶保有，反之，倘若生產不足額，就必須補足減產的差額。第三種是「包乾制」，這種制度的承包對象同樣是農戶，契約規定農戶在完成向國家交付定額的農副產品、以及向集體繳交各種提留與折舊金之後，農戶在生產方法以及生產工具、馱獸等數量方面擁有完全的自主權。[11]

在工業領域方面，同樣也有重大變革。現在，企業根據每年的總收入向國家繳納百分之五十五的稅，但允許留存扣除生產成本之後所得利潤的百分之五十，利潤的另一百分之五十則上繳國庫；過去企業是必須向國家繳交所有的利潤的。中共期望，這一誘因機制能如同農村激勵機制促發農戶的生產動機般，提高工業的生產。於是，部分工業開始試行承包制，並討論擴大「管理責任制」（management-responsibility system）範圍的可行性。

若干重點地區被遴選為實驗的中心，期使工廠的領導與廠長能單獨負起工廠的生產與管理責任。這類改革步驟有效切斷了往常「黨監督下的集體領導制」的觀念，而這種制度設計正是自一九五〇年代中期以來中華人民共和國工業組織的核心機制。獲選為實驗中心的地區涵蓋了中國核心地帶的重工業生產重鎮，包括大連、瀋陽、北京、天津、上海，這類改革政策當然亦可能推而廣之，成為普遍的標準範式。其次，國務院亦賦予廠長部分自主權力，用以任命工廠的幹部、解雇不適任的工人（在中共建政之初的「鐵飯碗」制度下，解雇工廠的工人幾乎是不可能的懲處手段），以及擢升優秀的工人或提供工人獎金以資鼓勵；不過，工人的獎金所得是必須課稅的。

政府驚覺某種貪汙模式逐漸形成，而且在某些提出批判的左派人士看來，因為經濟結構在欠缺監督的情況下快速變遷，貪汙就是會不可避免地伴隨興起。劉賓雁曾於一九七九年以〈人妖之間〉一文報導王守信的種種貪汙手法而震驚讀者，當時他主張，該樁貪汙醜聞起因於四人幫攪亂了社會秩序，還有文革所造成的鬆散紀律。但是到了一九八〇年代，王守信已經遭槍斃伏法、四人幫也都身陷囹圄，貪汙案件仍屢見不鮮。據報，一九八三、一九八四兩年之間，中國發生了至少四萬五千件貪汙與其他經濟犯罪案件。某些案件的手法聞所未聞，令人驚詫。

譬如，一家設於廣州的工廠主管收受來自港商一筆四萬兩千美元的賄款，而向中華人民共和國政府詐騙了兩百九十七萬美元。案發之後這位主管被處以死刑，賄賂的港商則判處終身監禁。尤有甚者，以一九八五年初曝光的海南島事件為例，一群官員——部分是海南島本地的官員，部分來自內陸省分——圖謀開拓中國經濟成長的「企業區」（enterprise zone）。海南島官員以發展經濟為藉口，向北京的銀行貸款，卻利用這筆款項去購買海外產品，然後銷售到全中國。於一九八四年一月至一九八五年三月期間，非法轉售的進口商品包括八萬九千輛汽車、兩百九十萬臺電視機、二十五萬兩千部錄放影機、十二萬兩千輛機車，所涉及的金額逾十五億美元。

根據北京當局在事後組織的百人調查小組所發現的情況顯示，這批腐敗的海南島官員所聯絡的自願買家，遍及全中國二十九省中的二十七省，還有許多大都會地區。至少有七億美元的款項流向不明。隨著調查持續進行，數以百計的日本製貨車、汽車暴露在海南島海風的吹拂下，任其生鏽。事實上，官方很難精準權衡這類貿易活動的合法尺度，另一方面或許亦是為了淡化這一事件，以避免四個現代化運動的「企業區」制度而敗壞了名聲，首謀官員被依「嚴重犯錯」與忽略政府警告不得轉售進口商品的罪名，僅遭降級處分；與廣州的貪汙案件相比，算是從輕發落（被沒收的車子當中有許多仍是完好如初，隨後就運往北京，由其他官員轉售他人）。

在中國人為馬克思逝世一百周年所舉行的演講與會議上，若干人士將這類弊端視為是一種警訊，但中國共產黨的總書記胡耀邦仍不為所動。誠如胡耀邦前往河南、湖北視察期間於一次會報上向黨的幹部所做的簡潔陳述，「不要害怕致富。」[12]

重建法制

中國在實施經濟改革政策過程中所出現的改變，並未因一九八四年的大膽決定而結束。改革導致了經濟過熱現象，於是中央領導人疲於奔命，應付層出不窮的失業、通貨膨脹和死灰復燃的貿易赤字等問題，於是中共中央領導階層保守派在一九八五年要求進行第二波的緊縮措施（比照前一波實施經濟冷卻措施的期間，即一九八一至一九八三年）。但政策的退卻只是短暫的，迄至一九八六年，據聞在鄧小平的鼓動以及趙紫陽、胡耀邦的領導下，主張加快經改速度的幹部展開反擊：對各種製成品進行的價格控制開始鬆綁、再度鼓勵勞動與激勵機制掛勾的大膽實驗、家庭承包單位獲得更多的農業生產額度分配、是否開放生產原料市場等議題，成為新一波政策辯論與實驗的焦點，若干國營或集體企業也出租給個別企業主或工人團體，甚至有企業透過的股分發行，籌集資金，並自組領導班子，在上海亦有小型證券交易所的籌設。

不管改革的進程是放慢還是加快，都不能忽略一個事實：中國政府選擇步入了一個法律的世界，而中國政府必須研究、了解、執行繁瑣的法律條文與規範。要解決這個難題，必須多方探討、努力，無法一蹴可幾。但是透過概略審視四個面向——即律師的培訓、稅法的本質、家庭法的施行、國際法的研究——能夠對中國欲成為國際社會的一分子所須作出的重大調整有個概念。

中國欲發展完善的法律體系，首先要訓練自己的律師。但是對中華人民共和國的領導人而言，這是一項特殊的挑戰，因為從一九四九年共產黨奪取政權之後，國民黨統治後期穩定成長的法律專家人數已告停頓，當時個人的法律行為被全面禁止，而法律專家、專才的運用僅限於少數政府部門以及國家控制的司法機關。百花齊放運動期間，中國有八百家「法律顧問處」，其中有兩千五百位全職與三百位兼差的律師。在一九五七年反右運動期間，這群具備實務經驗的律師大部分遭解聘，及至一九五九年，「司法部」連同律師公會的組織均被裁撤。儘管部分政法學院的法律系仍然繼續招生，但招收的學生人數銳減，且授課的範圍集中在政治議題，而非專業法律知識的培養。在一些重大犯罪事件方面，法律是由國家的法庭機關與國家檢查官來操控。國家安全偵防事務係由「公安部」主掌，同時遇有犯罪的黨員，另有一套適用於黨員、屬於省級黨委會系統的檢察、懲處制度。大部分所謂的民事案件則委由地方市政機關或農村生產大隊的仲裁者來處理。迄至文革之初，碩果僅存的法律院系逐一關閉，它們所屬圖書館紛遭拆除或焚燬，教職員紛紛下放到農村地區。

這個情形一直延續到一九七九年，時間長達十年之久，因此政府開始採取重建法律體制的基礎步驟。法律院系重新招收學生，下鄉的教職員返回工作崗位，恢復司法部建制，確立國家法院四級制；不過，當時中國的法律仍然規定「反革命分子與反社會主義分子」得以不經公開審判逕自下放勞改營，而暴露出黨對司法體系的持續控制。一九八〇年正式通過「律師暫行條例」，迄至一九八二年，中國共計有五千五百位全職與一千三百位兼職的律師投入工作。

為了進一步充實法律專業人才，中共把此設想巧妙地與目前政府試圖對人民解放軍進行人事縮編的工作結合一起。司法部於一九八二年宣布，至少將有五萬七千名「優秀的軍官」轉任到文官體系之中，並在奉派到法院系統或公安部之前給予法律專業的訓練。就如同延攬更多專業醫療人士以消弭「赤腳醫生」的作法般，有二十萬名具備管理經驗的「司法工作人員」被延攬到司法機構中。

迄至一九八二年，有二十所大學與學院提供為期四年的大學部法學訓練課程，總計錄取了兩千名學生。為了取得律師資格，這些資質優異的學生必須完成課程，以證明他們「心繫中華人民共和國，擁護社會主義制度」，並在司法單位或法學研究機構從事兩年的學徒式工作和通過律師資格考試。除此之外，尚有一百所其他大專院校和司法部本身所屬單位亦提供函授或非全時法律訓練課程。

縱使入學考試充斥著政治化的思維，不過一旦入學之後，這些學生都能獲得紮實的基礎訓練。他們的教師大部分是舊世代的耆碩，均曾在歐洲、日本、美國，或蘇聯接受法學教育，他們在各個學校開設重點課程，如中國憲法、法理學與法哲學、民法與刑法。若干學校在專長研究領域方面獨領風騷：譬如北京大學與上海的「華東政法學院」專精於國際法與經濟法研究。在上海，學生同時還必須學習環境法的課程；在南京，婚姻法是必修的科目。

部分法律專門領域很快就受到重視，並強化了中國人對以下觀念的認識，亦即新的改革政策並非易事。其中之一是稅法，鑑於改革政策所發放的獎金與各種利潤，以及中外合資企業與外資企業的所得均須課稅，稅法的實施就顯得十分迫切。中華人民共和國於一九八〇年出爐的第一部所得稅法，規定了人民幣八百元的免稅額度，而把大部分的個人排除在課徵所得稅的適法範圍之外，當時城市工人每月的薪資所得少有高於五十元人民幣，農村地區的個人每月所得亦僅約有十五元人民幣。初期稅法的適用範圍大部分是針對在華居住的外國人，特別是美國人，因為該法的施行細則主要是依循當時美國國稅局的規定。中國公民主要支付的是各種商業稅與農業稅，偶或有鹽稅、關稅、車船使用牌照稅、城市房地產稅。但隨著中國人民逐漸從自己的新企業獲致龐大的利潤後，政府開始訂定嚴格的「所得調節稅」以抽取超額的收入。

另一漸次複雜化的法律領域是婚姻法與繼承法的規定。《民事訴訟法》中對女性婚姻權利的規定與一九八〇年通過的《婚姻法》相呼應，但女性這項權利卻經常蒙遭侵害。鬻女成婚、強迫孀婦再嫁、購買妻子，或者父母協議子女的婚姻以交換不同形式的「新娘價格」等現象在中國到處可見。一九八〇年代初所公布的一些個案顯示，親戚基於金錢因素干涉子女的愛情最後往往釀成悲劇。法律的爭執經常起於毀婚，以及隨之而來可動用資產份額的爭奪。「訂婚聘禮」的費用從人民幣一千至五千元不等，其中有一個個案是新娘的家人向新郎要求一只價值人民幣一百二十五元的手錶，十九斤的去殼稻米，十九隻鴨子，豬肉、雞蛋、與橘子各一百零九斤，外加人民幣一千九百元的現金（除了拜金主義之外，這一例子中所採納的吉數「九」，似乎也是一種象徵吉祥之信仰觀念的遺緒）。結婚禮俗在舊中國曾是由雙方家長決定，而且往往建立在某種女方送嫁妝、男方給聘禮的雙向互惠模式上，但從以上聘禮贈予模式的改變看來，往日的模式已不付存在，取而代之的是對於男方提供聘禮的單方面要求。[13]

確實施行一九八〇年通過的《婚姻法》十分重要，因為有許多個案顯示，唯有將丈夫扭送至法院才能遏制他們毆打配偶甚至對其施以酷刑（對大部分西方國家的法院而言，若干中國人的判決仍屬不可思議，譬如發生在江蘇的一則案件中，把丈夫強迫妻子行房的行為判處有罪）。隨著婚姻法再次聲明婦女的離婚權利，一九八三年的離婚案件陡升，占所有結婚者的百分之五點五（一九七九年僅有百分之三）；一九八三年的離婚訴請者逾百分之七十是由女方提出。一九八〇年的《婚姻法》亦賦予女方對夫妻共同財產平等處理的權利（但婚前個人的財產所有權仍然懸而未解）。仳離的夫妻根據新經濟制度在離婚前共同承包的農田與果園，在不影響她們與國家的稅務責任關係時，必須再進行分割。

作為一種普遍性的規律，經濟改革與人民公社的解體帶來了地方的繁榮，但相應的離婚案件必然也會涉及到龐大產權歸屬的爭議。同樣地，對謹守一胎化政策的家庭，小孩子監護權的爭奪往往成為離婚訴訟中的棘手問題。隨著離婚案件數量的激增，爭端層出不窮，處理的手段也日趨多樣化，包括訴諸正規的法院程序，聘請法律顧問或仲裁者，或單純透過家庭或工作單位施加壓力。為了處理日益增加的離婚案件，中國政府聲言必須訓練更多的律師，而在一九八六年七月召開的第一屆全國律師大會上，該組織聲稱代表兩萬名法律專業人員發聲。政府的目標是迄至一九九〇年，將訓練五萬名律師。

中國另一重要的法學領域即國際法，在一九八〇年代亦歷經關鍵性的轉折。儘管於一九七一年加入「聯合國」，一九七二年簽署《上海公報》，中國一直遲至一九七八年才積極培訓國際法的專家，俾使中國能善用新的契機，面對新的挑戰（同樣地，一八六〇年代初總理衙門在恭親王的綜理下刊印了美國傳教士丁韙良中譯的眾多國際法著作，而使清廷能妥善與外國人進行交涉）。

此一動力同樣發軔於一九七八年十二月中共中央召開的十一屆三中全會，而在這次關鍵性的會議上其他領域的社會、經濟、文化政策變革亦受到廣泛討論。隨後即於一九七九年三月在北京召開法學研究規畫會議，會議中把國際法畫列為中國優先發展的研究項目之一，北京大學緊接著於九月錄取了三十名主修國際法的研究生——這是中國有史以來首度有如此廣泛的研究計畫項目。此後，學術工作亦迅速展開。一九六五至一九七八年間，在中國並未見到有關國際法論文的發表。而一九七九年已有十三篇，一九八二年有七十三篇，一九八四年則有一百一十篇。[14] 由二十位資深中國法學專家集體編寫的國際法教科書於一九八一年出版，這對國際法總體領域的研究發展具有指導性的作用。北京的官員亦邀請許多國外的法學專家造訪中國，協助他們剖析國際法的程序，其中具體成果表現在一九八六年的《中華人民共和國企業破產法》法律條文中。

在國際組織方面，揚棄毛主義意識形態原則最富意義的標誌，或許應屬倪征日奧膺任海牙（Hague）「國際法院」（International Court of Justice）法官之職並接受這份殊榮。倪征日奧在第二次世界大戰前畢業於史丹福大學法學院，七十五歲當選國際法院法官，他接受了這份榮耀並獻身國際法院的工作，這是中國重返國際社會的象徵。在聯合國大會上，中國向來就是投票支持蘇聯與第三世界國家，縱使北京在外交辭令上一直對莫斯科懷抱敵意。

與英國達成有關香港的協定，使中國臻至前所未有的國際地位。一九八三與一九八四年間，中國政府對英國這塊殖民地的未來定位，姿態強硬、毫不妥協，而這塊於一八四〇年即遭占領的「荒蕪、人煙罕見的岩石」，是在兩年後所締結之《南京條約》中由清廷被迫批准割讓給英國的。一八九八年，英國政府為了支撐這塊殖民地的發展，又向清政府租借了鄰近香港島的一塊土地，即所謂的「新界」地區，租借期為九十九年。一九八〇年代初，英國政府將這塊殖民地的未來定位攤在陽光下，中國政府明確表示到了一九九七年屆時，將不會再延展新界的租借期。慮及香港本身並沒有軍事防衛能力，甚至香港的飲用水均需仰賴中華人民共和國的供應，英國政府別無他途，只能順從中共的要求，而在一九九七年把香港歸還給中國。

然而香港本身所散發出的放任自流與孤注一擲的經濟風格，讓我們很難理解香港將如何融入中華人民共和國劇烈嬗變的制度架構，據此英、中雙方政府在這一問題上陷入進退維谷的僵局，而港英殖民政府原本就只賦予港人微不足道的選舉及代表權，更談不上徵詢他們的意見了。一九八四年九月二十六日，英國代表在北京與中國政府達成一項協議，宣告香港主權將於一九九七年七月一日歸還給中國，但在「一國兩制」的架構下，昔日這塊殖民地將成為繼續保有資本主義經濟制度的「特別行政區」，而此一制度框架在香港主權歸還之日起維持五十年不變。北京政府將統理香港的外交與國防政策，但該島享有高度的經濟自主性，繼續保持自由港與世界金融中心的角色地位。香港的居民不必向中華人民共和國納稅，在這五十年間，英語仍是官方的語言。

在中英雙方的聯合聲明中，有兩款條文旨在向香港居民承諾他們的權利將會受到保障。第三款條文堅定陳述道：「現行的法律基本不變。」甚至第五款條文更全面性地表示：

> 香港的現行社會、經濟制度不變，生活方式不變。香港特別行政區依法保障人身、言論、出版、集會、結社、旅行、遷徙、通信、罷工、選擇職業和學術研究以及宗教信仰等各項權利和自由。私人財產、企業所有權、合法繼承權以及外來投資均受法律保護。[15]

中華人民共和國政府在其各階段的憲法中均曾向人民許諾過類似的權利，然而也都形同具文，無一例外。是故，我們同樣仍須拭目以待，中國政府是否能徹底省思這些法律條文的真蘊，願意去保障法律所賦予的基本自由，或者還是像一九四九年之後的作法，任意踐踏與中國政府目標相左的法律。

注釋

1 《新中國的人口》（*New China's Population.*, New York: China Financial and Economic Publishing House and Macmillan Publishing Company, 1987），頁二七，表8:14。

2 邁克拉斯（Colin Mackerras），《近代中國：從一八四二年迄今的歷史年表》（*Modern China: A Chronology from 1842 to the Present.*, San Francisco. 1982），頁五七八。（一九七四年八月二十一日）。

3 班尼斯特（Judith Banister），《轉變中的中國人口》（*China's Changing Population.*, Stanford: Stanford University Press, 1987），頁二二五。

4 《新中國的人口》，頁一三二，表9:2。

5 前揭書，頁二一五，表12:2。

6 前揭書，頁一〇二，表7:6，修正了一九八三年的農村百分比。

7 關於這種分析中國領導階層的方法，筆者係援引自李侃如與奧森伯格，《中國政策的制定：領導人、結構與過程》（*Policy Making in China: Leaders, Structures, and Processes.*, *Prince ton: Prince ton University Press, 1988*），頁三五至四二。

8 前揭書，頁三三九至三四四。

9 有關煤與海上石油的資料，詳見前揭書，第五、七章。

10 關於三峽的部分，見前揭書，特別是頁二八三、三二〇。

11 郭益耀（Y. Y. Kueh），〈中國「第二次土地改革」的經濟〉（The Economics of the "Second Land Reform" in China），《中國季刊》，第一〇一期，一九八五年三月，頁一一三。

12 施拉姆，〈「經濟掛帥？」三中全會以來的意識形態與政策，一九七八至一九八四年〉（Economics in Command?, Ideology and Policy since the Third Plenum, 1978-1984），《中國季刊》，第九十九期，一九八四年九月，頁四五四。

13 奧柯（Jonathan Ocko），〈清朝與中華人民共和國時代的女人、產權與法律〉（Women, Property, and Law in the Ch'ing and the PRC）（未發表的手稿），頁十三（經作者同意引用）。關於結婚時贈予金錢、物品的禮俗改變，請參閱：閻雲翔（Yan Yunxiang），《禮物的流動——一個中國村莊中的互惠原則與社會網絡》（*The Flow of Gifts: Reciprocity and Social Networks in a Chinese Village.*, Stanford: Stanford University Press, 1996），頁一七六至二〇四。

14 金淳基（Samuel S. Kim），〈後毛中國之國際法的發展：變與常〉（The Development of International Law in Post-Mao China: Change and Continuity），《中國法學雜誌》（*Journal of Chinese Law*），第一卷第二期，一九八七年，頁一一七至一六〇。

15 援引之原文詳見《中國季刊》，第一〇〇期，一九八四年十二月，頁九二〇至九二一。

為求「破四舊」，意即破除舊思想、文化、風俗、以及習慣等，紅衛兵在文革期間破壞了無數建築、廟宇與藝術創作，如照片中的木造佛像等。照片攝於一九六六年八月。（©TPG）

毛澤東（圖左）、林彪（圖中）與江青（圖右）與革命樣板戲《紅燈記》首演的演員同臺。攝於一九六八年七月。（©TPG）

西單民主牆上的「大字報」，一九七九年。（©TPG）

由中央美術學院雕塑系學生仿造美國紐約的自由女神像而製作的民主女神像，在一九八九年春天的學生示威運動期間矗立在天安門廣場上。（©TPG）

一九八九年六月五日，一名手無寸鐵的中國人隻身阻擋在一隊坦克車前。和領頭坦克的機組人員對話過後，這個人就被當局以安全因素脫離車隊行徑路線，其後下落不明。（©TPG）

第二十六章

探索界限

民主的合唱

此前二、三十年之前，數以百萬計的城市青年下放至農村，現在他們已經可以返鄉了，而剛開始他們似乎在這場新興的農村企業競賽中被淡忘了。他們當中有的是激進的毛派分子，在農村公社中找到了生命的真諦，現在則是遭家園、家庭放逐，而由於身分地位不明，耕作技術也不如土生土長的農民，所以他們很難在當地娶妻生子。數百名在十七年前熱血沸騰、昂首闊步前往陝西農村實踐毛主義理想的中國青年，於一九八五年四月非法返回北京。他們蔑視對這種舉措的禁令，聚集在中國共產黨總部的臺階上，並籲請鄧小平傾聽他們的心聲。他們並未受到公安的恫嚇，不過他們返回首都的要求卻得不到明確的答覆。由於他們宣稱代表陝西省兩萬名像他們這樣的「城市放逐者」（其實總計有逾四十萬名青年人被下放至陝西），所以他們的訴求是政府的棘手難題，尤其是北京還有許多人排了幾年的隊，只是在等候分配小單位的住房。

一九八五年的其餘重大群眾抗議事件的發動者，都對四個現代化運動孵育出的新氛圍備感不滿。其中有若干騷亂是肇始於大眾遭受公然藐視後所引起的不滿情緒，例如中國發生有史以來第一樁的足球賽暴動，這是因為香港隊在一項國際性的挑戰賽中擊敗中國隊而在北京爆發。有些人則是對所謂的「進步」抱持獨特但可以理解的敵意，譬如，來自新疆成千上萬的維吾爾少數民族在烏魯木齊、上海、北京示威，抗議中共不斷在新疆實驗基地羅布泊進行高空核子試爆。這時候也有許多中國人開始對日本不斷以經濟力量滲透中國表示關切，把此一現象諷喻為「日本的第二次占領」。一九八五年年底，正當學生團體準備推動大規模的抗議遊行時，政府主動宣布將發起紀念「十二．九」運動的一系列活動，政府這一動作的目的是要取得先機，扭轉反政府的敵意，避免重蹈五十年前「十二．九」運動反蔣介石政權的覆轍。不過這類的政治賭局猶如在鋼索上行走，必須小心以對。鄧小平與其他在文革期間受到整肅的老幹部希望設法避免的是，在完全失序的群眾運動中兩派相互對抗，造成年輕人之間的暴力衝突，而共產黨不但束手無策且嚴重分裂，因此沒有人願意看到歷史重演。

縱使鄧小平對此一事件做出了正確的抉擇，而且在一九八五年十二月九日這天中國也並未出現大規模的反政府示威，但人民心中積澱的抑鬱情緒卻依舊久久揮之不去。數百萬的中國人——尤其是學生，以及教導他們的教師和人數不斷攀升的失業青年——越來越難以忍受改頭換面後的中國形貌，對於未來何去何從也感到茫然無依。許多人在小說、戲劇、搖滾音樂歌詞、詩歌、繪畫、漫畫與電影創作中抒發、宣洩內心的迷惘，其中雖有少數作品遭到中共幹部的禁絕，不過大致說來均能自由流傳，這一股自由風尚是自一九四九年以降所未見的。沮喪的中國人開始大聲疾呼，表達他們的疑慮和不安全感。其中，像是一九八六年五月四日發表於四川成都的「非非主義宣言」，作者把當時的政治視為一場荒謬絕倫的鬧劇，而以道家思想和盛行於一九二〇年代西方社會之「達達主義運動」（Dadaist movement）的圖象與思維邏輯來回應這種扭曲的政治現象。

> 非非：一個涵蓋客體、形式、內容、方法論、過程、道，以及前文化思想（Pre-cultural Thought）原理的結果的總括性術語。它同時也是一種對宇宙洪荒狀態的描述。非非不是「不」。
>
> 人與客體被解構成前文化的狀態之後，宇宙之內無一不是非非。
>
> 非非不是對任何事物的否定。它只是一種自我的表達。非非認識到解放就存在於模糊之間。[1]

另外，在西安文壇發展的詩人島子於西安事變五十周年的一九八七年，發表了一系列名為〈極地〉的詩作，這個「極地」在他筆下是個悲傷的國度：

徽章飛舞
星號成熟
腐朽的古老密藏獸欄
黑色幽靈飛逝——
末日的特寫
喚醒狼骸荒野的
淒美
萬里怨恨
迎風招展
染色體的撫慰
螞蟻反芻毛髮指甲
帶來地底的腐朽消息……[2]

從一九八六年開始，一本精彩的著作在中國開始流行，書中揭露了潛藏在中國人創造性變革之中的陰暗面，並對中國人的性格痛加撻伐。這本名之為《醜陋的中國人》的小書寫於一九八四年，作者是柏楊。這本辛辣的著作能在中國廣泛流傳頗令人詫異，因為這本書痛批中國人落伍、自我殘害的劣根性，這樣的筆觸令人回想起鄒容的《革命軍》，或者魯迅於一九三〇年代寫作的一系列嬉笑怒罵的諷刺性文章。「中國人為什麼如此這般殘忍、懦弱？」柏楊問道，「中國人為什麼如此這般勇於內鬥？」他的答案聽起來十分刺耳：

沒有包容性的性格，如此這般狹窄的心胸，造成中國人兩個極端，不夠平衡。一方面是絕對的自卑，一方面是絕對的自傲。自卑的時候成了奴才；自傲的時候，成了主人；獨獨的，沒有自尊。自卑的時候覺得自己是團狗屎，和權勢走得越近，臉上的笑容越多。自傲的時候覺得其他人都是狗屎，不屑一顧；變成了一種人格分裂的奇異動物。[3]

柏楊、「非非主義宣言」作者、島子的同胞們，並非人人皆能領略蘊含在這些創作之中的濃郁惆悵。即使淒苦難堪，但中國人還是表現出逆來順受的無奈，習於生活上種種令人啼笑皆非的弔詭。這種情緒在一個例證中彰顯得淋漓盡致。有兩位中國作家或搭乘火車或靠雙腳行遍中國，在旅途之中他們訪問各地人士，並將訪問後的錄音帶化為印刷的鉛字。有些受訪者並要求匿名。這些故事於一九八五年初登載在小眾的文學雜誌上，嗣後更於一九八六年刊行成書，銳利的題材與觀點立即迷炫了讀者。現在，社會各階層的人均可了解他們的同胞是如何去回應周遭的生活環境。例如，重慶一家風行一時的美容沙龍的首席髮型設計師，發表了他對中國政治的獨特觀點：

我告訴你們，誰最早發現政治風向的變化？沒有人能比得上美髮師！以反胡風運動為例。所有受過教育的人都不再整理頭髮，他們就像老鼠一般，唯恐被人注意、認出、誣陷。如果你們問我，那場運動正是受教育的人走下坡的時候。每次一有運動，我們的生意就一落千丈——反右鬥爭、一九六二年的階級鬥爭、一九六四年的「四清運動」、一直到一九六六年文化大革命的發動，那時候女人唯一的一種髮型就是短髮。[4]

一位過去以耕種為生的農民，一九六〇年鬧飢荒時，年僅十二歲的他必須靠沿街乞討才能苟活於世；文革期間這位農民假裝信仰每一派系的主張，所以能從他們那裡取得賑濟品而舒服地度過文革的動盪歲月，現在他以從事銷售家鄉工廠生產的乙烯聚合物模具為業。以下是他對如何在四個現代化運動中求生存的觀感：

買賣有訣竅嗎？多得是！我並不依靠任何記事簿。因為你一丟掉它，你就完蛋了。我把所有的東西都儲存在腦子中——包括其他人從事什麼行業，他們喜歡吃什麼，他們想要什麼，我能夠從他們身上得到什麼。我每到一地，就注意當地欠缺什麼——短缺使東西有價值。難道國家的經濟與人民的生計不是這樣嗎？他們依照國家的計畫來照料國家的經濟，而我整理人民的生計——食物、衣服、消費性商品、娛樂。5

還有一位十分自豪但低調的母親，回想起她在北京每天必須花費兩小時的單車車程，往返於工作的工廠：

我們每一位騎單車的人誰也不認識誰，我們從不互相交談，我們只是各騎各的路。我想所有的單車騎士都是一樣，工人、學生與一般的幹部都是去工作或者回家。我曾經有過一種想法，有人應該把我們拍成電影，然後在二十年、三十年後放給我們的孩子和孫子們看。他們應該看看我們是如何撫養他們，像這樣騎著單車，取得許可證、配給的書、糧票、和油票……從早到晚，為了國家和我們的家人，我們騎著單車在車陣裡鑽進鑽出，幫助中國的現代化。6

然後被這樣的母親撫養長大的小孩子，以一副坦白誠實但又略帶幽默的口吻，向訪問者清楚說出在家中辛勞與愉悅的感覺，並試著從他們無限可能的未來出發，透過這個更寬廣的角度來面對目前永無止境、充滿競爭的課業生活。「我想要到月球或其他星球旅行，」一個九歲的男孩如此說道，「到這些地方去一定很有趣。在月球上的重力作用比較弱，所以人可以跳得很高，然後再慢慢下降。這聽起來十分有趣。」「我想要成為運動選手，一名賽跑選手，」第二個小孩這樣說，她是個十三歲的小女孩。「我想要跑得很快；我想要變得更好。所以，我也想要研究醫學，我想當醫生。」「當我一個人在家，」第三個是十二歲的男孩，他說道，「我幻想自己能發明東西。我想像做出這些東西，但實際上我並不會。」第四個是一名十五歲的男孩，他說自己「夢想任何東西。我的雄心是成為一名高官。你們可能會覺得這很可笑，但我是認真的。我希望成為一名高官……有時我夢想我與外國人談話。我想要了解世界上的所有事物，例如有關美國的政治。我對他們的總統選舉很感興趣。」[7]

自我懷疑、玩世不恭、驕傲與希望——幾個世代已經用不同的聲音表露出這些特質，而這些特質也都奇特地匯聚在方勵之的心靈中。方勵之生於一九三六年，十六歲就以優異的成績進入北大研究天體物理學，在一九五七年的反右運動中受盡屈辱並被開除黨籍，嗣後方勵之於一九七〇年代晚期恢復黨籍，且成為中國最知名的教授之一。之後他就任中國科學技術大學副校長（該校原來位於北京，隸屬於中國科學院，此時已經遷校至安徽合肥市），上任後以一種嶄新、開放的模式來重塑校風，而這種模式也反映了他對民主政體基本承諾的認知。對方勵之而言，為了避免濫用權力，所以權力必須共享，決策必須是在公開的情形下做出，歧見必須被坦然面對，言論自由必須獲得保障，如此一來，大學才能對國家的生機做出貢獻，才能推展四個現代化的理想。方勵之分別在合肥、北京公開向學生陳述，「現在社會風氣不好」的根本問題是「一些領導同志本身風不正」，方勵之繼續這個話題，告訴學生：

另外一個原因，就是這些年我們關於什麼叫共產主義的宣傳存在很大的問題。我覺得我們的理論體系中、宣傳中最大的毛病，就是把共產主義宣傳得太有排他性，或者說比較狹隘，實質上也是比較淺薄。我也是共產黨員，我追求的東西不是那麼狹隘的東西。我們追求更合理的社會，那應當是多樣化的，不是排他的，包容著人類一切精華的。這些年宣傳的排他性，造成我們現在文化的貧血症、精神上的貧血症。這幾年的宣傳裡頭，好像什麼東西都是自從有共產主義以後，或者共產黨成立以後，或者四九年以來，才是最高、最高，以前呢？這是最可怕的一種宣傳。如果要加帽子，這才是非馬克思主義的宣傳。我們現在教育青年要有理想，說到一些為共產主義事業奮鬥的英雄，這是可以的，但你不要把別的人給貶一下。8

方勵之的這些話語撩撥了全國人民的心弦。就連小孩子也會受到美國總統大選的吸引，那麼大專學生表達出同樣的興趣就更不足為奇了。鄧小平、趙紫陽等領導人以動人的辭藻呼籲進行政府改造，卻不見具體的措施開放體制，讓人民真正參與政治決策。於一九五三年制定、一九七九年修訂的幾部選舉法中，理論上設定了四級制的代議政府架構。這個架構的最底層是每兩年舉行一次的公社（一九八六年改制為鄉級政府）代表大會選舉。在這一層級之上的是每三年改選一次的兩千七百五十七個縣級代表大會。在縣級之上才是全中國二十九個省、自治區與上海、北京、天津三個直轄市地區每五年改選一次的代表大會。這一體制架構的最頂層是在北京召開的「全國人民代表大會」。黨把這一制度定義為「集中主義領導下的民主」[9]確立了各級代表大會候選人均須遵循黨既定路線的原則。不過偶或有學生試著競爭公社組織或鄉級政府代表大會的席次，他們於一九八〇年北京、長沙兩地的選舉活動中競爭尤其激烈。不過即使他們當選了，學生仍無法取得席位，共產黨堅持他們屬意的候選人，而控制了一九八二年、一九八四年兩次富爭議性的選舉。

黨的領導幹部在一九八六年又想如法炮製，不過這次他們卻誤判了形勢。十二月五日、九日在合肥市，逾三千名學生群集，大聲抗議對該市及大學選舉過程的操控。他們的宣傳標語與張貼的大字報再次呼應了以前所發生過的類似事件：「沒有民主化，就沒有現代化」、「幾乎每一天報紙、電視臺和電臺都在談民主，但民主在哪裡？」[10]同一周，武漢地區至少有逾五千名學生走上街頭。騷動的消息迅速傳抵北京，要求民主的大字報，連同抱怨生活水準低落以及畢業後薪資所得微薄的標語，紛紛出現在校園內。校方當局連夜把這些抗議海報、標語移去，不過翌日就會有更多的海報、標語出現。有鑑於民主牆戛然而止，中共隨即進行一九八〇年憲法條文的修正，嚴令禁止遊行示威、禁止張貼未經當局核准的大字報，因此所有示威抗議的學生均將面臨個人檔案被寫入負面資料，毀掉個人前途機會，甚至被判下獄的威脅。

但示威抗議的學生並不為所動，一九八六年十二月二十日，上海一地至少有三萬名學生走上街頭，遊行至「人民廣場」與「外灘」地區；有許多黨政機關就設立在往昔英國金融公司在外灘地區所興建的石造大樓裡。有三萬至四萬名市民加入學生的抗議遊行行列之中。他們手持的旗幟標語上寫著「自由萬歲」、「還我民主」的口號。遊行隊伍並未受到警察的阻攔而一路前進，但在市政府大樓試圖靜坐的學生卻被警察強制驅離。昆明、重慶、深圳經濟特區亦分別傳出示威抗議事件。若干上海學生還準備了一份簡潔的宣言，宣言的語調與內容近似昔日五四運動，這些學生將宣言印在三乘五寸大小的傳單上散發給群眾。

敬告我們的同胞：

我們的指導原則是要在人民之間宣傳民主的觀念。我們的口號是反對官僚作風與權威主義，為民主、自由而奮鬥。把長久以來即遭壓抑的民主觀念重新喚醒的時代已經到來了。[11]

在上海出現的其他大字報與口號，所提出的坦率觀點已逾越了黨的容忍限度：

「何時才能由人民當家作主？」

「若要知道什麼是自由，就去問魏京生。」

「馬列主義毛澤東思想該死。」[12]

政府官員阻止大眾媒體報導學生的觀點，試圖將其他地區的民眾蒙在鼓裡，不讓這些刻正發展中的事件廣泛傳播。但學生為突破新聞封鎖，郵寄了數百封信與宣言，給散居全國各地的友人和外校學生。其餘學生則包圍車站，要求離去的旅客代為傳達訊息，或聚集在美國領事館外，高喊他們的觀點希望讓外界知悉。最後，爆發示威遊行的三天後，上海警察發布官方禁令，禁止舉行這類集會遊行。官方發表聲明，藉由攻訐少數滋事者來打擊這場抗議運動：

一小撮人企圖破壞穩定和分裂團結，利用學生的愛國熱忱與對民主的渴望擾亂生產與社會的秩序。[13]

縱使政府一再禁絕和口誅筆伐，但最新的民主示威運動一波又一波地在天津與南京兩地爆發。在北京，雖然當局以下獄作為要脅，但來自至少四所大學成千上萬的學生依然在蕭瑟的寒冬以及警力的虎視眈眈中走上街頭示威遊行。學生針對「民主」訴求的意義何在進行激辯：有些學生認為民主只不過是個空洞的口號；有人重拾合肥學生所主張的民主觀念，認為民主就是自覺地反對政府依口袋名單來舉行選舉。學生辯稱，這種選舉是對正當、合理的政治理念所作出的誣衊與嘲諷。也有學生將民主視為是五四運動時代用來解除中國人束縛的中心思想即「科學與民主」當中的第二個關鍵元素。

隨著遊行示威運動的激化，若干北京的政治領導人開始譴責學生的行為，並要求強化校園紀律和政治教育。一九八七年一月初，就在北京學生再次挑戰警察的禁令而聚集在天安門廣場時，一位政治局的成員大力捍衛強硬路線者的共同立場：

中國共產黨是一個有偉大的、光輝的以及政治紀律的黨，所以能夠持續保持革命的動力。共產黨的領導權不是天命授予，它是由無數的革命殉難者，一波又一波，歷經半世紀的流血與犧牲而得來的。[14]

於是黨內強硬路線主張者（根據對於他們所作所為的不同解釋，這些強硬路線者分別可被稱為「保守派」或「激進派」），迅速壓制了生氣勃勃的學生運動，他們不直接對付學生，而是攻擊那些最能激發學生思考的人。方勵之就是學生思想的啟迪者之一。方勵之被開除黨籍，解除了所有的教職，並調任研究方面的職務，安徽省委書記更是批判了方勵之的政治理念：

方勵之鼓吹資產階級自由化，汙衊黨的領導與黨的幹部，否定黨過去幾十年來的成就，詆毀社會主義制度。他還挑撥黨與知識分子、特別是青年知識分子的關係。[15]

第二位知名的犧牲者是作家劉賓雁，他在〈人妖之間〉一文中揭露了黑龍江省幹部王守信貪瀆案的始末，而於一九七九年聲名大噪。劉賓雁在這篇報導文學之後，又在一系列廣為傳閱的文章中揭露黨的麻木不仁與腐敗，指控黨的保守派阻撓改革的進程，以及無視於忠誠反對者的價值。像這類反對意見的存在，基本上有益於國家機制的完善健全，在題為〈第二種忠誠〉的辛辣故事中，劉賓雁作如此的論述。劉賓雁被開除黨籍的理由是他極力認同資本主義與資產階級的觀念，因而「違反黨的紀律與學說」，但這樣的理由聽起來也是格外反諷。

起初，對這些公眾人物的整肅，讓人們沒有注意到共產黨總書記胡耀邦於一九八七年一月起突然不在公開政治場合露面。鄧小平於一月中旬加入對「資產階級自由化」的全面攻伐，顯然胡耀邦本人將淪為這場動亂的替罪羔羊。胡耀邦直言加速改革的必要性，幾近公開地蔑視毛派分子的擅自妄為，這樣的風格使胡耀邦在黨內成為一位飽受非議的領導人物。胡耀邦之前在一次廣為人知的黨校演說中曾告誡畢業生，過去許多人提倡「寧要社會主義的草，不要資本主義的苗」的論調，切勿支持那種「激進左派的一派胡言」。[16] 一月十六日，北京宣布胡耀邦為其「重大的政治原則的失誤」做出自我檢討之後，請求「辭去」黨中央總書記的職務。雖然胡耀邦仍保有政治局常務委員的席位，不過總書記一職已由趙紫陽兼代，直到選出繼任者為止。

幾天後，政府宣布成立一新的機構，其功能在於控制中華人民共和國境內的所有出版物與媒體，監督所有印刷品原料的供應情形，包括墨水、紙張與印刷機。爆發示威騷動城市的一群「生事者」，分別被查獲、逮捕，並依「反革命活動」的罪名判處長期監禁。二月初，中國共產黨中央宣傳部部長*遭罷黜，他是胡耀邦所提拔的幕僚，遺缺由強硬路線者且為黨喉舌的《紅旗》雜誌副總編輯**接替。在局勢倥傯之際，連以西服、領帶為個人標記的趙紫陽，也不免討伐西方觀念裡所蘊藏的「毒素」，並宣布中國即將面臨的兩大主要工作：一是「提高生產與搞活經濟」，另外一個是「堅決反對資產階級自由化」。

我們從若干跡象可窺知中共對傾慕民主的示威者其言論主張根本就無動於衷，黨再度祭出雷鋒，以作為一種供人學習的典範。一場全國運動於焉展開，它提醒了中國人民勿忘善良的解放軍戰士的自我犧牲精神。雷鋒精神及形象的塑造者在林彪時代曾聲稱，年輕的雷鋒本人就說過，「不論革命需要我做什麼，我都會做一顆永不生鏽的螺絲釘。」一九八七年，這類的隱喻又在中國大陸各地傳唱不已。[17] 一九八七年三月，警衛森嚴的中南海內，組織了一場廣為宣傳的「雷鋒精神論壇」，解放軍總政治部主任向在座的黨內大老報告：

* 譯注：朱厚澤。
** 譯注：王忍之。

雷鋒精神就是共產黨的精神，就是全心全意為人民服務的精神，就是全心全意、熱烈地愛黨的精神，就是全心全意、熱烈地愛祖國和社會主義的精神，就是辛勞研究，艱苦奮鬥，無私忘我，助人為樂……它是年輕一代進步意識形態的代表，是我們時代偉大精神的核心構成部分。[18]

宣稱民主示威者不僅不是「進步」，而且還違逆了國家的真正需要，這樣的說法聽起來是再尖刻不過了。

擴展基礎

政策的劇烈起伏似乎預示鄧小平在面對瞬息萬變的結構轉型時，持續快速的改革步調受到阻撓。不過另一個說法是，鄧小平在共產黨組織向來關切的意識形態方面，所抱持的立場依然守舊、裹足不前；但鄧小平又有意識地試圖在黨內秉持列寧主義指導原則的經濟計畫保守勢力、和力主進一步深化改革的急先鋒之間，扮演中介平衡的角色。為了維持黨內這兩股勢力的動態平衡，若有必要，鄧小平寧可選擇犧牲他的盟友胡耀邦；若是保守勢力威脅到中國對西方世界所採取的開放政策，以及中國社會主義經濟體制中所孕育培植的自由企業體，鄧小平也不會聽任強硬路線者為所欲為。顯然整個一九八七年的夏、秋兩季，鄧小平的作為走的是後面一條路。

一九八七年十月二十五日在北京召開的中國共產黨第十三屆全國代表大會（十二大會議已於一九八二年召開），成為攸關中華人民共和國政策方針之重大決策的討論場域。黨的領導人破例允許西方媒體報導這次大會的過程，這正可以作為中共決心對西方世界實施開放政策的明證。不過這種創新的作法僅是一種表象而已，因為之後拉薩爆發動亂，幾百名西藏人抗議中國對西藏所採取的態度，西方記者拍下怵目驚心的景象並流傳海外，中國政府旋即宣布拉薩實施戒嚴，下令將所有西方記者驅離西藏，並徹底封鎖有關西藏地區的消息。

一九八七年十月二十五日，趙紫陽在向北京「人民大會堂」一千九百三十六名黨代表發表的演說中，力持除了若干必需品外，有必要維持市場價格的機能。他進一步指陳，中國共產黨應該逐步將黨與政府行政部門、黨與企業單位區隔開來，而放手讓專業的文官與主管去從事領導的工作。在翌日的一場新聞會議上，中共中央「農村政策研究室」的領導人宣布，政府正在考慮賦予農民買賣他們所承包耕作土地的權利，且得由農民的子女繼承土地的權利。

僅兩天後，外國媒體記者突然在大會會場上失去蹤影，所有外國記者均被禁止採訪正在進行中的會議，這項突如其來的動作暴露出伴隨著趙紫陽的演講和可能承認土地買賣權利的聲明而來的顧慮。流言盛傳，現已屆八十三歲高齡的鄧小平，正在為他主張的政策夙夜匪懈，如果自己的政策能確實推行，鄧小平願意辭去中央委員會的席位。十一月一日發布關於鄧小平果真辭職的消息，以及對改革進程持謹慎態度的保守派陳雲、彭真等人也辭去中央委員會職務的報導，似乎證實了這項傳聞。四位資深的政治局常務委員亦隨同去職。隔天，趙紫陽正式獲推選為中國共產黨總書記，黨員現在已達四千六百萬人，面對如此龐大的黨員人數，趙紫陽勢必要將其適度裁減，並保留教育程度較高的成員。

有四名新近幹部被選入政治局常務委員會輔佐趙紫陽。比起退下的老幹部，他們象徵著共產黨年輕世代接班的態勢，他們之中僅有一人年屆七十歲，其餘均是將近六十或六十多歲。在這四人當中，要屬李鵬的關係網絡最為綿密*。李鵬是四川人，出生於一九二八年，七歲時父親即遭國民黨殺害。膝下無子的周恩來於一九三九年期間在重慶時即十分照顧這位稚齡孤兒，後來又將他安頓在延安地區。俟戰爭結束後，李鵬隨即獲選派往莫斯科動力學院學習電力工程，一九四〇年代末、一九五〇年代初，李鵬一直留在莫斯科。一九五〇年代晚期以及整個一九六〇年代，李鵬跟在電力部門領導人**的身旁，受到大力提攜，一直到一九七九年升任電力工業部副部長，並成為電力業務領導小組內的一員專家為止（由於文革期間李鵬職司北京市供電局革委會主任，所以能在亂世之中幸免於難、全身而退）。[19]由是觀之，趙紫陽在一九八七年十一月提名李鵬代行國務院總理職務的作法也就無足為奇了。

鄧小平仍是中國的「最高領導人」，依然掌理中央「軍事委員會」主席一職，而牢牢控制整個解放軍機器。另一方面鄧小平又安排八十四歲的楊尚昆出任「國家主席」。楊尚昆的關係網絡遍及黨、軍體系，他的弟弟***任解放軍總政治部主任，楊尚昆本人長年膺任中共中央辦公廳主任一職，日後在鄧小平之下職司中央軍事委員會第一副主席。而且楊尚昆和鄧小平都是四川人，他的一生幾乎是中國革命史的體現，一九二七年在上海，楊尚昆是一名年輕的工會組織分子，爾後放洋留學莫斯科，一九三〇年成為「國際派」的一員，延安與內戰期間歷任黨的要職。

趙紫陽與李鵬擁有如此強而有力的後盾，有絕佳的機會促進中國的經濟改革。同時，有鑑於一九八八年初中國各項經濟指標的表現並非十分樂觀，所以推動經濟改革亦有其急迫性。隨著農民走進工廠就業或大量種植有利可圖的經濟作物，致使重要糧食作物的產量大幅滑落，價格並節節攀升。中共再度實施為人所詬病的豬肉、糖、雞蛋等物資配額政策。

一九八八年初，初步討論迫切性的議題之後，黨的新領導人決定利用三、四月的七屆全國人大會議開會期間，進一步鞏固經濟改革的方向。長久以來全國人大即是黨決議政策的橡皮圖章；不過七屆全國人大會議卻成為政策爭辯與決定的關鍵性場域。一千九百七十名代表之中有七成一是新代表，他們當中有許多人表達出獨立自主的觀點與政策主張。一反過去全體一致舉手表態議決政策的作風，這屆人大開始出現投反對票的現象。這股風氣是由一位

* 原注：其餘三人是姚依林、喬石與胡啟立。

** 譯注：其中有劉瀾波。

*** 譯注：楊白冰。

以廣東省代表身分出席該屆人大會議的香港律師所啟動的，這位代表抱怨她無法從專門委員會候選人的名單中選舉委員，因為她並不了解這些候選人的名單是如何產生。由臺灣前往中國、居住在北京的一名科學家也發言，力勸出席的人大代表不要投票給一位高齡八十九歲、角逐一專門委員會主任委員的候選人「他太老了，應該多給他時間休息」，這位代表如此說道*，現場瞬霎一片錯愕，然後從在座代表之間爆出滿堂鼓掌聲。[20] 受到這些前例的鼓舞，有更多代表開始對其他候選人品頭論足並投出反對票，其中國家副主席候選人王震的反對票就有兩百張，而王震正是去年批判學生示威最力的強硬派之一。

作為一種新的方針，會議進行的片段透過全國電視轉播網播送到尋常百姓家中，讓大家對這次會議產生參與感，並且也讓電視觀眾目睹了一幕幕鮮活的論辯。外國記者被允許採訪所有重要會期（不像一年前的黨代表大會，外國記者先是被允許、繼之又因故取消其採訪權），同時在會議進行期間也經常舉行記者招待會、公開討論會。

七屆人大之前最重要的爭議點是由李鵬提出的，儘管李鵬的言論有時語帶保留，呼籲必須謹慎行事，但似乎也傳達了他強烈支持加速四個現代化進程的中心指導原則，而不是許多黨內資深元老所期待的放慢改革步伐。言論中最激進的是決定透過憲法的保障，賦予人民買賣土地的使用權或是他們在企業中的權利（自一九八五年以降，承包者死亡後這一權利是可以被繼承的，現在這種權利的轉讓就更富彈性了）。此外，李鵬所決議的重要政策還包括住房應被視為是一種市場商品，如農業產品在自由市場、或是新興城市企業生產的工業產品是可以自由買賣的，李鵬指出，那住房就應該如同「電冰箱或單車」一樣。不過這種比喻似乎對其提案的真正含義過於輕描淡寫。在中國，條件合格的住房是十分短缺的，能否取得舒適的住房是衡量一個人權力與地位的重要指標。假若住房現在就走向市場自由化，那將會對黨的酬庸體制造成極大的壓力，並進一步惡化在城市與農村漸次浮現的經濟不平等現象。

另外具有同等重要性的方案（若獲得採納並確實執行）是由另一位政治局成員向大會提出的官僚體系重建計畫。這項計畫從趙紫陽的觀點出發，預期把整個官僚體系的人事員額裁撤百分之二十，而這項人事精簡計畫主要是通過取消政府部門對企業的最終控制權，給予企業體本身自主的管理和利潤分配權利來完成。這項政策將使數以百萬計的中國人失去多年來所建立人脈以及享有的額外收入和福利。國務院中有四個部門負責掌理中國的能源與交通運輸事業（鐵路、石油、煤，與核能發電），這類事業單位亦將遭歸併，而以具有獨立自主管理權限的公司形式來取代。根據這項高瞻遠矚的計畫，精簡後的中國官僚體系會是真正的文官體系，人員晉用的標準將視個人專長而定，非出自黨的恩澤。

這些部門中有兩個已經展開制度改革的進程了。誠如所見，中國正在試行煤炭生產的重

＊　譯注：此人即臺灣籍的人大代表黃順興，他反對當時已是八十九歲高齡的知名學者周谷城擔任人大常委會科教文衛委員會主任委員一職。

組，而在石油工業方面，中國的公司業已擴大與日、英、美企業的合資計畫。但是問題極為複雜，一家獨立的民間機構如何去經營中國羽翼初豐的核能工業，尤其是世界各國的目光焦點正緊盯著車諾比（Chernobyl）與三哩島（Three Mile Island）核能事故的後續效應？而中國自一九四九年之後即迅速擴展的龐大鐵路運輸網絡，如今企業管理的問題弊病叢生。鐵路運輸制度改革的必要性自不待言，根據七屆人大開會期間所透露出的新聞報導，在上海積弊已久的鐵路黃牛票案件中有兩百九十人被捕。這些黃牛先是壟斷了大量的車票，然後再依市價的六倍賣給極為需要而別無選擇的乘客。

解放軍本身亦正在進行制度性的調整。一九八〇年代中期，中共計畫針對人數四千兩百萬的解放軍進行裁員，裁幅幾達四分之一。四萬七千名資深軍官被迫退休。等到所有軍人身上又開始配戴軍階徽章，林彪時代平等主義精神的僅存象徵算是全都走入歷史了。為了鼓勵武器和運載系統的研發，中國政府允許外銷解放軍生產的武器，且把大部分武器銷售所賺取的外匯留歸軍隊自己使用。這項政策在一九八八年初即收到立竿見影的成果，當時伊朗與伊拉克開始使用中國製的、由電腦導引、短程的「蠶式飛彈」（Silkworm missile）轟炸對方的城市，這些飛彈均是由中國人直接出售或由中介商人居間協調而取得的。一九八四至一九八七年間，中國與伊朗簽訂了總值人民幣二十五億元的軍售協議，與伊拉克的軍售金額則有人民幣十五億元。一九八八年夏天，中國與敘利亞（Syria）洽商出售射程達三百七十五哩的M-9飛彈*，這款飛彈可攜帶化學彈頭。據聞利比亞（Libya）亦曾與中共接洽同一型的飛彈，為了表示購買誠意，還願意在浙江一家中國絲廠挹注鉅額的資金。中國也出售彈道飛彈給沙烏地阿拉伯。**處在戰爭與商業利益糾葛的世界裡，阿根廷在福克蘭群島（Falkland Islands）一役中發射法製「飛魚飛彈」（Exocet rocket），幾乎擊垮了英國的艦隊，美國通過虛設的公司提供軍火援助「尼加拉瓜反抗軍」（Nicaraguan Contras），此時中國人儼然已向西方世界展示他們亦已認識到國際活動、國際貿易的這一特殊層面。

一九八八年頭一季，城市地區的通貨膨脹指數超過百分之二十，而上述種種制度性的變革與改革方案如何能對付劇烈的通膨，我們並不清楚。但是等到李鵬與其他人所提之憲法、經濟與制度改革的方案一一通過之後，建設自主性「企業區」的立場同樣受到七屆人大的核可。通過這次大會的最後一次投票，海南島脫離廣東的行政建制而成為單一行省。隨著海南島的建省，這座海島被賦予吸收外資、拓展觀光貿易事業、商品、服務自由流通等等各種廣泛的自主權。前往海南島的外國觀光客甚至可以免簽證。海南島年前才暴露走私醜聞，因此

* 譯注：中國解放軍第二砲兵部隊裝備的同型飛彈稱為東風—十五。

** 原注：電腦科技亦被應用在中國軍事與太空計畫以外的領域，例如，在經濟特區深圳的一所大學裡，中文系就與電腦科學系合作，研發一套詞彙查詢的軟體，可以用來搜索曹雪芹的《紅樓夢》，欲研究清代人情世態的查詢者只要花幾秒鐘就能尋找到他所選擇的字串或組群。

這項決策不可不謂果敢，或許可以被視為學習如何管理香港的嘗試性作法，或者意欲建立行政與經濟分離架構，藉以強化中國對臺灣的吸引力的一次實驗。假使試驗成功，這樣的模式同樣可以在中國各重點城市實施。

臺灣總統蔣經國於一九八八年初第七屆人大召開前夕溘然長逝，因而扭轉了臺灣與中華人民共和國之間關係的進程，臺灣議題逐漸受到中共的關注。蔣經國在晚年銳志實行饒富意義的民主化改革。臺灣現在大抵由臺灣人自己來綜理。蔣經國死後，副總統李登輝依憲法規定繼任總統。李登輝，一九二三年出生於種植稻、茶農作物維生的農村家庭，成長於日據時代，於臺北研究農業經濟學之前曾赴日本接受大學教育。隨後李登輝負笈美國取得愛荷華州立大學碩士、康乃爾大學博士的學位。

李登輝繼任總統之後，恪遵蔣經國一個中國的宣示，明白揭櫫反對臺灣獨立運動所力持之抗衡中國的政策立場。李登輝就任不到幾個月，就開放臺灣人赴中國探親，人潮相當驚人，迄至一九八八年五月，臺灣人前往中國探親的人數就高達每月一萬人。通過香港代理人或分公司的媒介，臺灣與中國之間行之多年的商業往來進而解凍，臺灣的企業基於經濟特區的稅賦減免政策、以及部分產業價格不到臺灣十分之一的廉價勞工等誘因考量，開始前往中國經商設廠。

然而，這些擴大交流凸顯了雙方社會的差異，也凸顯了一脈相承的文化淵源，即使是依香港模式，迅速邁向統一也似乎遙不可及。一九八八年七月，李登輝獲選為國民黨的黨主席，更加強化了他的權力基礎，以及堅定他的許諾，把在地的臺灣人與一九四九年後自中國撤守臺灣的外省人融合成一更為繁榮的實體。臺灣在一九七二、一九七九年幾乎淪為美國決策者手中的一顆棋子，現今已在國際舞臺上一躍成為獨立自主、具備國家能力的行動者。在臺灣與中國進一步發展出緊密的政治關係之前，中華人民共和國必須以實際的表現，證明她是有能力造就一定程度的經濟成長與發展。

社會危機

正當打擊倡導民主或宣揚「資產階級—自由主義」價值觀的鎮壓行動在中國方興未艾，另一方面，數以百萬計的黎民百姓卻受益於改革政策，理直氣壯地成為拜金主義者。誠如流行於中國的一些嘲諷式口號，奚落早期毛派分子的癖好而一一羅列他們政治行為的類別，今日中國人所必備的條件分別是「三高」與「八大」，光是「四要」已經無法令人滿足了。所謂「四要」，是指毛主席時代人們追求的物質條件是一輛單車、一臺收音機、一只手錶、一臺縫紉機；在鄧小平主導的新世界裡，「四要」已經被「八大」取代了：一臺彩色電視機、一臺冰箱、一臺音響、一臺照相機、一輛機車、一套家具、一臺洗衣機、一臺電風扇。而所謂「三高」，是指男人娶妻的必備標準：所得高、學歷高、身高高。

一九八八年初，中國本地與外國的媒體讚揚個別企業家利用政策的彈性而成功發跡的案例，以凸顯這種樂觀的改革方向。這些企業家有的將瀕臨破產邊緣的國有企業改組成民營公司，並告效率方式經營；有的透過農業機械化和使用科學方法來提高所承包土地的生產量。但是到了一九八八年底、一九八九年初，在經濟與官僚體系領域內的企業營運試驗已經浮現出新的緊張關係與問題。這些問題日積月累，凸顯出中國意欲繼續維繫鄧小平與其同僚改革政策是十分困難的。政府在一九八八年底召開的中央委員全體會議與一九八九年初的全國人民代表大會上討論這些問題，並對中國的媒體刻意隱瞞，其中最關鍵的問題有七：通貨膨脹，糧食作物的減產，工人的騷動不安，貪汙舞弊，失控的人口流動，人口的快速成長以及文盲。

受益於四個現代化與新的經濟自由化政策，中國人民的所得大為提高，連帶對民生消費品、住房與資本需求也已無法滿足。這種需求量的水準曾一度帶動就業機會的增長以及農民、工人自由選擇範圍的擴大；但它同時也形成通貨膨脹的壓力，一九八八年初的通貨膨脹率約百分之二十，是年年底，城市地區的通貨膨脹率則上升至百分之二十六。城市地區的生活水準急遽下降，政府下達針對資本項目的財政緊縮政策，導致許多民眾失業。恐慌性的買入與囤積影響到各類產品，舉凡糧食、食用油，甚至牙膏與肥皂皆在衝擊之列。

民眾爭相囤積，使一九八八年糧食產量下滑所造成的困境益形惡化。造成糧食減產有許多因素，但為了緩和農民的騷亂，國家雖然調高向農民收購糧食的價格，不過這樣的價格依舊遠低於自由市場的價格；同時，糧食生產的利潤無法與糖、菸草等經濟作物相比（這類農作物的產量在同一時期增長迅速）。另一方面，政府礙於財政短絀，只能以借條或本票來支付農民被強制收購的糧食；但農民不得用這些借據來交換燃料、食品，使得農民的不滿情緒高漲。由於越來越多的土地變更用途，可耕地面積不斷縮小，例如新企業當中有八成就位於農村地區。當農民目睹他們賣給鄉政府的剩餘糧食以兩倍半、甚至更高的價格出售，農民開始囤積糧食。

工人騷動的原因部分肇因於城市的通貨膨脹，部分則源自新興企業管理者施加在工人身上的惡劣工作條件。這些企業管理者大多與地方上的官僚幹部關係密切，並透過地方政治領導人取得有利可圖的合約、原料、便捷的交通運輸、以及優惠的稅率，以增加投資的利潤。隨著發放工資的延遲以及工人頻遭解雇，工人開始罷工抗議。儘管工人示威遊行的激烈程度遠遜於民國時期，但一九八八年爆發的部分工潮規模還是相當可觀的：例如浙江省一家紡織廠，有一千五百名工人停止上班達兩口之久；有一家醫療器材工廠其一千一百名工人的罷工期間就長達三個月。

共產黨員之間的貪汙腐化也很普遍，有許多黨員與地方上的廠長關係密切。根據一九八八年透露的數據顯示，在一九八七年總計有十五萬名共產黨員因貪瀆或濫用權力的罪刑遭懲治，被調查或起訴的共產黨員更是不計其數。逾兩萬五千人被開除黨籍。同年有半數以上的企業以各種名目規避稅責，而個人企業逃漏稅的比例更高達八成。在農村地區，農業生產因政府核准販售的不合格農藥、化學肥料、種子而蒙受損失。於是政府下令，共產黨黨員每年必須接受廉潔操守與對黨忠誠度的考核。

根據報導，兼差工人以及不滿或待業之農村、城市人口的流動亦有失控的趨勢。政府粗略估計，每年至少有八百萬人流向城市地區，現在則有四億人口散居在中國三百六十五座大城市，這是自一九八二年人口調查暴露出農村人口流失以來另一波的城市人口增長趨勢。據報導，每天有三萬名各式各樣外地來的工人徘徊在四川的火車站；這些失業或暫時遭解雇的工人所形成的「流動人口」，據說在上海就高達一百八十萬人，在北京與廣州則有逾一百一十萬人。諸如此類龐大的人口流動本身僅是更形嚴酷的問題之中的一個環節，因為農村土地使用與生產方法的變革，伴隨著政府緊縮開支政策與新資本建設計畫的凍結，造成高達一億八千萬的農村剩餘勞動人口；預計在下一個十年將面臨相同困境的人口，將再添增兩億人。

整體人口成長的數字同樣無法令政府的計畫官僚稍感寬慰。鑑於中國達生育年齡女性人數偏高且低齡化，有關政府單位估算，在未來至少八年每年出生的嬰兒數將達兩千萬人。依據目前城市地區出生率為千分之十四點三、農村地區出生率千分之二十四點九四的趨勢，預估在西元二〇〇〇年時中國的總人口數將達十三億人。事實證明一胎化的政策很難貫徹：在全部出生嬰兒數之中有百分之三十二點三三是第二胎；十四點九五是第三胎。就中國三十億美元的貿易赤字而論，中國糧食進口所占的比重雖然十分高，但其每人每年的糧食消耗量卻呈現穩定下滑的趨勢：一九八四至一九八八年間下降了四十公斤（即從四百公斤下降為三百六十公斤）。除此之外，這些增長的人口在中國所接受的教育，在質方面可能無法與他們的前幾代相比。依據國家統計局的界定，中國境內有兩億三千萬的「文盲」（其中百分之九十五住在農村地區，百分之七十為女性）；「國家教育委員會」亦注意到，越來越多父母與企業主為了利用廉價的童工在農地與工廠裡工作，甚至抵制基本受教權。一九八八年，逾七百萬的兒童輟學，這一數據包括中國四千萬名初中生的百分之七、以及所有小學生的百分之三點三。[21]

好像生怕這些內在問題沒讓政府有關轉型的計畫陷入不可自拔的泥沼，外國傳來的消息也並未帶來希望。一九八八年，即使外國直接投資中國的總額高達五十二億美元，簽訂近六千份各類合資契約，不過這個數字並不符合中國原先的期望。一九八八年中國的出口總額為四百七十億美元，但相對的進口總額卻高達五百四十億美元。世界上重要出口國家中，中國排名第十六，而香港排名第十一，臺灣排名第十二。假若仔細檢驗不難發現，官方所公布的在華外資數據多屬誇大。許多受人矚目的中外合資企業，例如「美國汽車公司」（American Motors）與「北京吉普車」公司（Beijing Jeep），也都陷入經營危機，這主要歸咎於低生產量、生產進度滯後、中方廠長的逃避（與之相比，美國人則毫不妥協、帶著不切實際的期望），以及工作場所內鬱悶且瀰漫敵意的氛圍。幾年前，在東南沿海探勘石油的合資企業誇下海口，但也並未如預期般發現龐大的油源。經濟特區同樣面臨管理不善與貪贓枉法的弊病。在經濟特區裡，有許多企業是屬於黨高幹子女或親戚所有，而在這令人眩惑的權力圈層之外的中國人則是公開且無奈地稱這群權貴子弟為「太子黨」。對於受過教育的中國青年而言，他們彷彿如夢初醒，認清「關係」似乎才是社會的晉升階梯。他們相對感受到新近取得選擇職業的「自由」同樣亦威脅到他們自己，因為沒有特殊的人脈，他們就不可能獲得前程似錦的工作。再者，政府持續縮減大專院校設備費的支出，任由老舊的設備殘破不堪，宿舍、餐廳腐朽荒廢，學生與教授無不抱怨在這種惡劣環境之中難以從事有效的研究工作。改造中國經濟與追求國家現代化的夢想似乎正在眾人的眼前灰飛湮滅。

斷裂點

對中國而言，一九八九年當是別具意義的一年：這一年是法國大革命兩百周年紀念，五四運動七十周年紀念，中華人民共和國建國四十年，與美國重建正式外交關係也已過了十年寒暑。一些傑出的中國科學家、作家──包括已被開除黨籍的方勵之，還有詩人北島──分別致書鄧小平等中共領導人，籲請他們把握契機，採取必要的步驟，讓政治鬆綁，讓中國的政治更開放。魏京生從一九七八年民主牆運動之後，已坐了十年牢，他們敦促中共領導人對魏京生等政治異議分子實行特赦。他們也呼籲政府賦予人民意見表達的自由，以裨益科學發展與經濟改革所必須的學術交流，並為了國家的總體發展而挹注更多的教育經費。全國人民代表大會亦闡述，倘若能把「政治、社會與文化的民主化」熔冶於一爐，那「社會主義式民主」便指日可期。有些知識分子力陳回歸鄧小平一九七〇年代末著名談話中所蘊含的實用主義，「不管是黑貓白貓，只要是會抓耗子的就是好貓。」其他知識分子則更進一步，例如前「中國社科院馬列主義毛澤東思想研究所」所長蘇紹智指稱，理論與實踐的割裂是當今中國的一種「慢性病」。蘇紹智呼應了遭汙衊的黨總書記胡耀邦的觀點，倡言當前中國馬克思主義似乎已被冰封在「僵化教條」的牢籠之中。真誠的改革確實能讓馬克思主義浴火重生，同時又能拒斥所有的「意識形態偏狹與官僚主義」作風、所有的「文化專斷」病態。

諸如此類的心聲似乎重新肯定了一九八六年合肥學生的訴願，以及魏京生在一九七八、一九七九年的大膽籲求：在馬克思主義精神範疇中，仍然留有創造性成長與變革的空間。鄧小平、李鵬或趙紫陽等人均不曾公開對各種振聾發聵的聲音做出回應，而把這項任務交付下屬，無奈這些官員卻是嗤之以鼻。在他們的認知當中，像這類的請求和批判，無非是要「鼓動」公眾並對政府施加「壓力」。既然中國沒有政治犯，所以要求「釋放」魏京生和其他人也毫無意義。

在這股不安的氣氛中，胡耀邦突然於一九八九年四月十五日因心肌梗塞而溘然長逝。胡耀邦是長征老幹部、「共青團」的領袖、鄧小平欽點的中國共產黨總書記，一九八六、一九八七年縱容學生運動氾濫的替罪羔羊。他在一九八七年被罷黜總書記一職，中央委員會命他公布一份「自我批評」文件；然而鄧小平這種縱容、甚至鼓勵對胡耀邦侮辱的手段，讓中國百姓不勝唏噓。俟胡耀邦逝世的消息傳開，北京的學生找到了一種對政府施加壓力、深化經濟與民主改革的方式。過去在一九七六年因為紀念周恩來而掀起天安門示威運動後，就是鄧小平本人於一九七八年幫忙「翻案」，公開承認該次運動的合法性。學生發動支持胡耀邦的遊行示威，並要求重新評價胡耀邦個人的功過，相信一九八六至一九八七年的民主示威、或許還有一九七八至一九七九年的民主牆運動所揭櫫的觀念將會再次成為全國關注的焦點。

這個想法似乎出自北京「人民大學」黨史系的學生。黨史系的學生大多數是共產黨員或高幹子弟，他們可望在黨的官僚體系中平步青雲，或在新興企業中致富。他們懂得如何運用政治壓力，如何維持政治壓力的強度於不墜。來自北京其餘學校成千上萬名的學生，包括北京大學在內，於四月十七日在天安門廣場上加入人民大學學生的行列而形成聯盟。學生聚集的目的是為了悼念胡耀邦，要求政府杜絕裙帶主義流風，整飭貪官汙吏，擴大民主參與，改善大學的研究環境。自一九八〇年之後，共產黨即宣布大字報為非法行為，但大字報又開始在各地湧現，公開頌揚胡耀邦以及他對自由主義和政經改革的支持態度。每當放學或圖書館閉館後，激昂的青年群眾便自動聚集一起，共同分享彼此的情懷；而從這類聚會之中又萌生出新的、自主性的學生團體。上海等地的學生濡染了相同的心情，也抒發同樣的心聲。四月十八日，學生群眾在座落於天安門廣場上的「人民大會堂」前靜坐；是夜，學生群眾懷抱著中共建政以來前所未有的勇氣，蜂擁至紫禁城邊側的黨部以及高幹棲居的中南海前靜坐。政府宣布將於四月二十二日舉行胡耀邦的追悼會；政府也下令禁止集會遊行，並封閉整個天安門廣場。但學生精心籌畫、相互協調，在武警進駐之前即湧入天安門廣場，高懸旗幟，井然有序地進行和平抗爭。有些學生以一種儀式性但又無比真摯的表達姿態，跪在人民大會堂的臺階上，請求李鵬出來接見學生並與學生溝通，宛若清代朝禮的再現。李鵬拒絕了學生的請願。四月二十四日，學生開始發起大規模的罷課行動，意圖以此向政府領導人施壓，期望他們能傾聽學生的心聲。

情勢發展至此，即使學生越過了一九七六、一九七八或八六年的限度，政府與學生雙方似乎仍有轉圜的空間。學生相信趙紫陽同他身旁的重要幕僚一樣，都願意接納深化改革的對話，而以趙紫陽身為中國共產黨總書記的地位，應該有能力敦促共產黨往同樣的方向前進。至於趙紫陽本人，他或許把學生發起的這場示威運動視為一種潛在的政治力量，能強化他在黨內的權力基礎、而削弱李鵬、甚至鄧小平本人的地位（鄧小平在一九七八年就曾成功利用民主牆運動鞏固地位，打擊華國鋒）。然而到了四月底，學生群眾因《人民日報》刊出殺氣騰騰的社論定調這場運動為「有計畫的陰謀」而群情嘩然。這意味著政府將採取逮捕起訴的行動。在這關鍵時刻之前，趙紫陽已遠赴北韓進行官方訪問，而《人民日報》的社論顯然是代表李鵬或鄧小平本人所屬黨內強硬派集團的觀點。

學生並不因此而臨陣退縮，他們以無比憤怒與鄙夷的態度來回應中央領導人的立場。現在，教師、記者，以及北京的市民亦紛紛加入集會行列。群眾集合的規模與聲勢日益壯大，要求改革與民主自由的呼聲也越來越肆無忌憚。但政府領導人此時似乎無計可施，因為對五四運動周年紀念採取任何形式的暴力手段，都會令人馬上聯想到軍閥割據的時代。五月四日這天終究是到來了，當天北京有逾十萬人的遊行隊伍，規模之大足令一九一九年的學生運動相形失色，不過還是平和落幕。全國各大城市也都發起類似的團體與遊行活動，但只有北京一地成為世界各大媒體追逐的焦點，除了因為學生示威抗議之外，也是因為蘇共總書記戈巴契夫將於五月中旬如期造訪北京，與鄧小平進行一場重要且籌畫已久的高峰會。這場高峰會象徵著自赫魯雪夫發表令毛震驚的鞭撻史達林的祕密演說以降，中蘇之間持續三十三年敵對關係的解凍。

戈巴契夫受到北京示威群眾的熱烈歡迎，特別是因為戈巴契夫嘗試把政治與學術、知識自由導入蘇聯，而與中國領導人的頑強抗拒形成強烈的對比。然而隨著學生示威群眾改採新的絕食策略以凸顯其改革理念時，戈巴契夫來訪的意義以及鄧小平亟欲利用這次機會來營造雙方和緩關係的作法，頓時蒙上一層陰影。近三千名絕食者躺在臨時搭設的帳棚內，身旁圍繞著數以萬計的同學、北京市民以及好奇的訪客、旁觀人士，使天安門廣場看起來宛如一座大型營地。北京學生透過一群自號「飛虎隊」的機車騎士密切注意最新情勢的發展。中國政府取消或變更為戈巴契夫籌備的典禮儀式，隨著電視機的鏡頭把天安門廣場的畫面傳送到世界各地，世人看到了救護車忙進忙出，載運身體虛弱、生命岌岌可危的絕食者。

這種局勢的發展是中國過去所未見的，雖然在文革期間曾出現過類似規模的群眾集會，但過去的群眾運動主要是由國家策動，而群眾運動的目的往往在於誓言效忠黨與人民的最高領導人毛澤東。現在，即使趙紫陽依舊試圖緩和對峙的緊張關係，認為《人民日報》社論對學生的指控過於嚴厲，不過示威群眾還是公開要求鄧小平與李鵬下臺。示威學生和支持者時而鼓譟憤怒，時而載歌起舞，或浸淫在政治的論辯，或疲憊不堪而昏昏入睡，剎時成為挑戰政府的一股強大政治力量，以及中國其他地區與世界各地人民眼前引人入勝的奇特景觀。李鵬確實曾邀請絕食抗議者的領袖進行會談，但結果卻是不歡而散。李鵬發覺學生的行為粗鄙無禮且條理不清，而學生則認為李鵬倨傲而冷淡。五月十七與十八日，天安門廣場裡裡外外的示威人群已超過一百萬人。囿於政府的管制而沉默至今的報社與電視新聞記者、撰稿人，開始拋卸身上的束縛，竭盡全力地如實、廣泛報導學生的示威抗議行動。五月十九日，總書記趙紫陽前往探視絕食示威者，眼淚幾乎奪眶而出，並促請他們結束絕食的行動。李鵬與示威者亦進行短暫的溝通，但未要求學生停止絕食，也沒有作出任何承諾。五月二十日，在趙紫陽未發表任何意見的情形下，總理李鵬與中國國家主席楊尚昆宣布實施戒嚴，下令解放軍進駐北京清理天安門廣場並恢復北京秩序。

但持續兩周解放軍都無法徹底清理天安門廣場，軍人的行動因北京市民無比的勇氣與團結精神而受阻，落得徒勞無功。工人起初是學生的同盟，他們現在則組織起屬於自己的團體，加入示威抗議的行列，並阻擾軍人前進。北京市民帶著一股強烈但帶幾分體貼的團結精神，走上街頭，架起臨時街壘。他們包圍士兵的車隊，偷偷把輪胎放氣或關掉引擎，與軍隊爭論或勸告軍隊不要實施戒嚴，不要把搶桿子對準中國百姓。對軍隊而言，所接受的任務似乎令他們頗為尷尬，而無論在黨或軍隊，中央領導階層意見均明顯分歧的同時，軍隊仍能保持克制，並未輕舉妄動。鄧小平因學生的不妥協態度以及釀成街頭的失序狀態而震怒，此情此景讓他不由自主地回憶起文化大革命的經歷，於是他說服了強硬派支持他，下令解放軍軍區司令派遣經驗豐富的部隊進駐京畿。趙紫陽發覺無法在他的同僚之間獲得足夠的支持，亦無法阻止強硬派逐漸取得優勢。

在月前示威群眾中被推派出的學生領袖現在察覺，他們必須負責天安門廣場上蜂擁而至的人群與隨之而來的穢物、垃圾，以及隨時可能爆發的傳染疾病。到了五月底，學生領袖開始力勸支持者結束絕食抗議的行動，返回學校，並試圖繼續與政府進行對話。大多數的北京學生都聽從他們的勸告，不過新來乍到者——大多是來自其他城市的示威群眾——又取代了他們的位置。其中有一些立場較為強硬的發言者，聲稱撤退即意味著背叛了他們的原則，除非展示他們龐大的動員能力與以不屈不撓的韌性持續向政府施壓，否則政府絕不可能公開與他們進行對話。一群北京中央美術學院的學生為這場漸露疲態的學運豎起一座雕像，吸引眾人的目光：這一座三十英尺高，以白石膏和泡沫塑料製作的雕像是學生眼中的民主女神，外觀是一尊昂首、雙手擎著自由火炬的年輕女性。

稍後，於六月三日的深夜，軍隊向天安門廣場方向挺進。與先前派來實施戒嚴的士兵不一樣，他們並不是一支毫無作戰經驗、裝備落後的部隊，而是強悍精銳、裝備精良的「二十七軍」（指揮官是國家主席楊尚昆的親戚*）以及堅定效忠鄧小平的部隊。在重型坦克車戒護之下，攜帶武器裝備的大軍突破了防柵，輾過立在軍隊面前或阻擋軍隊去路的人群，從東、西兩方通衢大道向天安門廣場匯聚。配備自動機槍的軍隊，任意朝奔向附近建築物或走近軍隊據點的街上人群掃射。

六月四日凌晨，軍隊封鎖所有通往天安門廣場的道路，並關閉天安門廣場上的所有燈光。歷經冗長與痛苦的激辯，留下來的學生與示威群眾決定撤離天安門廣場。隨著學生與示威群眾狼狽但秩序井然地撤退，軍隊與坦克車占領了他們的營地，並把「民主女神像」推倒、輾碎。軍隊向廣場附近和其他地區的學生、市民掃射，北京市隨即陷入一片慘絕人寰的混亂中。哀嚎聲迴盪在寂靜的夜空中，地上滿布碎片，遭自製汽油彈擊中的軍用卡車或坦克車冒出熊熊的焰光。醫院躺滿無數的屍體與傷患，其中有不少醫護人員接獲命令，不准他們對受傷的平民百姓進行救治。解放軍亦有傷亡，其中部分軍人是被一些目睹手無寸鐵的示威者遭擊斃而憤慨的群眾以殘忍的手段殺害。流言蜚語四起，謠傳軍隊將火燒天安門廣場上堆積如山的屍首以湮滅他們兇殘的證據。無論傳言是否屬實——也沒有人能通過部隊的層層警戒獲得真相——倒臥街頭、醫院或橫躺在傾倒單車上的屍體，正足以證明暴力兇殘的程度。在這場軍隊武裝鎮壓中，死傷者難以細數。冷酷無情的殺戮行為讓人聯想到幾十年前的許多中國內戰與文化大革命的浩劫時代。[22] 證據顯示，成都以及其他城市皆曾爆發武警鎮壓平民示威者的事件，但政府全面封鎖消息，使外界難以正確估算傷亡的程度。外國記者嚴禁拍照

* 譯注：作者所指的將領應是遲浩田。「六四」之後，北京和海外一度盛傳遲浩田是楊尚昆的女婿，但事實上遲、楊並無親戚關係。

或進行訪問，衛星連線也完全切斷。

幾天以來謠言甚囂塵上，傳說其他單位的解放軍有感於大屠殺的兇殘，可能興兵攻擊二十七軍而掀起內戰，或是中國工人將舉行一場聯合大罷工，或是其他城市有志一同的動亂者預備推翻政府，但這些傳言無一獲得證實。強硬派是「贏」了，不過用「贏」這個字眼事實上誠屬勉強。趙紫陽遭到罷黜，這名鄧小平欽點的第二位接班人亦步上胡耀邦的後塵。李鵬與鄧小平這兩位黨內最具權勢的領導人，再度身著象徵儉樸革命生活形態的傳統高領「毛裝」，公開慰勞清洗廣場的解放軍將官、士兵，褒揚他們的勇氣卓絕。中共中央總書記趙紫陽下臺，遺缺由鄧小平欽點、時年六十三歲的江澤民來填補。在此之前名不見經傳的江澤民為上海市委書記，曾在俄國接受電機工程培訓。江在黨內晉升步調平穩，從學生運動成員、工廠廠長、主管工業部門的部長，一直到一九八五年出任上海市長，一九八七年則升任上海市委書記。一九八九年春天，江澤民接到中共中央的通知趕往北京，協助掌控示威的群眾。江之所以獲得青睞擔此重任，全賴他在學運期間維持了上海的社會秩序，未釀成失控。在江澤民克盡己職、走馬上任的同時，黨透過報紙雜誌、廣播、電視，以著反革命、「不良分子」的罪名對示威者大肆攻訐，並擴大追捕學生領袖及其重要支持者。許多中共「亟欲」捕獲的學生在警力嚴密追緝下躲了幾周，其中少數人還祕密潛逃出中國，在在顯示這些學生的抗議行動普遍獲得民眾支持，以及相關民主運動組織的高效率與團結精神。不過還是有成千上萬的學生遭逮捕、審訊。此外，政府亦遏制任何具自主性之工人團體的成立，對曾經參與抗爭的工人施以嚴酷的懲罰。有許多工人遭逮捕、處決。

世界各國政府因突如其來的一幕幕屠戮場景而瞠目結舌，但卻不知該採取何種適切的行動。有許多外國政府表達強烈的憤怒，下令國人返國，實施經濟制裁，透過各種國際組織譴責中共。但縱使部隊以自動機槍動輒掃射外國人居住的建築物，也沒有任何一國與中國斷絕外交關係。美國使館給予方勵之夫婦所要求的政治庇護，此舉被中華人民共和國政府視為是干涉中國內政的不當行為。但一封美國總統老布希（George H. W. Bush）寫給鄧小平、並經專人親交的一封保密信函中，布希呼籲中共保持冷靜，並承諾持續尋求可防止暴力升級的中間立場。[23]

六月九日，鄧小平親自出馬，在演講中嚴厲譴責示威者，而鄧的這篇講稿日後成為全中國各地研討會議與黨內小組討論的指定教材，明顯代表官方對此一事件定性的基本論調。這篇講稿以一種獨特的方式，總結了中國曾經走過的革命歲月，同時指出希冀從過去的革命經驗來映照當前的亂局。鄧小平說道，政府所鎮壓的正是「反革命暴亂」。更何況，這場暴亂是「國際的大氣候和中國自己的小氣候所決定了的，是一定要來的，是不以人們的意志為轉移的。」鄧小平一方面從這種長期、近乎全視野的角度來詮釋這一事件，一方面又告訴在場聆聽的黨領導人與軍隊將官，大量的「社會渣滓」意圖顛覆黨和社會，以「建立一個完全西方附庸化的資產階級共和國」。

鄧小平並未指名道姓何人是社會的渣滓，但卻明白表示這些社會的渣滓是與「群眾」、

「青年學生」、「圍觀的群眾」有所區隔。軍隊在鎮壓暴亂過程中所展現的勇氣足堪表率，鄧小平說道，這顯示十八、十九歲的新兵戰士懂得如何捍衛社會主義和國家。然而鄧小平並未試圖解釋何以學生要以堅毅不拔的精神來從事示威抗爭，何以有這麼多的市民擁護他們，鄧小平堅持必須毅然決然地粉碎背離中國共產黨的領導與「馬列主義毛澤東思想」最高指導原則的任何舉措，以及剷除引進「美國式的三權鼎立制度」的各種意圖；但這並不意味著中國將再次成為一個「封閉性的國家」，或者政府領導人會「重新回到過去那樣，把經濟搞得死死的」。鄧小平在演講結尾重新肯定加速國家經濟發展的必要性：「多搞一點電，多搞一點鐵路、公路、航運。」他黽勉幹部用十二年的時間完成國民生產總值翻一番的目標，往後五十年再以每年百分之二的增長速度於二〇五〇年達到「中等發達國家」的水準。

在對「這次事件的性質」進行評判的過程中，鄧小平把六月三、四日的鎮壓行動與四、五月事件的脈絡兩相對照，然後思索更為廣泛的意識形態課題。中國正面臨著嚴峻的挑戰，鄧小平說道，這是一場社會主義與「資產階級自由化和精神汙染」對立的鬥爭。在這場戰爭中，中國在中國共產黨的領導下將為可預知的未來而奮戰。遙想江西蘇區、延安時期、建政初年那段艱苦但鬥志高昂的歲月，鄧小平期勉重拾那種勤儉的價值與標準，倡導「樸素的生活」與「艱苦奮鬥的創業精神」。唯有如此，中國才能避免「西方的許多壞的影響進來」，實現她自己的「改革開放」遠景。[24]

話說至此，國家彷彿未曾經歷任何改變革，鄧小平也似乎要說服大家，任何意義深遠的事情也未曾發生過。黨已開啟了未來十年中國必須走的路，全體國人的本分，就是遵循領導，最後獲得合理、圓滿的結果。

注釋

1 白杰明（Geremie Barme）與閔福德（John Minford）編，《火種：中國人良知的聲音》（*Seeds of Fire: Chinese Voices of Conscience.*, New York. 1989），頁四〇五。

2 前揭書，頁四一〇。

3 前揭書，頁一七四。

4 張辛欣（Zhang Xining）與桑曄（Sang Ye），《中國人的生活：當代中國的口述歷史》（*Chinese Lives: An Oral History of Contemporary China.*, New York, 1987），頁一七四。

5 前揭書，頁三一三。

6 前揭書，頁一五三。

7 金安平（Chin Annping），《中國之子：近年來的心聲》（*Children of China: Voices from Recent Years.*, New York, 1988），頁五三、一〇三、二〇一。

8 謝爾（Orville Schell），《迪斯可與民主：處在改革陣痛時期的中國》（*Discos and Democracy: China In the Throes of Reform.*, New York, 1988），頁一三一。

9 黎安友，《中國的民主》，頁一九七。

10 謝爾，頁二一三至二一四。

11 《紐約時報》，一九八六年十二月十一日。

12 謝爾，頁二二四至二二五。

13 《紐約時報》，一九八六年十二月十一日。

14 前揭文，一九八七年一月三日；轉引自《人民日報》。

15 前揭文，一九八七年一月十三日。

16 《紐約時報》，一九八五年一月六日與一九八五年二月二十一日。

17 謝爾，頁一三四與二九一。

18 前揭書，頁二九二。

19 有關李鵬的個人資料，參見李侃如與奧森柏格，《中國政策的制定：領導人、結構與過程》，頁五一至五八。

20 《紐約時報》，一九八八年三月三十一日與一九八八年四月九日。

21 所有的數據皆轉引自〈季刊文獻〉，《中國季刊》，第一一七期，一九八九年三月，頁一八〇至一九五；以及第一一八期，一九八九年六月，頁三九一至四〇七。貿易數據引述自：《MOR中國通信》（*MOR China Letter*），第三卷第三期，一九八九年四月，頁七；另外，也感謝詹姆斯．史特帕尼克（James Stepanik）提供相關數據。有關「美國汽車公司」與「北京吉普車公司」，見孟捷慕（Jim Mann），《北京吉普軍》（*Beijing Jeep.*, New York, 1989）。

22 關於八九民運的詳細敘述與相關重要文件，可參閱：〈季刊文獻〉，《中國季刊》，第一一九期，一九八九年九月，頁六六六至七三四；有關示威遊行與受難者引人注目的照片，可參見特內（Peter Turnley）等，《北京之春》（*Beijing Spring.*, New York, 1989）。

23 關於老布希總統寫給鄧小平的信函，請參閱：傅高義（Ezra Vogel），《鄧小平改變中國》（*Deng Xiaoping and the Transformation of China*, Cambridge: Harvard University Press, 2011），頁六四八至六五一；關於方勵之的討論，請參閱：季辛吉（Henry Kissinger），《論中國》（*On China*, New York: Penguin Press, 2011），頁四二八至四三四。

24 《紐約時報》，一九八九年六月三十日。

第二十七章

世紀末

恢復成長

雖然鄧小平神態自若，但一九八九年的危機仍代表著一件事情：過去的問題依舊鮮明。在此我將以十幾年前發生的高度相似案例來說明，鄧小平的這些政治操作，在在證明了共產黨在解決內部領導階層與繼承者的問題方面，還有許多事情尚未完成。令人深感詭譎的是，鄧小平罷黜了他先前選擇的兩位繼任者，胡耀邦與趙紫陽，最後將領導實權交予先前默默無名的江澤民，助其登上總書記大位的舉動，不就是當年毛澤東用華國鋒取代劉少奇與林彪的翻版？以長遠的歷史脈絡來看，儘管鄧小平堅持經濟改革開放，也做出其他劇烈的變革，但他仍不容許政治的上層結構發生任何改變，也不讓民眾有更多意見表達的空間。這些政治改革的呼聲喚起我們對於晚清的歷史記憶，當時人們曾幻想著中國不用斷然改變那種全國上下奉行不渝的純粹意識形態體系，就能完全按照自己的想法躋身現代世界。有些中國人甚至認為，鄧小平在一九八九年鎮壓民主運動的作為，非常像晚清慈禧太后因為反對光緒皇帝的激進改革而於一八九八年發動戊戌政變。

中國學者與學生團結起來，在一九八九年春夏兩季宣洩他們的不滿與沮喪，這波運動也激起了許多共鳴。跟八九學運一樣，先前也有一群又一群冒險犯難的中國知識分子，儘管統治者嚴正警告，任誰提出的批判只要太過火就會遭受重懲，但他們仍以抨擊統治者的缺失為己任。無論他們自己是否有意識到，但那些分別在一九七六、七八、八六與八九年走上街頭示威的中國人，其實非常像一九三〇年代反國民黨的民族主義分子、一九二〇年代的五四運動倡議者、十九世紀末反清的革命黨人、十八世紀的「考證學者」*，以及十七世紀的明朝東林黨人、殘明的保皇抗清人士。

市民與工人飽受欺壓而憤恨不平，最後殺了迫害他們的軍人，這種官逼民反的案例屢見不鮮，但與上述事件畢竟有所不同，這來自於另一種中國歷史傳統。中國歷史上，那些目不識丁、沒有中心思想的老百姓因為遭受壓迫與剝削而掀起一波又一波起義風潮，同樣的戲碼不斷重演。人民腦海中追求美好生活的幻夢、隱約認為人生了無希望的內心想法、還有百般無奈的貧困生活條件，持續不斷地刺激著他們起身反抗蠻橫又無作為的政府。在取得武器之前，手無寸鐵的百姓必須以赤手空拳殲滅士兵。晚明的起義農民、跟隨王倫、林清等白蓮教支派的絕望信徒、捻軍、太平軍、二十世紀湖南與上海的農民與工人都向世人證明了，人民對於一切屈辱的忍耐是有極限的。

到了一九八九年年中，學生運動發出的不平之鳴似乎也可能獲得廣大迴響。不少名列政府「通緝名單」的學運領袖，還有以批評共黨政權聞名的知識分子，設法突破警方追緝封鎖，前往海外庇護所，可能會在流亡的國家建立強而有力的根據地，從海外批評共產政權。這些批評的聲音確實有可能顛覆目前的政府，或至少為一連串改革打下基礎，幫忙鋪路，或許有朝一日真能出現一個認同這些流亡者的繼任政權。康有為、梁啟超等晚清立憲派代表、孫逸仙等革命派代表、一九二〇年代的年輕共產黨人（包括周恩來與鄧小平等），無論是在日本或墨西哥，在美國或英、法，都曾成功在海外找到能享有思想與言論自由的庇護據點，至此開始發展他們的理念。

儘管各股外國勢力起先為這一群八九民運的流亡人士提供了規模不小的金援、精神支持與媒體聲量，他們也曾差一點成功說服數個企業與外國政府對中國進行貿易制裁，抽回資金，直到共產黨政府不再蔑視國民基本人權為止。但外界的熱情與支援不久後便逐漸冷卻了，原因是流亡人士陣營鬧內鬨，他們競相追求外界關注，無法推舉出領導者，也因為組織架構鬆散而不能把所有的力量匯聚在一起。流亡在外的知識分子成功透過時事通訊與其他寫作成果喚醒了西方的關注，包括中國政府持續鎮壓異己，駭人聽聞的勞改系統，還有以所謂

＊ 譯注：指清初康熙年間顧炎武、閻若璩等大儒，請參閱本書第五章。

「行政處罰」的名義迴避司法體系，不經審判就能以最輕微的罪名監禁千千萬萬個政治犯，以及在中國出口貿易逐漸成長過程中許許多多監獄犯人淪為奴工的情況。但長期而言，雖然外界針對中國政府提出的批判皆有憑有據，但為了恢復與中國的生意往來，從經濟觀點出發的主張顯然壓過了道德譴責的批判聲浪。到了一九九一年，投入中國的外國資本額首度回到一九八九年之前的水準，隨後有增無減，迅速超越了從前的水準，持續水漲船高。

鄧小平的聲望因八九年天安門事件而受到重創，因此，鄧小平就只能採取守勢，被動以待。一九八九年的下半年，以及整個一九九〇年，中共傾全力將媒體、官僚體系中的民運人士與其支持者揪出來，一網打盡，意圖消滅民運分子的殘餘勢力。數千名民運分子被逮捕、監禁，或者下放到勞改營，其中甚至有一些人——主要是工人——遭到處決。政府所屬研究單位、馬列主義毛澤東思想學術研究機構、特別是趙紫陽一手成立的「智庫」，領導幹部遭整肅者數以千計，且據傳趙紫陽因拒絕自我批判他在示威運動期間所表現的包容態度，被拔除所有官方職位而於北京遭到軟禁，直到二〇〇五年辭世。趙紫陽當年一念之差所犯下的過錯，在其有生之年並未獲得黨的寬恕。[1]

在中國領導階層內，批評鄧小平的聲音指陳，魯莽輕率地擁抱西方世界已導致中國共產黨價值觀的腐蝕，造成中國經濟結構的傾斜，並可能產生嚴重的通貨膨脹壓力。主掌貫徹黨內計畫的總理李鵬，力主固守每年百分之六成長率的上限，以遏止釀成八九年社會動盪之通貨膨脹危機的復燃。中共領導高層不只需要擔憂眼前的許多問題，在此同時，東歐共產集團冰消瓦解、戈巴契夫瞬間倒臺，就連蘇聯本身也分裂了，而這一切彷彿都預示著中國即將面臨的命運，令他們怵目驚心。是故，對國內異議人士的剷除彈壓，對諸如西藏、新疆等以少數民族為主體的邊界地區的嚴密防範，壓縮經濟變革的範圍與速度，就成為政府優先選擇的政策方針。甚至有三十二位資深黨員還建議，應完全廢除經濟特區的制度。

就在一九八九年蔓延至中國各地的民主運動蒙遭血腥鎮壓後的一、兩年間，中國境外開始熱切勾勒這個國家未來可能的各種場景。這些眾多預言的可能結果包括：學生或工人群起驅逐李鵬，趙紫陽重返權力中樞，軍事政變，因著地理山川的特徵而分裂成數個國家，甚至逐步走向前清傾圮後的軍閥主義世界。不過最出乎世人預料的是，在鄧小平掌舵之下，中國共產黨一方面通過選擇性壓縮國內批判空間，同時又加速國內各經濟部門成長，透過這種巧妙的均衡手段，不僅屹立不搖而牢牢控制權力、維持既有的特權，也大幅增加了中共政府成員的財富。

鄧小平對革命長期以來的忠誠無人能質疑，加上他多年來深獲毛澤東的信任，以及在反右鬥爭、大躍進運動期間所扮演的積極角色，讓鄧小平能團結像陳雲這類希望強化集中性計畫機制的老幹部，以及若干意圖回歸強化意識形態訓育工作老路的頑固毛派分子。強硬派心知肚明，文化大革命的經驗，讓鄧小平對於假藉革命名義的青年狂熱分子深惡痛絕。同時，鄧小平一再讚許人民解放軍在一九八九年六月的表現以及解放軍面對「暴動」仍能堅定不移的態度。鄧小平亦支持解放軍從事野心勃勃、有利可圖的國際武器銷售和國內投資的作法，這使鄧小平深獲軍方的擁戴。

但是，反對加速經濟成長的力量卻展現出驚人的頑強力。深圳地區年輕工人的「淘金」態度遭到強烈批判，而一九九一年八月由蘇聯共產黨老幹部策動反戈巴契夫的政變證明，即使是最強勢的領導人，在推動經濟改革的過程中本身亦可能遭受嚴重的傷害。[2]所以，一九九二年一月，鄧小平決意採取大膽的步驟，以他的威望重新觸動中國經濟活力、經濟變革的中心，亦即發揮中國東南方經濟特區的經濟效用與天然條件。鄧小平曾於一九八四年赴深圳視察數日，凸顯他對深圳特區的信心，但時值一九九二年，鄧小平這趟南方之行顯得更富機巧之意，所要面對的環境亦更為嚴峻。奇特的是，鄧小平稱他這趟九二年的旅程為「南巡」，措詞與康熙皇帝於一六八四至一七〇七年間先後六次下江南的用語如出一轍。不過康熙皇帝口中的南方，特指長江三角洲的經濟命脈揚州、南京、杭州，康熙皇帝從未更進一步深入南方地帶，遠抵位處亞熱帶的廣東。在鄧小平南巡所到之處，包括上海與長江流域的工業重鎮武漢，但鄧主要關注的是地處更為南方的廣州、珠海，以及與香港比鄰的深圳。鄧小平意有所指，針對「黨內保守勢力」說道：「意識形態是取代不了米的。」他讚揚廣東地區是「經濟發展的領導動力」，並力促廣東迎頭趕上香港、新加坡、臺灣與南韓等「四小龍」。

中國媒體最初對這趟行程的態度冷淡，由此可窺知黨內許多忠貞分子對鄧小平的抵制、敵視程度，或甚至可以顯示鄧小平對幾位元老所構成公然的威脅。不過稍後在春天，鄧小平不僅成功地在報刊雜誌上宣揚這趟旅程的意義，且突出經濟特區的重要經濟角色，還正式把它納入全國人民代表大會的公報上和中共中央委員會的文件之中。人民解放軍也發揮臨門一腳的作用，一九九二年春天，中國七大軍區的所有司令員，連同五十七位軍事將領，聯袂訪問深圳、珠海經濟特區，他們帶著對特區「成功經驗的信心」返回崗位，並矢志「學習特區的經驗」。鄧小平指出，不「改革開放」、不「發展經濟」，不僅「只能是死路一條」，更重要的是，快速發展才是中國的根本之道：「低速度就等於停步，甚至等於後退。」

只有「左」，鄧小平亦表示，才把這些改革視為引進和發展資本主義、或是一種有毒害性的「和平演變」，可能危及整個中國。「社會主義的本質，是解放生產力，發展生產力，消滅剝削，消除兩極分化，最終達到共同富裕。」鄧小平承諾，歡迎所有在海外從事研究的華人返國為經濟發展貢獻智慧。鄧小平語中對於八九民運風暴幾乎不加掩飾，特別指出胡耀邦、趙紫陽兩人的失勢並不是導因於他們加速經濟的成長，而是他們「都是在反對資產階級自由化的問題上栽跟斗」。[3]

畛域與競賽

在南巡途中，鄧小平就曾感慨，當年在設計經濟特區制度時就應把上海列入其中。一九九二年春天，鄧小平通盤考量特區整體規畫後，隨即修正了當初設計上疏失，並讓鄧在黨內的主要對手、資深的元老級幹部陳雲勉強默從（陳雲曾預言鄧小平的政策將使黨步上俄國、東歐共黨國家的後塵而分崩離析）。鄧小平宣稱，上海是長江流域的新「龍頭」，是現今長江流域開放外國投資之五大城市中對外貿易的重鎮。*同時，連同新疆、福建、雲南的「沿邊地區」，位處東北、西北與西南的五個城市亦將建設成所謂的「開放城市」。以活絡對外貿易與吸引外國的投資。**

這種對外開放區域的擴散其實是模仿自十九世紀末達到高峰的條約港口制度，不過鄧小平非常自信中國絕不可能再淪落回西方強權倨傲自大、清廷打躬作揖那個充滿特權與剝削的世界。

毛澤東對於瀰漫在城市——尤其是上海——裡那種腐化風尚的疑慮始終不改初衷，雖然毛在文革初期曾以上海作為激進派的據點，鼓吹他的「繼續革命」論，但是到了一九八〇年代，上海仍是一座龐然大物、其貌不揚的都會城市，人數驚人的居民生活在住房條件惡劣的環境，只能使用陳舊不堪的交通運輸系統、港口設施，在因循苟且、效率不彰、行政管理體系過時的集體工廠工作。然而，上海的行政管理經驗對江澤民而言是重要的關鍵，江澤民受到鄧小平的不次拔擢，從八九年夏天原職上海市委書記扶搖直上，躍居成為領導五千兩百萬黨員的黨中央總書記。鄧小平旋即善用江澤民具備的兩種能力：第一，在黨內發動反「拜金主義、享樂主義與極端個人主義」的運動，以杜絕那些批評追求高速成長政策幹部的悠悠之口。不過江澤民卻更直截了當，毫不保留地解釋道，他所指涉的是「權錢交換，暴飲暴食與非法性關係」；並以逮捕、處決的方式傾全力來表達其貫徹目標的決心。[4]第二，藉著江澤民在黨內的地位為一九九二年鄧小平的南巡背書，並公布鄧小平新的有關國家經濟建設目標最完整的觀點。迄至一九九三年止，江澤民因他的忠心耿耿而獲得兩項新職的酬庸：中央軍委主席***和中華人民共和國國家主席（在江澤民之前，曾集黨、政、軍權力於一身的還有華國鋒）。

一九九二年夏天，鄧小平又提拔了另一位上海官僚朱鎔基，使朱成為促進中國經濟成長的主要推手。朱鎔基係湖南人，出生於一九二八年，一九八〇年代出任上海市市長之前，主要專長是電機工程。嗣後，朱鎔基在官僚體系中迅速竄升，歷任國務院第一副總理、政治局常務委員、中國人民銀行行長（該銀行當時資產總值為人民幣一兆一千零七十億元，每年獲利人民幣九十億元）。朱鎔基在政策陳述中強調，為了促進成長，必須賦予國營企業廠長解

* 原注：這五大城市是蕪湖、九江、武漢（漢口）、岳陽、重慶。

** 原注：第二批五大城市包括哈爾濱、呼和浩特、烏魯木齊、昆明、南寧。

*** 譯注：在一九八二年制定的憲法中，中共始增設「國家中央軍事委員會」的機制，從此處的行文看來，作者並未區分「中共中央軍事委員會主席」（黨）與「國家中央軍事委員會主席」（政）。根據楊中美著《江澤民傳》（臺北：時報出版公司，一九九六年）一書，一九八九年十一月中共召開十三屆五中全會，江澤民獲推選為中共中央軍事委員會主席。繼之，在一九九〇年三月中旬召開的七屆人大三次會議上，江澤民又接任國家中央軍事委員會主席之職。一九九三年，於八屆全國人大第一次會議上當選為國家主席。

雇工人的權力，並讓廠長承擔企業運作盈虧的責任，就如同管理者必須能不受外界的干預而做出重大決策。企業薪資的調升，必須嚴格視企業的獲利而定。然而，若把朱鎔基的觀點置放在人口成長的脈絡裡，一九九二年夏天出爐的報告同樣注意到，根據第四次的全國人口普查（以一九九〇年七月一日午夜十二時的中國人口為基準），中國總人口數為十一億三千萬人，其中三億一千八百萬女性正值生育年齡，可預見的，中國將無法達到「國家計畫生育委員會」預計於二〇〇〇年前把總人口數控制在十三億的目標。另一數據顯示，中國目前的「流動人口」、亦即遷離戶籍所在地的總人口數約為七千萬人。

中國經濟開始呈現過熱的現象。中國的國內生產毛額——從一九八九年後穩健的以百分之六成長率，至一九九二年上升為百分之十二——於一九九三年再次攀高，成長為百分之十四，迄至一九九四年則仍維持在百分之十二的水準。這種成長速度的後果之一便是通貨膨脹的降臨，一九九三年的通貨膨脹率高達百分之二十五；其餘的負面效應還包括北京、上海和其他各大城市的地產投機風潮，由於銀行放任薄弱的貸款動機以及抵押品的不足，只要借貸人有良好的黨政關係，一律提供金額龐大的貸款，結果造成投機情況日益惡化。朱鎔基通過緊縮政府支出、節制奢侈商品的進口、遏止股票市場的投機炒作、強化稅務稽徵機制、強迫購買政府債券以鼓勵儲蓄、調高貸款利率等政策，把國內生產毛額的成長率壓低至百分之八或九，試圖控制經濟的危機。

朱鎔基試圖推行的政策，明顯與現今鄧小平對經濟成長的樂觀主義基調相左。儘管朱、鄧兩人刻意避免矛盾的公開化，但鄧小平的新口號「發展得太慢就不是社會主義」，尤其再加上已屆九十歲高齡的鄧小平於一九九四年最後一次造訪上海，這種種動作明顯不利於對經濟成長熱度的壓縮。即使是通過全國電視網讓鄧小平老態龍鍾、口齒不清的模樣一覽無遺，但只要鄧小平本人在上海露臉就足以促成再一次的經濟成長。在短期之內，大城市的通貨膨脹率攀升至百分之三十的危險臨界點，而全國的通貨膨脹率亦高達百分之二十二。同一時期，外資源源不絕流入中國，合資企業的數目成長迅速，其地緣分布的範圍也益發廣泛；像美國這類並未對中國設置關稅壁壘的國家，亦開始出現龐大的貿易赤字。已公布的一九九一年數據顯示，中國的貿易盈餘達一百二十億美元，有三萬七千兩百一十五家外資企業活躍於中國，單是一九九一年就有三千三百萬人曾經造訪過中國。

歷經波瀾壯闊的示威運動和一九八九年天安門事件的血腥鎮壓之後，中國政府成功撫平了社會的動盪，這無疑強化了中國政府的自信心。儘管就能否接納多元主義、思想自由和信仰自由、或實行法律保障的意義而言，中國仍不是一個現代化的國家，不過在大城市、建築形態、車流、商店展示櫥窗、商品廣告和官方容許的服裝款式方面，處處展現出劇烈變革的風貌，而使中國的外表塗上了現代感的色彩。

中國在國際的能見度提高，與國外的交流也日益頻仍的情形下，試圖尋求以充滿戲劇性的方式，以新興強權之姿來建構新的自我認同。一九九三年中，中國領導人宣布將爭取北京舉辦二〇〇〇年奧林匹克運動大會的機會；在象徵上和字面意義上，二〇〇〇年是中國邁入新的千禧年的契機。為求達到此一目標，政府卯足全力，積極遊說在遴選過程中具有舉足輕重分量的各國奧委會代表，俾使北京能在強敵環伺中脫穎而出。在多項運動競賽方面，中國培植的運動選手已是世界級的佼佼者，特別是在跳水、田徑、體操等項目。況且，隨著於一九九二年成功舉辦亞運會之後，中國已向世人展現其建構頂級運動設施、提供足夠住房和交通運輸與通訊量的能力。到了一九九三年底，北京和中國各大城市紛紛豎立起各型看版，宣稱中國是舉辦奧林匹克運動大會的最佳選擇，配有中文字樣的奧林匹克運動大會標誌隨處可見。

當國際奧委會的外國代表團抵達中國，政府特別下令北京附近的工廠暫時歇業，以控制嚴重的空氣汙染；同時禁止廉價的計程車和私人汽車奔馳於街道之上。學生被指派清洗交通號誌，商店店員接受有關儀態、待人接物的訓練課程。基於相同的考量，攤販、窮苦的流動工人、乞丐一一被驅逐出視野之外，解放軍和公安警察不辭辛勞，為即將來訪的運動員和各國代表，展現出維持高品質公共安全的能力。

為了對外營造中國新一波改革開放的總體形象，〈第五個現代化〉一文作者、自一九七九年起即遭拘禁、下放勞改營的知名異議分子魏京生，突然於十五年刑期即將屆滿前整整一年、亦即一九九三年九月十四日獲得假釋。公布釋放魏京生消息的時機，「恰好」選在中國代表團正向即將於九月二十三日在摩納哥（Monaco）進行投票的國際奧委會各國代表作最後遊說的時刻。隨後各競逐城市所得到的票數異常接近，幾個可能雀屏中選的城市在投票過程中一一敗北：伊斯坦堡（Istanbul）、曼徹斯特（Manchester）、柏林等角逐者一個接著一個被擊敗，北京則仍在第四輪，也是最後一輪的投票競賽中進行搏鬥。北京雖然動員龐大的人情壓力，挹注鉅額資金期使求得圓滿的結果，但最終卻以兩票之差（四十五票反對、四十三票贊成、一票棄權）飲恨於澳洲雪梨手中，這樣的結局著實傷害到中國人的顏面。

魏京生立刻成為這場競賽的代罪羔羊，投票失利之後，魏京生再次被逮捕，遭祕密羈押，罪名是陰謀顛覆國家。事實上，魏京生在獲假釋之後曾與七八、八九年的異議分子會面，也曾與外國記者談話，更有甚者，儘管於國際奧委會投票前夕，魏京生在面對記者詢問他的假釋是否與奧林匹克運動會有關的問題時曾虛與委蛇，但俟投票結束後，魏京生還是寫了一篇激昂高亢的文章談論中國、美國和人權議題。這篇文章的題目是〈狼與羊〉，魏京生解釋說，中國領導階層斷難接受其他國家真心關切人權；他們亦相信柯林頓總統關注這個議題「只不過是在裝模作樣」。魏京生寫道，華盛頓當局所犯的錯誤，就在於認為「共產黨集合了一群文化落後、智窮才竭的領導階層，中國無法理解斲斷人權是邪惡的」；事實上，中國領導階層十分明瞭他們的所作所為，他們是故意「剝奪了人民的自由」。魏京生指稱，美國人的作法猶如伊索（Aesop）寓言故事中的羊：「在狼責備羊弄髒了他的飲用水之後，就駁斥道：『我不可能弄髒你的水，因為我是住在你的下游。』不過，最終狼還是把羊吃掉了。」[5]

魏京生的文章是登載在一九九三年十一月《紐約時報》的「論壇版」（Op Ed）上，他並與柯林頓政府主管人權議題的副助理國務卿會晤。在爭取奧林匹克運動會主辦權失利的背景下，這兩樁事件導致了魏京生再次遭逮捕，並受到嚴厲的指控。歷經了長期的祕密監禁之後，魏京生復又如一九七九年般受到不公平的審判，不過這次魏的友人已無法再偷偷夾帶錄音機進入法庭。魏京生無從申辯而被判處了十四年的徒刑。黨一方面在國際舞臺上凸顯民族的尊榮感，另一方面又處心積慮地不斷打擊堅定的異議分子，這兩者之間的扞格不入在魏京生的案子上表露無遺。到了一九九七年鄧小平殞故之後，魏京生才又獲釋放，並獲准定居美國。

經濟小龍

儘管政府對像魏京生這類試圖公開呼籲民主的人士態度僵化，全無彈性，不過中國內部跡象顯示，激發漸進式變革的因子可能緣起於內部而非由外力形塑。譬如，工程浩大、論辯不斷的長江三峽建壩計畫，即使受到總理李鵬和黨內老幹部的大力支持，但於一九九二年召開全國人民代表大會拍板定案之前，始終爭論不休，有關安全因素以及建壩所造成的環境和社會衝擊等議題受到廣泛討論。最後投票結果揭曉，雖然有高達一千七百六十七位代表投票贊成，但亦有一百七十七人公然投下反對票，六百四十四人棄權，二十五人未按表決器。在全體橡皮圖章中有近三分之一的代表反對政府所推動的重大施政計畫，這是中共歷史上前所未有的新現象。隨後的歲月裡，中國內部產生許多批判聲音，針對大壩計畫的各個面向持續公開表達反對的立場，訪問可能因建壩工程而蒙受不利影響的百姓，散播反對這項工程計畫之工程人員、官僚的負面報告。同樣地，過去習於自動接受黨規畫之候選人的村級「選舉」，現在已有許多案例顯示黨所提名的人選紛紛中箭落馬，取而代之的是在地方上較受村民歡迎的候選人。

然而這類情景在中國境內仍然極不尋常，且往往取決於少數非凡人士的個人執著。華人社會朝民主方向轉折的重要模式，是發生於鄧小平呼籲國人要在經濟方面加以仿效之「四小龍」當中的兩條小龍：即臺灣與香港。

這兩小龍之中，又以臺灣的變化最為劇烈。促成臺灣內部變革的重要事件是，蔣介石之子、臺灣總統蔣經國銳意讓島內的兩大議會「立法院」（其席次每三年改選一次）、「國民大會」（其中多數席位仍被一九四七年在中國選出的老國民黨員占據）進行全面的民主選舉。蔣經國又推動了全面民主化的發展：真正競爭的政黨政治，公開、公平的選舉規則和程序，黨與黨之間的合作，所有成年公民參與的公開、基礎廣泛的選舉。通過終結臺灣的戒嚴法，合法化反對黨的存在，解除出版禁令和修改煽動內亂罪條例，蔣經國於一九八七年踏出關鍵的一步。隨著蔣經國於一九八八年溘逝，過去由外省籍黨級大老把持國民黨主導政局的局面為之丕變。對臺灣而言，最關鍵性的轉變是李登輝繼承總統職權。嗣後臺灣的「大法官會議」於一九九一年作出釋憲解釋，明言國民大會內原係一九四七年在大陸地區選出的代表應在同年悉數退職，遺缺由新選出的代表接替以重組新的代議機制，臺灣的民主化進程於焉邁入新的階段。接踵而來的改革是，以臺灣公民直接選出總統、副總統的公開選舉，取代過去由國民大會代表推選總統、副總統的辦法。另一方面，為了彌補舊時代的傷痕，國民黨不僅同意全面、公開研究一九四七年二月戰後國民黨占領勢力屠殺臺灣人的事件，同時還為這場悲劇表達誠摯的歉意。[6]

國民黨的主要競爭對手、公開宣揚臺灣獨立理念的「民主進步黨」，於一九九一年的國民大會代表選舉中贏得百分之二十的席次，一九九二年的立法委員選舉中贏得百分之三十一的席次。一九九三年，由國民黨內分裂出來的第三大黨「新黨」，使得選舉的競賽更形激烈。一九九四年，民進黨推出的候選人，在具有政治象徵意義的臺北市長選舉中擊敗國民黨的競爭對手。而臺灣民主選舉過程的高潮，來自一九九六年首次舉行的臺灣總統大選，其中臺灣的主要政黨均推出候選人角逐總統寶座。在這場選戰中，令人印象深刻的，有百分之七十六的臺灣選民投票，李登輝獲得了百分之五十四選民的多數支持。在臺灣總統大選過程中，中共因意圖透過於臺灣鄰近水域進行飛彈試射和艦隊演習等手段，威嚇尋求臺灣獨立的潛在支持者而聲望受挫，中共此舉幾乎使兩岸貿易往來趨於停滯。隨著這場選舉的展開，我們可以理有所據地說，孫逸仙所設想「訓政時期」作為過渡到民主政治的重要中介階段，至少對地處中國邊陲的這個華人社會而言，業已結束了。

臺灣成就的社會模式，或許是鄧小平心目中所期待中國的未來榜樣：迄至一九九〇年代中期，臺灣的總人口數是兩千一百萬，每人平均所得一萬零五百五十六美元，每天攝取三千卡路里的熱量，預期壽命值男性是七十一歲、女性是七十七歲，每年人口增長率低於百分之一。百分之五十七的臺灣人接受中學以上的教育程度，而臺灣的官僚和議會代表接受高等教育的比率遠超過其他社會的同一群體。在總數九百多萬的勞動力之中，失業人口僅占百分之零點九。

相較於臺灣，在《中英聯合聲明》（Sino-British Joint Declaration）確立了一九九七年香港主權回歸中國之後的「一國兩制」架構的陰影下，香港在朝向民主的道路上就顯得既遲滯又顛簸。一九九一年夏天，英國放鬆殖民統治，首度允許香港立法局（Legislative Council）六十席代表中的十八席開放直選產生，其餘四十二席中的半數由政府遴選，半數則由醫生、律師、教師、貿易公會、商業團體之「功能組別」（constituency groups）間接選舉。至少有來自親北京、親商業團體、親民主派人士和個人等各類屬性的九十五名候選人競逐立法局議員席位。這次選舉造就了名為「香港民主同盟」（United Democrats of Hong Kong）的多數黨團體，這一團體係由思路清晰、善於說理的律師李柱銘（Martin Lee）領導，他曾公開批判中共對人權的踐踏以及對香港事務的干涉。而親中方的候選人在這次選舉中幾乎全軍覆沒。

一九九二年十月，甫獲英國任命的總督彭定康（Christopher Patten）宣布港英政府計畫要將功能組別的席次開放選舉，同時增加這類席次的數目，並降低由總督直接任命的議席。彭定康聲稱，之後將由十八歲以上（含十八歲）的香港全體居民，以全面而公開的選舉方式選出立法局議員，這項方案預計在一九九五年實施。彭定康宣稱這些革新作法並未違背一九八四年的基本原則，但中共方面反駁了彭定康的論點。而且政府遴選的議席（現在縮減為十席）同樣由更具廣泛基礎的選舉委員會（即由區議會民選議員組成）選舉產生。中方怒不可抑，宣稱一九九七年七月一日共產黨掌權之後，將解散這個通過公開選舉的立法局，並另起爐灶，成立諮詢機構聽取有關過渡階段事宜的意見，而這個組織的成員將由中方所提名。一九九四年九月舉行的議會選舉（即香港區議會的選舉），民主同盟贏得的席次是親中方政黨的兩倍。一九九五年所舉行最後一次、眾人期待的立法局選舉，民主同盟再次大獲全勝，親中方的政黨則近乎潰敗。不過令人沮喪的是，在這次選舉中，前往投票的選民僅占合格選民總數的百分之三十五。中國政府反覆重申，一九九七年七月一日當香港主權回歸中國之後，將解散這屆的立法局。

由是觀之，中國政府的態度相當程度反映了鄧小平所傳達的觀念：香港、臺灣兩地華人的經濟成就是全體中國人的驕傲，而奠定其經濟成就的貿易投資策略和獨立自主的管理制度，是值得中國學習的；然而一旦這些地區的華人在達到某種繁榮程度之後，意欲進一步尋求可行的民主改革方案，那麼就該予以壓制——無論是用威脅、武嚇，或等到中國共產黨政府能控制局勢後便予以撤銷，對中國本身而言，「訓政時期」顯然還是存在的。

下海

鄧小平以「最高領導人」身分統治中國的最後幾年受到了犀利、尖銳的檢視，這不只是因為這些中國邊陲地區的民主試驗遭中共反對；中國境內所發布的一系列政策和公告，似乎意味著北京與西方強權（尤其是美國）對抗的機會，恐怕已與和其和解的可能性不分軒輊。早在一九九四年初，中國即轉換基本辭令，將美國冠上「霸權主義」強權的名號，但自一九六〇年代迄於一九八〇年代階段，這類謾罵式的標籤常被用來描述蘇聯及其陰謀破壞中國革命的各種企圖。有些資料顯示，鄧小平試圖阻止把昔日這種富爭議性的用語從蘇聯移植到美國身上，但並未能成功，這證明鄧小平的個人權力已出現萎縮的警訊。事實上，對美國的攻訐與中共黨內若干元老幹部和受到波灣戰爭刺激的軍事將領持續施壓有關，他們期望人民解放軍得到更多的財政挹注，促進軍事的現代化和提升戰力，以對抗世界的局勢。「正是美國霸權主義者說三道四地干預，」誠如人民解放軍的總參謀長於一九九四年五月的陳述，給予「我們國家內部敵對因素分裂活動的公開支持，並反對、顛覆我們的社會主義制度。」一幾位政治局的常務委員亦凸顯出這類訊息的意義，聲言美國的目標就是要「推翻中國政府，壓制中國的發展」。[7]

美國政府縱容其官員與魏京生會面，並針對中共違反人權的議題進行晤談，意圖極為明顯；而傷害中國尊嚴最深的，莫過於美國反對北京承辦二〇〇〇年奧運。較為嚴重的隱憂，還有美國國內針對取消中國「最惠國」（most favored nation）貿易待遇久拖不決的論辯（美國曾於一九五一年取消此優惠，但在一九八〇年重新恢復），對於流亡海外的達賴喇嘛尋求阻止中國繼續剝削西藏的目標給予道義上的支持，指控中國藐視國際協定出售核武技術給伊朗、巴基斯坦。中國回應這種種不友善動作和其他霸權主義者的威脅所運用的手段，包括以核子動力潛艇跟蹤黃海上的美國軍艦、迫害中國的基督徒並對其處以罰金、重新逮捕八九民運異議人士或對其重新判刑、採購大量俄製戰鬥機和運輸機、以及在中國聲稱有主權的南沙群島（Spratly Islands；位於越南和印尼之間）附近的糾紛海域部署預警雷達網，而罔顧南沙群島距離中國有千萬里之遙。

但事實上，儘管中國煞有介事地看待這些來自西方的威脅，不過倘若真有進行「分裂活動」、「顛覆社會主義制度」力量的存在，那這些力量必然起於中國內部，而不是受到西方世界傾全力或遮遮掩掩的支持。黨統治的本質已經轉變，越來越多的人民認清了黨過去說詞的造假不實和相互矛盾，人民所孕育出的新希望和野心勃勃的抱負有如排山倒海，迫使黨只能被動採取守勢以對。儘管對毛澤東幽靈的阿諛奉承依然故在，但現今所採取的表現形式卻是一種流行文化的崇拜，而不是根深柢固、狂熱的信仰體系。一部中國的新浪潮電影，即所謂「第五代」電影製作人製作的電影，自舊中國裡召喚出美學的靈魂，以彰顯人民在過去中國所承受的苦難是何等的荒謬，以及當前黨對正義、歷史所抱持的態度是如何矛盾而虛偽。中國青年所寫誇張的小說與故事，破除陳規的中國式搖滾樂、饒舌歌，冷嘲熱諷的漫畫和才氣縱橫的畫作，在在傳達了他們蛹化蛻變的訊息。中國盛傳一則極盡挖苦之能事的笑話，生動地捕捉到這種情緒：一名中國百姓在街頭高喊李鵬是「呆瓜」後旋即被捕，他獲判二十年的徒刑，這一刑期是由兩罪合併執行：表達反革命的情緒判刑五年，洩露「國家機密」判刑十五年。

此時，中國城市與農村的地景風貌也持續改觀。道路穿越城市近郊，整個村子被夷為平地，而無視於歷史記憶、地方生活形態或視覺美學。就如同臺灣與香港，但卻又缺乏完善的都市規畫和典雅的建築。高聳入雲的旅館和商業大廈四處林立——其中多數是軍方或公安所有或出資，不只是北京、上海，現在連省內城鎮的天際線景色亦劇烈變化，程度絲毫不遜於任何經濟特區。貪瀆案件幾乎成了例行公事，光是一九九四年的前半年，涉及中共黨員的「違法和違紀案件」就有十四萬件之多。即使城市裡的失業率居高不下，但過時的集體企業依然在競爭的市場機制中苟延殘喘；農村生活形態也起了變化，數百萬農民投身城市，於喧騰熱鬧的建築工地和如雨後春筍般湧現的血汗工廠裡尋找就業機會。上海的流動勞動力膨脹至兩百八十一萬，單是一天就有六萬人進入北京市內尋找打工的機會；東北吉林則因有逾百分之十的農工四處流竄而發出警訊。成千上萬的研究人員和幹部發覺，單憑他們微薄的薪水勢必難以在物價飛漲、新消費形態的世界裡討生活，他們紛紛謀求第二份、甚至第三份職業，競相「下海」尋找機會掙錢。

時代脈動的本質也可以由其他方面的現象、亦即賦予「下海」字意新內涵的人數不斷激增而獲得辨識。新一代中國移民（大多來自福建）覺得他們在極端困頓的環境下難以一夕致富，於是用金錢買通非法的管道出國。在滿載非法中國移民而於一九九三年夏天靠岸紐約長島的「黃金冒險號」（Golden Venture）案例中顯示，成千上萬的中國人願意支付至少兩萬美元，但求有機會偷渡到美國。只要有偷渡航線被美國移民局破獲，並加強海岸線的巡邏，就會開闢其他的管道：最先是通過空中穿越加勒比海，之後則是經由東南亞地區縱橫交錯的海域。偷渡運作的規模，暴露出中國人組織性犯罪的力量是無孔不入，且大多與像三合會這類歷史悠久的祕密會社有所牽連（或者至少是名義上），而像這類的祕密會社在清末時期實力是十分雄厚龐大的。

唯有通過個人生活的故事，才能彰顯這類夾雜著動盪不安、顛沛流離、興奮刺激、尋找機會的情節。近年於中國農村所做的訪問，凸顯了這些因素在農村發揮的作用。這些訪問顯示，一九二〇、三〇年代歷經苦難的文盲農民曾親眼目睹家人在飢餓邊緣哀嚎，日本人侵略家園，共產黨人滲透進他們的村莊，他們在一九四九年後樂於和共產黨合作，之後在毛主席的話語中過活。然而在鄧小平新政之下，他們又必須面臨公社的解體，農業機制的去集中化（decentralization）、去集體化（decollectivization），而被拋向不可知的未來。來源廣泛的非官方資料亦披露，在一九九〇年代以及新世紀的頭幾年，勞資爭議導致試圖罷工的次數大幅增加，而罷工抗爭的程度也越發嚴重，這並非黨所願意承認的。再者，於反右鬥爭、文化大革命期間蒙遭蹂躪的高級知識分子，同樣記錄下他們的故事，這些故事通常都是環繞在他們個人於一九六〇、七〇年代所承受的猙獰經驗，而不是訴說他們如何調整自己去適應鄧小平的時代。

對一九九〇年代的青年、中年城市專業人士而言，環境的壓力因人而異。這群人經常提及他們的生活起伏不定：即便在某種程度上得到父母、配偶的奧援，不過他們仍覺得猶如獨行俠般，在茫茫社會裡無依無靠。年輕夫妻往往傾盡其家產作為賭注，獨自單槍匹馬投入高科技、市場競爭、外貿活動的莫名世界裡，另一半則牢牢依附在社會主義機制提供所剩無幾的安全網資源，心甘情願地為享有醫療、社會福利、足夠但不一定寬敞的住房而從事低工資、低生產力的工作。此種家庭總是聽從黨的指示，只育有一子；但諷刺的是，為了抒解年輕夫妻的工作壓力，養育子女的重擔又往往都落在祖父母的肩上，或者送至寄宿學校。這群年輕專業人士的閱讀涉獵廣泛，思想自由，儘管有時也會稱許黨過去的成就，但不時也會說出挖苦、諷刺黨的話。他們總以為黨仍能扮演一定的角色，以避免國家從踉蹌躓顛的情形下滑向無政府的狀態。他們雖然親眼見識到民主運動（至少是一九八六年至一九九〇年代中期所呈現出的那種形式），但認為這種社會運動並不會對國家當前的處境有任何貢獻。於是他們開始轉而講究個人儀表、家庭假期、周遭的美學品味，只不過他們之中有些是屬於比較簡約樸實、乖巧伶俐的一群。青少年時期經歷過文化大革命的人，對其父母輩和自己所嘗的非人待遇記憶鮮明，不過他們總認為昔日的磨難讓他們得以堅強面對眼前的世界。

至於他們的父母輩，尤其是在一九二〇、三〇年代出生，於第二次世界大戰結束或內戰期間加入共產黨的人，經常懷念起那個年代的世界給予他們明確的選擇，以及那個年代對他們所許下美好社會的承諾。對他們而言，所處時代的劇烈遞嬗，青年時期恭逢歷史盛事的那種感覺仍歷歷在目。不過，一九九〇年代的喧囂躁動和鼠目寸光，每每讓他們深感悲哀；眼見子女的折騰掙扎，常令他們有愛莫能助的感嘆。世代的落差於此清晰可見：第一代，在國民政府時代可能是大地主或留學海外；第二代，他們加入共產黨，轉入地下工作，從事革命，一直到一九五〇年代，生命安全才受到保障；第三代，捱過文化大革命，狂熱從事學術研究，然後前仆後繼地投身於就業市場（經常是身兼數職）。

舉一個在一九九〇年代末訪談的例子來說，有個人生於一九五五年，在一九六六年父母被逮捕的時候自謀生計、獨立討生活，之後在一家鋼鐵廠擔任教育幹部。他在國營創投公司謀得一份差事，替一家香港的企業集團蒐購地皮；後來自行創業，專營出售電視廣告時段給國內外的贊助廠商。他把所賺來的錢又投資在汽車配件的設計和專利事業上，成立一家專以有錢共產黨高幹為顧客對象的俱樂部，開設了一家按摩院，並把經營的觸角伸展到服飾、出版、網路資訊等領域。[8] 他的同儕大抵從事學術工作，生活十分充實；他們追求知識（基於對中國傳統歷史與文化博大精深的推崇），尊敬師長，焚膏繼晷地工作；驚人地掌握大量的資料和參考書目，雄心萬丈地想要在國內、國際的文壇上出人頭地。

倘若顛覆黨、國的是這類男男女女，那顛覆的力量必定發自他們充沛的活力、獨立自主的精神和誠實正直的品行，而不是源於處心積慮的陰謀或者基於邪惡的目的。這群人的目標是在可以預見、翻騰不已的中國內部，於非他們所推崇的領導人統治之下，尋找他們實現希望的契機。

鄧小平的辭世

一本引發議論的書於一九九四年底出現在中國，它給予國家一種奇特的新觀點。這本書的書名是《第三隻眼看中國》，據傳作者是一位德籍學者，但很快就被拆穿，原來真正的作者是老幹部陳雲之子的好友*。這本書大膽主張，鄧小平的政策導致中國受困於尊崇快速但失去均衡的經濟成長陷阱中，此結果讓中國八億農民猶如「一座活火山」，隨時可能爆發。此一蓄勢待發的力量現已蜂擁至中國城市內。這位作者活靈活現、鉅細靡遺地勾勒出，鄧小平為潛在的災難埋下種子，而這一災難的嚴重程度，甚至可能遠超過毛所掀起、造成至少兩千萬人死亡的大躍進運動。在書中這個新構思的前提下，鄧小平的政策將導致中國掉入萬劫不復、失控紊亂的境地，其嚴重的程度足令毛澤東所造成的災難相形見絀。[9]

對外界而言，隨著鬥爭在過去悄然無聲的領導階層之間爆發，領導階層之間所演出的劇碼卻越來越撲朔迷離。正當若干惡徒（無論有無黨在背後撐腰）接收工廠或甚至是整個農村社區[10]，中國已有兩座大型核能發電廠在運轉，外匯存底逾三百億美元，與美國的貿易盈餘近兩百億美元，而人民解放軍正向已瓦解的蘇聯購置大量先進的坦克、防空飛彈系統和空中加油機。

* 譯注：王山。

正是在這遞嬗紛擾的世界裡，殘餘的少數毛派代表人物相繼從歷史舞臺上褪去，而這群人的名冊宛如革命曲折進程的歷史見證。李先念、聶榮臻於一九九二年過世，李先念享年八十三歲，聶榮臻得壽九十三歲，李先念係出生於湖北的木匠，一九二七年即加入中國共產黨，日後成為華中地區抗日游擊隊的領導人，建政之後擔任中共財政部長，一九八三至一九八八年膺任中華人民共和國國家主席一職。聶榮臻出身於四川地主之家，一九二〇年隨同包括鄧小平在內的勤工儉學團體到法國，一九二三年於法國加入中國共產黨。身為一名優秀的科學家暨洞察力敏銳的軍事戰略專家，聶榮臻在長征、延安時期、內戰期間展現出卓絕的領導才幹，嗣後升任人民解放軍元帥，以及領導中國核子武器和飛彈計畫的「特別技術委員會」主任。湖南籍的鐵路工人王震，曾總管人民解放軍後勤工作，擔任中華人民共和國國家副主席之職，是中共保守勢力的中流砥柱，於一九九三年過世，享年八十五歲。

對鄧小平和其親信幕僚而言，最關鍵的莫過於高齡八十九歲的陳雲在一九九五年過世。陳雲於一九二〇年代初曾做過「上海商務印書館」排字工人的工作，一九二四年加入中國共產黨並成為中共首要的工運領導人。陳雲銜命發動一九二七年的上海大罷工，一九三一年升任中共中央委員會委員，日後成為毛澤東倚重的經濟顧問，並擔負起一九四九年後建設社會主義中國的領導工作。自一九八〇年代以降，陳雲即是經濟去集體化、無節制成長政策的主要批判者，且陳雲放眼所見，接踵這些政策而生的盡是中國道德和精神價值的淪喪。陳雲的過世對於中國的計畫官僚不啻失去一股強而有力的中央奧援，這批計畫官僚念茲在茲的是攸關馬列主義的基本價值，他們期望透過意識形態的馴化、財政平均主義等手段去建構中國的未來。

就大多數的政治觀察家而論，鄧小平在一九九〇年代中葉所扮演的真正角色，有如霧裡看花，總是令人難以參透。一九九二年南巡之後，鄧小平便不再於公開場合露臉或發表演說。一九九四年造訪上海所拍攝的朦朧照片，是鄧小平生平流傳於世的最後一組照片。在江澤民、李鵬主政之下，於鄧小平晚年對鄧的個人崇拜正如火如荼地在中國展開；江、李兩人讓《鄧小平文選》於大陸各地流傳、討論，推崇鄧小平是中國的「最高領導人」，而無視於此刻鄧已卸下一切政府公職。假若鄧小平真是中國的最高領導人，那這種最高領導人形象的展現是源自於私人生活層面，它的感染力幾乎凌駕在公開演講、會議時的地位之上，這種令人迷惑不解的符號象徵是通過鄧小平的家族成員、尤其是他的幾個女兒和若干資深將領的口中，點點滴滴得流傳出來。鮮少曝光的是鄧小平樂於與少數幾位牌友打橋牌，鄧小平一直對橋牌很有興趣，他晚年所保留的最後一個頭銜即是「中國橋牌協會榮譽主席」。據聞，鄧小平已不再事必躬親，綜攬政務，而樂於享受含飴弄孫的閒情逸趣。

就在這個時刻，儘管經濟的成長和變革仍如滔滔洪流莫能禦之，但國家的領導階層似乎已暫停運作。總理李鵬的任期至一九九八年三月屆滿，於一九九五年四月發表公開演說，宣稱「以鄧小平為核心的第二代中央領導集體」的過渡已「順利」完成，而「以江澤民為核心的第三代中央領導集體」則已準備就緒。然隱伏在此一宣稱背後的，卻是步步為營、詭譎多變的政治角力。陳雲過世之後不久，江澤民即強迫他的主要競爭對手之一、北京市委書記陳希同去職（陳的副手、北京副市長*則於轟動一時的醜聞中自殺身亡）。身為北京市黨委員的主腦，陳希同有權指揮調動首都成千上萬的安全警戒力量。拔除陳希同之後，江澤民完成一連串的防患措施，使他得以避免重蹈覆轍而步上毛澤東過世之後四人幫的後塵。江澤民指派他個人的衛士長由喜貴出任中共中央辦公廳警衛局局長，占中將缺。此局即是聞名遐邇的「八三四一」部隊，這支部隊曾在一九七六年率先發動反四人幫的政變。[11]

一九九七年二月十九日，鄧小平因肺部感染和帕金森氏症併發症而去世，當鄧小平的死訊向全國發布之後，舉國上下頓時陷入失語又茫然的詭譎氣氛之中。政府立即採取斷然措施，防止示威者假託哀悼鄧小平的藉口升高對中共政權的政治批判，大張旗鼓地如法炮製昔日的兩起事件：一九七六年四月憑弔周恩來、一九八九年四月敬悼胡耀邦。第一起事件也就是一九七六年四月事件，最後演變成對毛主席和其政策的公開撻伐，而鄧小平本人則被政敵汙衊在暗地裡挑起事端；俟鄧小平於一九七九年執掌權柄，他即刻為一九七六年的事件「翻案」，宣稱示威群眾批判四人幫和文化大革命的倒行逆施符合正當性。不過鄧小平從未鬆動官方對一九八九年事件的定調，或者對當時在事件中無辜罹難的學生、市民表達愧疚之意。一九九七年，這時的警力控制有如天羅地網，以避免在追思大會上出現對鄧小平個人大肆詆毀或過分歌功頌德的場面，擔憂此舉會損及中國現任國家主席、黨總書記江澤民的顏面。然而事實上，人民對鄧小平殁故的反應卻顯得出奇冷淡，以至於政府在告別式當天必須有限度、謹慎節制地鼓動哀傷的情緒，不過也唯有國營企業和工作單位的代表獲准參加儀式。根據鄧小平生前的囑咐，如同一九七六年對周恩來的處理作法，儀式過後鄧的骨灰將遍灑在海面上。

這種漠然的追悼儀式也益發凸顯出微妙敏感的政治思考，即江澤民亟思樹立他在全國人民心目中的地位：鄧小平淡出政治舞臺已有數年，真正的權力移轉正悄然、但有效地在進行之中。為了進一步彰顯權力的過渡，江澤民在他的悼詞中表示，希望黨內碩果僅存的資深幹部——其中有多人出席這場追悼大會——現在能讓位，不要希圖終身擁抱權力。這意味著彭真（九十五歲）、薄一波（八十九歲）、楊尚昆（九十歲）等元老的影響作用將被削弱；這批元老長年追隨毛澤東，其悠久的革命歷練賦予他們一種無形的歷史共鳴，而這正是七十一歲的江澤民所無法望其項背的。江澤民本人的革命資歷僅僅限於一九四〇年代末身為學生領導的經驗，爾後的生涯就一直以電機工程專家的身分，在黨和官僚體系中歷任各項職務。勸服元老幹部退職，也意味著現今掌控人民解放軍的資深軍事將領必須下臺，而進一步擴大、強化了江澤民在權力要津「中央軍事委員會」的勢力基礎。

鄧小平撒手人寰的時機，讓江澤民得以成為一九九七年六月三十、七月一日鎂光燈匯聚

＊ 譯注：王寶森。

的焦點，根據一九八四年與英國的協議，香港主權將於此刻歸還給中國。隨著英國國旗和前香港殖民政府旗幟的緩緩降下，中華人民共和國五星紅旗沿著豎立在香港區旗亦即「五星花蕊紫荊花紅旗」旁的旗桿冉冉上升。江澤民比鄰英國查爾斯王儲，一同坐在甫竣工的宏偉會議中心舞臺上，這座會議中心是由一群香港人和海外華人共同組成的不動產開發集團，於港口邊緣、飽受爭議的填海造地地帶建造而成。

中國屬意接替即將去職的港督彭定康的首任香港特區行政首長，是能言善道、頂著平頭的實業家董建華。向來使用「C. H. Tung」這個英文名字的董建華，一九三七年出生於上海的富商之家，董氏家族在第二次世界大戰前後就已建立龐大的海運事業，共產黨席捲中國之後董氏家族遷居香港，而其家族事業的發展亦在港、臺（董氏家族的事業在臺灣獲得國民黨的支持）兩地蒸蒸日上。董建華本人曾負笈英國大學就讀，在美國數家公司工作十年之後，返回香港加入父親的事業。董氏家族的事業在一九八〇年代初遭逢空前的危機，董建華向北京協商貸得人民幣一億兩千萬元款項，因而免於破產。董建華自承他之所以能夠攫獲新職，得歸因於他個人在香港華商領袖菁英團體之中的卓越地位，而這群華商領袖又為北京政府所熟稔；再者，董建華的觀點似乎也與現今所慣稱的「新權威主義」（new authoritarianism）籠統概念接近：易言之，董建華公開擁護法治的價值，貶抑任何過度的民主競賽，讚揚新加坡政府「中間路線」是值得仿效的典範，甚至公然附和中國決意取消經過民主選舉產生的立法局。不過董建華也一再向港人保證，他將確保港人的獨特生活形態，貫徹《香港基本法》的實施，維護司法審判的獨立自主。

董建華所作的承諾，如果以共產黨過去數十年來統治的歷史來衡量，中國的諷刺作家絕對不感到陌生，而這群作家再次以旺盛的精力和新面貌來陳述他們的所見所聞。擅長以北京街頭狂放不羈的生活故事為題材的資深的作家王朔，是這類諷刺作家的箇中翹楚。誠如一個小孩子，王朔在一篇發表於香港主權移交三天前的文章中寫道，從前他被教導「中國人全都站起來了，但香港人卻仍在為英國人做牛做馬」，當幼小的他聽到香港人沒有鞋子穿、靠魚骨頭為生時，憐憫之情在他心中油然而生，久久揮之不去；但現在看來，這樣的說法簡直是一種奇譚誌異，顯然在香港人人均有鞋穿，而且還是皮鞋，更何況港人還都十分富有，而港人的富有讓他們得以用淫邪放蕩的方式，把「純潔誠實的大陸人」的「一往情深、老式姦情」轉變成出賣肉體的賤業。王朔說他有幾位頭腦不清的朋友還曾表示，香港的繁榮證明了過去的中國應該可以做得更好，就讓青島託付到德國人手中，大連交給日本人治理，使青島、大連像香港一樣成為飽滿的「錢箱」，這沒什麼好損失的，「祖國依舊是偉大的祖國。」王朔說道，論及這裡他最好打住。「貧困潦倒的爹爹，還是那副死脾氣，任何芝麻綠豆大小的事都會讓孩子挨一頓打。」一如從前，現在最佳的策略還是，「像上海人一樣：勤奮工作，然後把你自己的人送到北京去接管政治局。」12

就在慶賀香港結束殖民統治的背後，臺灣的問題隱約浮現。香港主權移交前數周，一個特製的巨型時鐘豎立在天安門廣場上倒數計時，寫著「中國熱烈歡迎香港、澳門、臺灣回歸祖國」標語的旗幟在北京迎風飄揚。歷經四個半世紀葡萄牙人或全面、或局部的統治，澳門主權預計於一九九九年回歸中國。即使香港少數傾向臺灣獨立團體的示威，都無法見容於中國當局，更遑論西藏人或新疆地區的穆斯林群起要求獨立的權利，以及臺灣李登輝總統的政府，欲聯合反對黨來終結長久以來即運作自如之臺灣「省政府」和臺灣中央政府兩者並存的制度。這項體制架構的變革就是要與內戰和五〇年代初期作一決裂，當時臺灣只是作為國民政府在流亡階段暫時棲身的根據地，廢除了省級代表，即意味著臺灣事實上已是一完全獨立的政體，不再是形式上與中國相互依存的政府。據此，北京政府勃然大怒，抨擊這是一種危險的挑釁舉措。

事實總是十分反諷。假若中國現今已緩步邁向初步的現代化，一如她的子民長久以來所殷殷期盼的，那驅動中國往這一方向前進的將會是她向來反對的兩大遺緒：一是英國帝國主義不顧共產黨一開始即聲嘶力竭橫加攔阻而在香港所建構的制度；另一是發軔於日本殖民主義統治、復又歷經共產黨死敵國民黨政府半個世紀的領導所培植出來的臺灣經濟、政治動力。

不言自明，香港和臺灣已成功轉型成為一個現代化的華人社會，具備標識現代化社會所需的種種經濟、文化潛在性和挑戰。香港、臺灣社會各自擁有的六百三十萬、兩千一百六十萬人口，相較於中華人民共和國近十三億人，顯得十分渺小。況且，中國又須立足在仍由國家來主導重點經濟部門的體制架構上，迎向其未來。截至一九九七年中期，國營企業仍雇用了中國全體城市百分之六十七的勞動力，持續創造百分之六十的國家總收入；在關鍵工業項目方面，由國家主控的比例更高；化學方面占百分之七十七，冶金方面占百分之七十九，電力和石油生產方面占百分之九十以上。一九九七年九月，中國領導階層決定直接面對此一反常的經濟現象，宣布未來至少出售僅存一萬三千家大、中型國營企業當中的一萬家。為了規避使用「私有化」這樣的字眼，中共領導階層宣稱，出售企業的股票讓民眾持有就是一種「全民所有制」（public ownership）的作法。這是一項大膽的決策，需要富有創意又充滿勇氣的經濟計畫才能達成出售國營企業的目標，但又不至於讓工業部門的失業現象惡化到不可收拾的地步，以及避免進一步造成原本即已承受水資源短缺、土壤腐蝕、可耕地銳減、空氣和酸雨汙染危機之農村地區的環境失衡問題。

在公開場合裡，黨內若干強硬派仍持續宣揚他們所信仰的社會主義價值觀。誠如一位尖酸刻薄的共產黨員在其所寫的匿名文章中陳述，「一種模仿港、臺文化、崇洋媚外、嚮往資本主義世界的心理意識，也從無知的青少年中浸染到了一部分知識分子和黨政幹部中。」這位作者揭露出一個「炒股票、炒房地產，倒賣假發票、製『黃』販『黃』，製假販假，甚至走私販私」的中國世界，在這樣的社會裡，全體銀行存款總戶數之中的百分之二，現在卻占有銀行存款金額總數的百分之八十。這位作者繼續勾勒出與「夜總會、高爾夫球場、蒸汽浴室、按摩室和賣淫業」世界共存之工業抗爭、暴力、困頓的農村、纖弱的文化風紀的圖象。在他看來，「幾乎建國前舊社會的各種醜惡現象都已死灰復燃。」[13]

不負責任的領導階層，貪圖奢華的菁英集團，道德渙散的中產階級以及遭到剝削、生活在困頓邊緣的農民、製造業部門的工人……這樣的社會場景，不僅見諸於明朝遺老椎心刺骨地目睹他們的王朝被不期然崛起的滿人所推倒，同樣也出現在清末的中國革命洪流，以及共產黨人秣馬厲兵對抗眾所公認的頹廢共和世界的那個年代。據此而論，現今共產黨和中國人民所即將要正視的否定性力量，與往昔悲慘年代所醞釀出的負面作用並無殊異。不過此類論述與批判似乎又太過單向化了。誠如一位甫從美國大學返國的中國留學生，在其一九九六年底出版的書中解釋，美國不僅是一個瀰漫著「歌聲、歡笑聲、宴會上散發著烤肉香味」的國家。美國同樣也是中國人自身可能擁有「不一樣的生活形態，免於過去反覆政治運動和生死鬥爭」的活生生例證。中國領導人必須「控制人民」，並不是一種「自然而然的、絕對的」真理。[14]

一九九七年十月，江澤民赴美進行官式訪問，受邀蒞臨費城「獨立廳」（Independence Hall）和「紐約證券交易所」（New York Stock Exchange）時，江隱約暗示他支持更加開放的立場。數周後，就在中國建築工人完成長江截流工作，俾以展開三峽建壩計畫第二階段工程不久，魏京生便自獄中獲釋，且允許他踏出國門。幾個月後，即一九九八年三月，在中國新任總理朱鎔基的演說裡，長篇大論暢言中國未來即將要面對的經濟挑戰，但對毛澤東卻隻字未提。實用主義式的發展態度加上更為開放的意識形態立場，似乎提供了一條建設性的道路以資邁入即將降臨的新世紀。或許，又再一次，中國人的靈巧和洞察力能獲得全面釋放；

同樣地，昔日的遺產和教訓亦能激盪出深刻的意蘊。果若如此，也未嘗不是一種現代化、和諧、遠景可期的機會，並提供給這個世界一種何謂中國人的新視野。

注釋

1 邁斯納，《鄧小平時代：中國社會主義命運的探索，一九七八至一九九四年》（*The Deng Xiaoping Era: An Inquiry into the Fate of Chinese Socialism, 1978-1994.*, New York: Hill and Wang, 1996），頁四七四至四七五。

2 羅舒（Luo Xu，音），〈蛇口風暴：天安門事件前中國青年心態的轉變〉（The Shekou Storm: Changes in the Mentality of Chinese Youth Prior to Tiananmen），《中國季刊》，第一四二期，一九九五年六月，頁五四一至五七二。

3 《中國季刊》，第一三〇期，一九九二年六月，頁四五四至四五六；《中國季刊》，第一三一期，一九九二年九月，頁八六〇。

4 《中國季刊》，第一三六期，一九九三年十二月，頁一〇四〇至一〇四一。

5 《紐約時報》，一九九三年十一月十八日，「論壇版」，魏京生，〈狼與羊〉。關於三峽地區遭政府迫遷的家庭，可以參考李雲飛創作的栩栩如生長卷版畫《三峽庫區移民圖》，請參閱：《藝術季刊》（*Art Journal*），第六十九卷第三期，二〇一〇年秋季號。

6 《中國季刊》，第一四八期，一九九六年十二月，「臺灣專號」（Special Taiwan issue）；尤其參見馬若孟（Ramon Myers），〈新的中國文明〉（A New Chinese Civilization）；田弘茂和朱雲漢，〈臺灣民主的建構〉（Building Democracy in Taiwan）兩篇文章。

7 此處和餘下的段落，摘引自白禮博（Richard Bernstein）、孟儒（Ross H. Munro），《即將到來的中美衝突》（*The Coming Conflict with China.*, New York: Alfred Knopf, 1997），頁七二至七六。

8 有關這一個案的研究，參見史景遷、金安平，〈發自北京的信：鄧的繼承者〉（Letter from Beijing: Deng's Heirs），《紐約客》（*The New Yorker*）一九九七年三月十日，頁六八至七七。其他的例子，取材自作者們未發表的訪問和印象。

9 《紐約時報》，一九九四年十八日；鮑瑞嘉，〈鄧後的中國：探索實相的十套劇本〉（China after Deng: Ten Scenarios in Search of Reality），《中國季刊》，第一四五期，一九九六年三月，頁一五三至一七五。

10 河南的王自強（Wang Zhiqiang，音）是這類事件最鮮明的案例，參見《紐約時報》，一九九三年五月十六日。

11 李維（Wei Li,音）〈中國中央領導人的安全業務〉（The Security Service for Chinese Central Leaders），《中國季刊》，第一四三期，一九九五年九月，頁八二三。

12 王朔，〈歡迎，錢箱〉（Welcome, Cash Box），《亞洲華爾街日報》（*Asian Wall Street Journal*），一九九七年六月二十七日。

13 匿名（可能是鄧立群），〈萬言書〉（Ten Thousand Character Statement），《中國季刊》，第一四八期，一九九六年十二月，頁一四二六至一四四一。

14 邰培德（Patrick E. Tyler），《北京日誌》〉（*Beijing Journal*），《紐約時報》，一九九七年七月二十一日。這本書的作者是錢寧，他是中國外交部長錢其琛之子。

一九九七年七月一日，歷經超過一百五十年的英國殖民統治後，香港回歸中國。解放軍旗隊成員在香港會議展覽中心外升起五星旗，象徵香港回歸中國統治。（©TPG）

一九九九年四月，約一萬人在北京集結。他們都信仰名為「法輪功」的地下宗教。（©TPG）

一九九九年五月八日，前一日的北約軍演在貝爾格勒誤炸中國大使館，中國學生在北京的美國大使館前展開示威，高呼反美、反北約的口號。（©TPG）

蔣彥永。二〇〇三年，在中國政府公開否認SARS疫情正在擴散後，國內諸如外科醫生蔣彥永這樣的異議分子便透過網路向世界散播實際的相關消息。（©TPG）

這張在二〇一二年二月拍下的照片，是由某位和中國的西藏社群密切接觸的人士所流出。照片中的西藏人在青海省囊謙縣的大街上示威，往空中丟出乾燥的糌粑。這些異議分子不滿中國統治，並力求西藏獨立、終止達賴喇嘛的流亡。糌粑是一種當地的傳統食物。（©TPG）

第二十八章

突破？

選項範圍

鄧小平逝世與香港九七回歸兩件大事構成一道分水嶺，畫分出尚未消逝的舊中國與可能浮現的新世界。這兩個事件雖說意義重大，但其影響力卻仍不及同時期其他涉及經濟、政治與文化的重大發展。與此同時，二〇〇〇年在臺灣舉行的總統大選發生了極大變化。民進黨的陳水扁以「臺灣之子」的姿態脫穎而出，成為第一位出身本土政黨的中華民國總統。陳水扁上任後針對臺獨議題屢屢以強硬姿態對中華人民共和國喊話，為東亞政局激起波濤。此舉迫使長期由蔣介石及其家族掌控的國民黨重新審視自己與對岸政權之間的關係。*

* 原注：結束第二任的中華民國總統任期後，陳水扁因貪汙等罪名經審判下獄，刑期共十九年。

中國內部的壓力來自老一輩共黨高幹以及解放軍軍頭，其中許多人已九十餘歲，退休之時可謂指日可待。無可避免的世代交替讓黨內的青年勢力得以上位。與此同時，二〇〇一年九月十一日，恐怖分子攻擊美國紐約的世貿中心與國防部五角大廈，超過兩千八百人因此喪生，這也使美國對戰爭的認知開始進入全新的階段。從前將東亞視為重點駐紮地的美軍，如今正將大批駐軍遷往阿富汗、伊拉克與中東地區。

在九一一事件發生之前不久，中國也重回激烈的競爭舞臺，努力爭取夏季奧林匹克運動會的舉辦權。這次他們終於一吐在一九九三年時輸掉二〇〇〇年奧運主辦權的怨氣，讓北京成為二〇〇八年夏季奧運會的東道主。儘管舉辦之時尚久，但中國政府卻迅速大興土木，新興場館、屋舍與交通運輸的建設四起，規模宏大，甚至還包括一連串目標高遠的改善空汙措施，而且也為這一切規畫動員了來自世界各地的建築師與其他各領域專家。二〇〇八年，北京奧運在層層維安保護下正式揭開序幕，開幕典禮相當漂亮地融入了中式傳統藝術、音樂及歷史的元素。文化國族主義的氣息也在這場表演中表露無遺，向世界顯耀中國的偉岸。這場奧運會也是中國運動界的全面勝利，中國代表隊一共奪下五十一面金牌。

這些二十一世紀初的大事件，在在都提醒了人們「機遇」在人類歷史洪流中所扮演的角色。一九四九年的毛澤東、他的心腹以及其他共黨革命分子，根本不可能全然理解這個新國家的可能走向，只能魯莽地塑造自己心目中的未來，這方面與那些一九一二年的愛國志士也沒什麼兩樣，因為他們在清廷崩解之際也不知道中國將走向何方。實際上，共產黨統治中國所走的每一步，都建立在無法預測的無數事件之上。他們勉強瞥見的未來景象可謂模糊不清，僅有一種走向，整個幅員廣闊的國家只能淪為襯托未來的細緻背景。

在此我們可以回顧毛澤東終於如願在一九四九年底與蘇聯獨裁者史達林會面的場景。那是他在奮力促成國家變革之餘的首次訪外行程，會面時史達林問道：「你認為你的國家最需要什麼，或你最想為它做什麼？」毛澤東的回應倒像是經過一番深思熟慮，他說：「三到五年的和平喘息時間。」確實，經歷漫長且痛苦的對日抗戰、國共內戰後的中國，確實需要一段平和的時間休養生息與盤算未來國策。但實際上，毛澤東在中國的統治不但未曾出現一套可行、穩健的發展計畫，時局反倒長期呈現混亂局面。耗時許久、所費不貲的韓戰不久之後便爆發。城市與鄉村革命四起，往後更有文化大革命的十年浩劫。中國以一連串蓄意挑釁所促成的中蘇交惡，也幾近在一九六〇年代掀起全面戰爭。

鄧小平始終企圖將中國的統治方針引導至可管理、可納入計畫控制的方向，一旦機會出現便能牢牢抓住。在這樣的歷史脈絡下，香港回歸可說是一個好上加好的機會，但當時中國對香港也沒有任何可預期的單一治理方針。在香港島灣仔北填海區倉促建成的香港會議展覽中心也許象徵了未來可能出現的許多機會；但鄧小平去世後，便需要甫上位的領導班子提出新的方針，而放棄極端手段的作法，也只是其中一種可能承諾採行的方式而已。我們也許可以臆測，鄧小平刻意選擇了一個只能解決部分問題的方案，但這方案卻也拔擢了幾位曾於城市或鄉村展現優秀管理能力的男性及女性領導人。這一群政治菁英即所謂「第三代中央領導集體」，是毛澤東、鄧小平的繼承人。*最後，由鄧小平欽點為共產黨下任領導人的江澤民負責監督香港回歸的最後階段，並充分發揮外商投資的可能性。技術熟練的金融專家朱鎔基，則以總理身分確保國家銀行體系能夠長期健康發展。

江、朱兩位都是行事謹慎的人，他們也與幾位前代的領導階層關係相當緊密。但目前尚不得而知的是，作風隱密、集國家大權於一身的中國共產黨中央政治局（Politburo）是如何將大權分配給江、朱二人，又是怎樣在二〇〇一年前後讓更年輕的管理專家兼政治理論家胡錦濤、溫家寶取而代之。不過，儘管胡、溫兩人在統治大位上擁有堅實的政績，其知名度在國內外仍遠不及前代領導。一九四二年生的胡錦濤在二〇〇二、二〇〇三年先後就任總書記及國家主席之職，早年曾任水利工程師，也是老練的共產政治理論家。與胡錦濤同一年出生的溫家寶則是地質學家出身，於二〇〇三年就任總理一職，這樣的安排顯然是為了稀釋胡錦濤的大權。身為被清算的第三代總書記趙紫陽的門生，溫家寶能夠平步青雲倒是令人意外。趙紫陽在一九八九年學運期間前往天安門廣場，含淚向學生公開談話後就被拔除權位，隨後更遭軟禁在家中。隨著這種權力轉移，共產黨迎接了第四代中央領導集體的到來。依照前代領導退位的先例，胡錦濤與溫家寶應能任職兩個長達五年的任期，並預計在二〇一三年退休。**

在中央政治局常務委員會的共識下所祕密任命的這一批新領導集體，將帶領為數約七千萬人的共產黨員。針對與內部成員相關的種種細節，新的領導集體投入許多心力，尤其特別著重於招募青年高知識分子、企業鉅子以及媒體上的公共人物。與此同時，中國官方也在二〇〇五年宣布，國內總人口已正式突破十三億。這同時也意味著，共產黨又要再度面臨一系列高度複雜的組織問題，一方面在國內快速成長的網際網路之中維持高壓控制，抑制可能出現的異議，也要緊盯著國內的經濟成長與基礎建設發展。雖然中國政府的統治目前看來仍相當有效率，也企圖營造良好的對外形象，但顯然依舊不樂見有關普世人權的爭論浮現，也不見其領導集體有任何企圖深刻自省的想法。黨的權力顯然已經凌駕個人權利之上。西方知名評論家認為共產黨在第四代領導集體下的發展過程「拒絕了所有迎合西方政治制度的可能性」，並延續第三代領導的方針，即「清除黨內具有實質意義的爭論或政治競爭」。[1]

二十世紀的最後幾年，中國出現了一些警訊，第四代領導集體進而必須面對幾種新的問題，而這些問題也可能會影響到他們的思維與行動。例如一九九九年四月間，估計有一萬名地下宗教組織法輪功的成員於北京聚集。這些信徒顯然是因為遵循教派領袖在網路上的發言而紛紛前往紫禁城旁的中南海前靜坐示威。雖然軍警不費吹灰之力便驅離了這群人，也逮捕

* 譯注：毛、鄧分別為第一、二代領導核心。

** 編注：習近平分別於二〇一二年及二〇一三年繼任總書記與國家主席之位，總理則由李克強接任。然而二〇一八年，全國人大的三千名代表卻投票通過結束國家主席的兩屆任期限制。

了許多現場群眾；但這麼多人在國家機器的眼皮底下，竟能在確切的時間與地點快速集結，而且不被察覺，讓中國政府開始重新思考網路與個人隱私的相關政策。這些新的政策重點主要在遏止（或至少削弱）任何與法輪功相似的組織向共產黨請願或示威抗議的意圖。

一九九九年五月，一架美國軍機在一次與北大西洋公約組織進行的聯合作戰任務中，轟炸了貝爾格勒（Belgrade）的中國大使館，導致數名中國人喪生。華府的解釋表示，因作戰不當使用了錯誤且過時的城市地圖與主要建築標示，這次轟炸純屬意外。但中國政府在第一時間完全不能接受，他們認為，一概講求精確的美國軍隊，在這種作戰中怎麼可能犯下這麼離譜的錯誤？國內人民的怒火持續延燒，許多城市都爆發大規模的反美示威遊行，四處皆有人在煽動對美國人的財物與設施採取報復行動。如前所述，這種高漲的反美情緒背後有著深遠的歷史淵源，而這事件也的確危及一度看來前途大好的中美關係，可能影響雙方的各種珍貴合作計畫，例如太空探險任務，還有對於世界銀行與世界衛生組織的參與。中國對一項禁止核子試爆條約的支持立場也可能鬆動。

二〇〇一年四月，遭中國認定在進行「間諜任務」的一架美軍偵察機與共軍的巡航戰機在海南島附近空中相撞，這所謂「中美撞機事件」對許多觀察中國的評論者來說，更進一步印證了兩國之間的友善氛圍可以在一夕之間煙消雲散，即便是小規模的衝突，也很有可能造成一發不可收拾的局面。對於這些人來說，在如此瞬息萬變的時局中，就連二〇〇一年的世貿中心恐攻事件也成了一種有用的機會，能將新疆自治區的伊斯蘭異議分子打成「恐怖組織」。統治當局按部就班地強硬鎮壓異議組織，而這也又是此類非法活動需要地下化的另一個例子。

胡溫體制

我們在此以「胡溫體制」這種比較方便、簡單的方式稱呼二〇〇三年至二〇一三年這十年間的中國，此時的中國歷經令人咋舌的經濟成長，這從每年平均高達百分之十點三的國內生產毛額（GDP）可見一斑（雖然中國國內每人每年所得仍遠不及南韓以及巴西）[2]。但在這個時期，中國人的道德準則變得更加模棱兩可，只因國家在短時間內累積出鉅富，同時也力求更高的國際地位及更重要的角色。老百姓在日常生活中必須面對的矛盾處境對他們而言變得更有挑戰性了。無庸置疑，此時在中國發生的是人類社會史上最快速也最全面的都市成長過程，境內所有都市都經歷了急遽的重構、重組與重建。受到這波浪潮影響的不只有上海與北京這種大都會，不少省會級別的都市，或是過去默默無名的鄉鎮都在此時飛速成長。超過一百萬人居住的中國都市數量不久之後便突破一百座之多。對固定會返鄉探訪的海外華僑而言，離開後再次造訪，可能就會看見中國某個大型聚落的地景有了巨幅變化，而且無論是在山東丘陵或安徽山區之間，情況都是如此。幅員遼闊的高速公路、新建造的高速鐵路系統、國內航空的機場與河、海港形成了連結各個都市的交通網絡。幾年前只能種植蔬菜的富饒農地，如今能有整座人群聚集的都會自田中央憑空出現。[3] 數以千萬計的鄉村移民企圖加速不動產建設的發展，因有國內外的技術（包括國內銀行以及來自臺灣、香港的鉅額投資），新的巨富階級逐漸成形。起先出現了一些百萬富翁，但他們的財力規模與二〇〇六年左右在中國出現的許多億萬富翁相比，可說是小巫見大巫。

經濟發展規模如此龐大，各產業都渴求土地，這些在在都於社會上造就了新的鴻溝。政府大量驅離居住在預定開發地的人口，這種情況如今已司空見慣。嘗試利用和平的法庭示威或請願運動來反對此舉的行為，常常遭受地方的省委或市委大力抨擊。他們不但能從國家銀行獲取大量資金進行開發，甚可指揮警察系統阻止遭受驅離的受害者進入法院提告。有一整批的中國維權律師在此時浮上檯面，提供那些遭受驅離的受災戶在法律上的協助與諮詢。但即便是這些合乎法律的手段，在國家眼裡仍是過激的舉動，大肆譴責這些律師的行為是煽動社會、製造動亂的手段。法官與辯護律師的處境其實很類似，他們自願成為這套司法系統的奴僕。

不過一般來說，共黨官僚往往也只能讓政府予取予求。舉例來說，為了舉辦二〇〇八年北京奧運而強徵劃平北京市以北的上百英畝沃土，讓龐大的「鳥巢」體育館和國家游泳中心（「水立方」）得以興建。這種大量徵地以求開發的風潮也傳至上海。為了在二〇一〇年舉辦上海世界博覽會，預計需要容納數百萬名來自國內外的旅客，浦東郊外曾經瀰漫腐臭的荒地，此時也被徵收從事世界級的場館開發工程（根據中國的統計數據，於二〇一〇年五月一日至十月三十一日的上海世博湧入了超過七百萬人參觀）。當然，這些大規模的開發與建設，也挑戰了中國的電力網及當時的法規，國家需要新的措施去遏止水汙染，並保護空氣免受化學廢料或是酸雨的影響，而且為求更多的水資源，也必須探測更深一層的地下水。三峽大壩水利工程把內陸重點城市重慶與長江下游區域連結起來，在當時是提供水資源的解決方案之一，但這項建設本身同時也是水資源問題的一環。

至於有關首都北京是否有夠能力承辦二〇〇八年奧運的爭論，中國的領導階層曾經暗示，奧運以及世博的舉辦有助於中國「對世界開放」，符合各界期待，也能讓重視正義的思想更有效地傳播，國民也能更加了解國際社會與體育界的規範。但當局所設置的「熱線」卻成了揪出「異議分子」的主要工具，即便是微小的爭執也無法公諸於世，這樣的操作，只為了在數十萬計的國內外旅客造訪這些盛會時粉飾太平，確保這些潛在的社會問題不被外界察覺。買票參加奧運盛會的遊客在巨大的體育場附近沿著種滿行道樹的街道結伴而行時，常常能看到警車停在附近的樹蔭下。儘管這些武裝警察不怎麼顯眼，但並不代表他們會坐視不管任何事情。

對於中共政府提出的批評，無論來自國內外，每年當然都不盡相同。但若以奧運舉辦的二〇〇八年為例，我們就可看出中國面臨的各種問題往往是難解的沉痾。抗議的一個焦點來自西藏的動盪，政治倡議群體認為，中共政府為聖火傳遞者所規畫的跑步路線漫長且迂迴，而這正好讓他們有機會得以不斷強調中國政府在西藏地區對藏人施行的嚴峻政策。不論是在歐洲、美國還是西藏，聖火傳遞每每激起公共辯論。即使是倉促組織起的行動，抑或孤注一擲，所謂藏獨的概念始終是為了反制中國漢族中心主義對邊疆少數民族地區所抱持的「進步」思維。中共政府一連串以進步為理由向西藏內部進行的大規模開發之中，影響最劇烈的便是連結拉薩與國內西南部的鐵路建設。一個可能並非碰巧的安排是，胡錦濤曾於四十七歲前往西藏擔任黨委書記長達兩年餘（一九八八至一九九一年），天安門事件就是在他遠離權力核心時爆發的。*

二〇〇八年五月，四川汶川大地震發生的時間點，正好在北京奧運即將開幕的節骨眼上。中國社會內部在大地震災情後，激起另一波的不滿情緒。這場芮氏規模高達七點九的大地震奪走了估計六萬九千條性命。在主震以及隨後的百餘次餘震中，共有三十七萬四千人受到輕重傷。當地共有約三百萬戶因此毀損。社會激起的怨懟並不是針對中國政府的不作為：曾受地質學訓練的總理溫家寶在地震爆發後的數小時內就趕到災區，並擔任救災行動的指揮。[4]災後，人民備感憤怒的兩個因素彼此緊密相關。第一，人稱豆腐渣工程的大量校舍被震垮，壓死大批上課中的學童。第二，災後調查發現，需要為豆腐渣工程負責的當地校方，竟企圖阻撓這些地震受災戶透過法律途徑向他們索賠。許多為當地居民辯護的律師飽受騷擾或遭人封口，千千萬萬家長只能被迫接受學校當局提供的微薄賠償，且也再無後續補償手段。

一樣令人深感沮喪的事故還有二〇〇三年的SARS（嚴重急性呼吸道症候群，severe acute respiratory syndrome）：疫情爆發時，中共政府企圖掩蓋其擴散情形，在未能準確診斷或治療SARS的情況下，政府甚至會向患者隱蔽其嚴重性。根據了解內情的人表示，要不是有七十一歲的外科醫生蔣彥永之類目睹實情的人勇敢站出來，透過網路發布消息，很難突破政府長達數個月之久的掩蓋新聞之舉，而政府的訊息控制無疑已經造成更多人因而病逝。[5]

這種道德困境與模稜兩可的狀態，在當時的中國可說司空見慣，也恰為胡溫體制的統治下了一筆充滿嘲諷意味的註解。二〇〇五年，八十五歲的前總書記趙紫陽死於遭受軟禁的家中，甚至我們也可透過此事觀察到胡溫政權的詭異行事風格，充滿了逃避心態與前後不一。針對此事，政府企圖遏止任何形式的公開哀悼。當時政府企圖阻止趙紫陽的子女用行動電話聯繫父親的喪葬事宜，一開始甚至不希望他安葬在眾多中共領導人長眠的八寶山革命公墓，直到最後才勉為其難同意。這場前總書記的葬禮頓時成了一場演出道德戲碼的芭蕾舞表演，複雜程度令人難以想像。[6]

經濟變革

許多大問題仍然挑戰著胡溫體制，即便到了二〇〇八年以後，在兩人的第二個五年任期

＊　譯注：當時西藏的政治情勢詭譎，鄧小平把年紀最輕的黨委書記胡錦濤從貴州調往西藏，或有測試之意味。

時，情況依舊。這些問題雖然難以造成衝擊來定義其影響力，但多半牽涉高度技術性的考驗，而它們如今已經（或可能即將）深深糾纏著這個國家的命運。有些問題的根源可追溯至毛澤東逐漸掌控國家大權時所設立的領導重心：胡溫體制下讓中共當局苦費心思的眾多問題中，在此僅就三個部分予以說明，即中國經濟應該採取的路線、國家外交政策的核心目標，還有如何處理資訊的消退、流通與儲存。

從延安時期至一九七六年逝世之間，毛澤東始終用其極端政策來箝制中國農民階級，如今在為數眾多且清晰生動的中國人自傳或回憶錄中可見一斑。這些政策的最終目標是透過農業手段實現大規模的鄉村重構。這種變革旨在確保農村能夠產生大量餘糧，可送往城市供居民食用，為工廠工人、共產黨員和知識菁英等顧及溫飽，確保他們能有效進行生產，即便農村糧食短缺也在所不惜。當局強硬執行這些政策，為得是追求最終的理想目標，但執行大躍進運動的結果是農村陷入大規模的飢荒，數千萬農戶因此無端送命。

鄧小平上位後，以及接班的江澤民及第三代領導集體，他們所強調的經濟政策是逐漸去除生產數量稀少、效率低落的集體式國營企業，並將地方市場視為國家經濟擴張的手段，私營工廠的管理階層也在此時逐漸形成。地方上共黨領袖的支持、以及國內銀行樂於放貸的態度，刺激了大規模的投資，讓此時獲利處在極高點。到了一九九〇年代晚期，地方上的投資正以驚人的高速成長，大量的外國投資者與國內資本家形成了「合資經營」（joint ventures）的合作模式。這些新型投資策略的雛形在十九世紀晚期便已出現。西學東漸，西方科學化的教科書在當時藉著翻譯引入中國；製造西式軍火、提供軍訓的兵工廠林立；而中外之間負責仲介的買辦重要性也逐漸提升，他們成了商業經理一般的存在。除了曾在一九三〇年代第一次國共內戰期間歷經國民黨所謂「黃金十年」統治的中國企業家，或是在臺灣、香港或東南亞生長的華人以外，這種中外合作的模式對其他中國人而言，是全新的經驗。

中國的企業如今已擺脫過往的諸多限制，迅速學會了如何打入西方市場的必要策略，也熟練地保護起國家貨幣，免於各種操縱，更逃過了一九九〇年代席捲日本、泰國與印尼的亞洲金融風暴影響。逐漸鬆動的農業戶口制度，以及勞動人口遷徙限制的更動，對整個中國的經濟成長來說相當有效。這些制度的更動，讓國內產生數千萬名不在籍、四處遷移的勞動人口，在較貧窮的西部地區與中部、東部沿海那些基礎建設正蓬勃發展的新興城市之間游移。沿海都市的發展持續鼓勵著經濟成長，中國在二〇〇一年企圖回應加入世界貿易組織的機會而主動降低關稅，更加速了這些新興地區的發展。

中國在胡溫體制的年代透過大範圍的生產維持自身的繁榮國勢，國內的製造業主力不久便從製造如鞋履、玩具、衣物等廉價商品，擴張至石化產品、肥料、聚合物、機械工具、船舶、中程客機，還在新生階段的汽車工業也逐漸開始萌芽。這些工業發展的空間與潛力，主要倚靠國內公路、鐵路之間的路網配合，以及大量建造的國內機場所支撐的空運網絡。[7] 由中國各家銀行與其他公司進行的首次公開募股（IPO），成了中國在全球金融市場發展的模式之一，它的地位因而穩定攀升至與美國平起平坐的競爭狀態。到了二〇〇五年，日本最主要的貿易對象不再是美國，而是中國。在接下來的幾年，中國的國內生產毛額超過了日本以及德國。二〇〇六年，中國的總貿易額達到一點四兆人民幣，其中七千六百二十億的貿易額來自美國。往後數年，中國對美國的順差持續快速的攀升，藉由持有美國國債與其他機構的債券，二〇〇八年時，中國對美的順差來到三兆美元。直到二〇〇九年，藉著一些明顯的舉動，我們可以看出中國的經濟發展重點開始出現轉移，比如最低工資開始大幅提高，以及國內產業開始向越南、菲律賓、印度等地區外包業務等。有趣的是，一份精細的統計顯示，中國國內所有產業中，有百分之三十二的執行長與一級主管為女性。相同的數據在美國只有百分之二十三，英國更是僅有百分之十九。[8]

放眼世界

中國早期的國際策略並不會聚焦世界，把國際上的成就放在眼裡。在前面的章節中我們提到，中國在明末清初之際的貿易活動並不包含國際之間的互動，不過人們對貿易口岸的外國商人、大城市中的外國使節與傳教士的存在並不陌生。但總體來說，中國在清朝與早期國民政府統治時期，與其說是歷經了政體的變革，整個國家在西方帝國主義秩序下的受害者角色仍然較為鮮明。到了二十世紀中葉以後的大型戰爭與革命後，中國才挑戰了西方秩序，試圖永久改變它所扮演的角色。從二〇〇八年至二〇一一年開始，中國開始把全球能源納為己用，其來源國包括委內瑞拉、澳洲、奈及利亞、索馬利亞與加拿大等。此時中國財政所面臨的多重複雜性，在史上並無先例與模式可循。這些能源協議包括原油、天然氣、油頁岩、鐵、媒，以及稀土、林產品與水資源等，涵蓋的範圍相當廣闊。

但若從二十一世紀早期的報章雜誌、政府文宣、外交備忘錄與其他資訊看來，令人深感驚詫的是，當代中國所面臨的困境非常像那些令清初政府煞費苦心的治理焦點。尤其是乾隆時期占領的新疆地區，新收服的境內穆斯林族群動盪不安。這些地區雖然在十八世紀中葉納入清朝版圖，但新疆地區從未完全與中國同化。在胡溫體制期間，統治當局針對任何反中的暴亂威脅皆高度警戒。但儘管當局採取高壓策略審慎治理新疆地區，文化衝擊仍使此處不時出現暴力衝突（又或者可以說，高壓策略其實就是衝突的來源），阻礙了中國在境內「開發」所有區域的大計。從一六二〇年代（明末）到一九五一年之間，中國東北與朝鮮半島邊境曾爆發過三場大戰，其中二十世紀的韓戰還是許多老一輩中國人腦海中鮮明的記憶。康熙朝於十七世紀晚期取得的臺灣，在甲午戰爭後割讓給日本以後，雖然它的商業與文化方面與中國大陸地區變得如此緊密，難見其走向分裂，但這塊地區仍然維持著不固定的狀態。青藏高原地區在清朝時期是清廷、大英帝國與俄羅斯帝國密切交涉互動的場域，如今則是印度。青藏箝制著許多條重要河川源頭的青藏高原，在現代成了生態保育的重點區域，也是影響東南亞繁榮與發展的戰略要地。自家鄉流亡數十年的西藏領袖達賴喇嘛，如今仍舊不斷觸怒著中國當局。總而言之，中國過去所關注的問題，仍然與今日現況有著許多共鳴之處。這些涵蓋範圍極大的區域所形成的問題，也連帶說明了中國三軍為何擴張；軍費支出如何占去大量的年度預算；軍隊為何不斷進行新型科技的探索，從奈米科技以至資訊科技等。他們會不斷試圖滲透其他國家，透過各種仔細的評估與決策，利用中國駭客的高超技能去刺探其他國家的資安軟肋。

資訊科技與網際網路的使用是中國所關注的第三個問題，正如世界各國所面臨的情況一樣，顯得相當顯著且嚴重，而且長遠來看也難以應付。中共當局處理上述問題的粗略概念，看上去可能令人佩服，但也難以精確地去解釋實行細節。到二〇一〇年為止，中國約共有三億八千四百萬名網路用戶，一億四千五百萬名部落客，並連結至超過一千五百萬個網站。中國工業與信息化部（Ministry of Industry and Information Technology）在二〇〇八年的評估中顯示，國內擁有手機的人口超過六億一千六百萬。但這些驚人的數字並不能代表或簡單說明中國具有媒體自由，在中國之外，那些監督各國資訊自由的非政府組織常把中國排在網路自由度的後段班。[9]

也因此，雖然中國的網路用戶數量相當龐大，但新聞（尤其是政治新聞）的撰寫、核准以及散布的自由，目前看來仍陷入僵局之中。中國政府在言論審查方面相當有效率，當局聘請了為數眾多的人員在推特（Twitter）、Flickr、維基百科（Wikipedia）、Bing、Hotmail以及臉書（Facebook）等社群軟體或網站上監視著人們的日常對話。[10]在此提供一例以證明中國政府在網路言論審查方面的憂慮：二〇〇九年，也就是六四事件二十周年期間，上述網站在人民可能掀起示威行動的時段內，統統都以「技術維修」為由關閉網站。而在同一年七月，引發流血傷亡衝突的新疆暴動時期也有相同情形。根據網際網路專家表示，中共當局的言論審查顯得迅速且高效，雖然異議份子的數量有時能居上風，但行動成效已經不像一九七八年的西單民主牆示威運動一般意氣風發。他們在各個訊息系統中散布消息的速度，無法擺脫政府相應部門刪除訊息的快速手段。

上述提及的每件案例與其他數不盡的事件，讓我們了解到，網路之中存在著某種形式的內容，能有效地讓公眾認知到何謂迫在眉睫的議題。舉例來說，據傳相關單位準備在廈門興建大規模的化學廢料排放渠時，大量消息在網路上傳遍了整個中國，形成的輿論壓力，最後導致建設計畫被迫中止。像之前提過的，未出現在正式新聞報導的SARS相關消息，在國內迅速流傳的情況也相當類似。新疆與西藏相關的消息有時也會引起關注並傳播至全國各地。就連比較小的地方議題，例如一對老夫妻以未見合理的補償金為由，拒絕服從地方政府迫遷的舉動，也有人大費周章散布消息，讓它成了舉國皆知的新聞。許多致命的爆炸意外與煤礦坑發生的各種災難，也藉著網路傳播的力量成了大型的公眾議題。

偶爾，如《零八憲章》等強烈的反政府主張也會出現，在中國政府封鎖相關網站之前能夠短暫傳播。二〇〇八年十二月上旬，一小群中國知識分子草擬了《零八憲章》，透過網路傳達他們強而有力的訊息。憲章的前言寫道：「……有法律而無法治，有憲法而無憲政，仍然是有目共睹的政治現實。執政集團繼續堅持維繫威權統治，排拒政治變革……。」它也大略列出十九項基本主張，包括「立法民主」、「司法獨立」、「人權保障」、「城鄉平等」、「集會自由」、「宗教自由」與「環境保護」。政府公安追查到許多在網路上簽署憲章的人，他們遭受公安的威脅甚或逮捕。其中一人便是在二〇一〇年獲得諾貝爾和平獎的作家劉曉波。但獲獎當下他正因涉嫌犯下「煽動顛覆國家政權罪」[11]而遭到逮捕、拘留，而他的家人也未能獲准代他前往斯德哥爾摩領獎。儘管如此，與憲章有關的新聞仍在檯面上延燒了一小段時間，在一定程度上，這算是成功的反抗活動（當然，因四川汶川大地震而喪生的數千名孩童也在同時取得了相當多的版面）。但人們為了新聞與言論自由仍須持續掙扎奮鬥，而從外界看來，我們很難確定這樣的現況會在何時、或如何出現更開誠布公的自由局面。劉曉波遭逮的當下，距離魏京生寫下他個人對中國民主的要求已歷經三十年，但在這數十年間，不論是開放予一般民眾的倡議權利，或任何一點政府能夠靈活變通的跡象，顯然都不見太多改變（但既然維基解密網站能於二〇一〇年年底洩漏千餘份美國外交機密檔案，我們也不應忘記，網路世界是極易產生波動的，而且源自於網路的重大衝突仍可能會快速爆發，速度甚或更快）。

文化的規範

胡溫體制下的中共政府固然持續大力管制網際網路與電腦的使用，但這項議題只是此時民間與官方之間衝突與互動關係一個環節。出版業的規模與焦點在此時暴增，中國各個城市與大學的書店欣欣向榮，從前視作禁忌的議題，如今遍布出版市場：包括蔣介石生平、民國時期的宋氏家族、毛澤東時期極端主義政策執行的無數細節、精確探討日軍在南京大屠殺時期所扮演的角色、再探西方帝國主義，以及史達林主義與帝國主義之間的比較等等議題。出版業更大量翻譯外國文學分析與歷史學著作，官方針對這些著作所進行的言論審查與介入程度，要比過去來得輕微。這股出版業的熱潮更擴及中國經典文學，許多經過仔細學術考證的重印本問世。兒童文學譯本方面，在毛澤東的年代，官方審查下勢必會被歸類為「具顛覆性言論」的英國作家羅爾德．達爾（Roald Dahl）系列故事，如今也成了業界樂意大量發行的類型。但此時，令中共政府仍感到相當戒慎恐懼的，是那些直接呼籲中國人採取更積極的手段爭取民主、或是參與政府事務的宣言。若審查時認為此類言論太具煽動性，有時還是會予以查禁。

而無法當作史實紀錄出版的著作，卻能夠重新潤飾，出現在檯面上。比方說，數本明末清初的章回小說，如《水滸傳》以及《儒林外史》等，便針對當時的中國社會呈現了強而有力的針砭。在當代作品方面，廣受好評的莫言小說《生死疲勞》（二〇〇六年出版），便呈現了毛澤東時期與後續數十年間共產黨的暴行與恣意妄為。地府的閻王爺讓死去的書中主角「轉世」成為驢、豬、狗、牛與其他農家動物，透過他們存疑的眼神認識共產黨統治下的生活情形，點出荒謬之處，並提出需徹底改革與自我主張的手段。像是朱文的《我愛美元》（二〇〇六年出版）這種短篇故事與中篇小說，探索了新世代的中國人唯利是圖、浮萍一般的性格。大至人們如何對待住院治療的重病患者，小到買一顆西瓜該怎麼處理，或是一臺腳踏車的最後遭遇，都能點燃整個社群的怒火。閻連科的小說《為人民服務》（二〇〇五年出版）以模仿的手法嘲諷了毛澤東與這本小說同名的個人思想，書中主角是一名人民解放軍的士兵，作者在書裡建議，最忠實地呼應毛主席強調軍人「為人民服務」的要求，就是與饑渴的師長夫人發生激烈的婚外情。書中的最後一幕，士兵與師長夫人的戀情，便在毛主席破敗的雕像與散落一地的作品之中，藉著巫山雲雨而完滿。相較於那些移居美國、歐洲或其他海外國家的中國移民、難民與逃犯，用外語撰寫作品來抨擊中國社會與政府，上述那些故事顯然非常不同，因為更能直接引發共鳴。

在胡溫體制下的中國，詩詞、劇作、電影、流行音樂以及其他藝術形式，常會蘊含一些針對政府決策或是地方濫權的批評，有些會經過一番掩飾，也有開宗明義批評的作品。其中，二十世紀末的電影作品中所蘊藏的訊息尤其明顯與純粹。中國政府在二〇〇二年發布《電影管理條例》，開放民營電影發行機構後，如此風潮更甚。即便如此，中國的小成本電影仍需面對高預算香港華語電影所帶來的威脅與競爭。不過這些小成本電影確實能夠在大多數時候成功抵抗，利用能夠代表中國青年的那種充滿蓄意挑撥與暴力性格的音樂，在中國電影市場取得一席之地。又或者是，這些中國電影之所以賣座，可能也得歸功於政府強制規定國內上映的電影之中，國產電影的數量必須達到總數的三分之二以上。[12]

至於傳統的中國表演藝術也藉由電影產業活化了新的觀眾來源。從明末開始發展至今而成熟的京劇或崑曲，也持續保有它們獨特的閱聽群眾。這些傳統戲劇表演力圖與西方傳統歌劇和諧共存，他們在瀋陽、北京與上海不斷在培養能動能靜、八面玲瓏的表演者。歷史也在戲劇創作中占有一席之地，例如多達五十片DVD的電視劇《康熙王朝》，詳細呈現康熙皇帝的日常生活、冒險與愛情。另一部類似的系列作《雍正王朝》也以相同型式成為一代巨作。儘管官方言論審查機構持續在國內進行監控，但對於歷經民主運動或天安門事件之後在海外流亡、遭政府禁止入境的許多詩人來說，詩歌創作仍是一種值得持續投入的藝術形式。繪畫藝術於此時成了一種主要的文化力量，並在嶄新的藝術中心取得一席之地。中共進行經濟改革開放後，北京城內歷經產業轉型而遭到廢棄的工廠，讓在地的美術工作室能夠取得適合的場地。不光是北京，上海和中國的西南邊境地區也聚集了不少來自西方世界、身價不斐的鑑定家與收藏家，他們養活了為數不多但樂於發聲的雅緻藝術家。然而，即便是藝術創作，中央與地方的統治當局仍會打壓其過於明顯的政治意涵。[13]最為強烈地批判當時社會混亂局勢的創作，則未能在中國出現。畫家季雲飛在美國創作的巨幅畫軸，描繪了因興建三峽大壩而被迫遷離故鄉的人民景象。他並沒有長居於大壩附近，而是藉由親自造訪當地並拍攝照片的方式獲得創作靈感。季雲飛在草圖完成後，找到中國技藝最純熟的木雕師傅合作，那些依據草圖所雕的作品，最終成為作品的一部分。對許多具備跨文化動機與技術的藝術家來說，這種橫跨不同創作技藝的計畫正欣欣向榮。

政府政策下的審查與人們實行的自我審查之間，總是有一道細微的界線。文學與歷史學的作品作為實行政策的手段，產生許多不同的使用方式與用途。我們勢必無法斷然肯定這些著作是否出自特定意圖，或是一種受到公共領域強制力驅使而誕生的產物。尤其在胡溫體制下的這些年間，中國悠遠流長的過去便造就了如今可見的遺緒。早期中國歷史的建構無疑存在著強烈的國家主義傾向。人們會用力尋找足以證明特定地區「自古以來便屬於中國」的史料，強化當代中國對特定地區的治理，儘管實際上那些地方在歷史的洪流中並不總是「屬於」中國的一部分。在這樣的政治脈絡下，考古學便蓬勃發展，成了一項用以挑起激辯的學科。任何新的發現都能用來充分說明中國悠久歷史的某個部分。兩千年多來，中國學者與知識分子不斷分析孔子本人，也不斷企圖利用（甚至不惜歪曲）他所遺留的文獻來建構國家的意識形態與考選制度。能夠顯現當代儒學矛盾之處的稀奇案例出現在二〇一一年一月，一座孔子的巨大雕像在天安門廣場的顯眼處展示著，但不久之後便遭政府撤離，完全沒有解釋理由。

歷史顯然在這裡產生了不同的迴響。百年來地位毀譽參半的孔子，五四運動時期飽受當時知識分子的抵制與敵視，在中華人民共和國建立以後，受馬克思學說影響的教師與上層決策者一樣對孔子抱有敵意。但在胡溫體制下的中國，學界政界如今將孔子視為治理人民的專家，為跨國關係規畫出基本的架構以及人性行為與道德的指導者。復甦的儒學研究不僅止於學術界的菁英，反倒掀起全國關注的熱潮。新生代學生組織起自己的學術研討會，廣泛邀請西方與臺灣的學者共襄盛舉。不論獨立研究者、還是任職於政府贊助機構或研究院的中國學者，在研究儒學的古典典籍外，也關注許多新出土的文本。這些出土文物不是經由盜墓者流傳於市，就是考古學者於華中地區的考古遺址所發掘出土。這些尚能辨識文字的竹簡，其年代最早可追溯至西元前三世紀。儒學研究的新發現與先前研究兩相呼應，相關出版品可謂備受關注。不論是獨立研究或是受國家贊助的學者，皆耗費許多精神以及運用相關知識去檢驗「儒學價值」本身在國家基礎上是否占據著核心位置，檢驗儒學是否能成為那些歷經啟蒙的人們心中的典範，或是在國家領導階層不斷強調與追求的「和諧社會」中成為一種模範。

近年來新興儒學研究的發展成果，被國內的商業巨擘與共產黨官僚體系挪用，引導他們在中國傳統信仰系統中的亂流中找出前進的方向。天資聰穎的新世代大學生不但願意投入精力研究儒學經典，儒學也成了談話節目中的熱門話題，而這門學科也透過這種方式，在閒暇的周末時間映入當今意見領袖的眼簾之中。新興儒學研究在海外的發展亦逐漸蓬勃，「孔子學院」也成了中國政府在包括美國、英國、歐洲與澳洲等西方社群廣泛建立的據點，學院將漢語訓練與中國歷史的分析相結合，以支持的眼光觀察中國目前的成就和意圖。從法國的啟蒙運動以降，儒學又再度走進世界的眼光。

當胡溫體制逐漸彰顯他們自身在統治上的個人特質時，必定會有一些特徵變得相當顯著。胡錦濤變得越來越像個形式主義者，立場強硬，致力於預防任何來自特定族群企圖顛覆國家的舉動。那些慘遭國家機器蠻橫剝奪財產，或是被富人排擠至社會邊緣的族群，皆站在國家的對立面，力求改革。對胡錦濤來說，人民的沉默意即安定的象徵。這概念也許早在他任職於中國最窮困的甘肅、貴州與西藏自治區時就已深植心中。

而此一想法也許正是為何胡錦濤不願意把手中大權草率交付給第五代領導集體，這個舉動也引爆了二〇一二年春夏之際所發生的詭譎政治事件。當時薄熙來在急遽發展的四川重慶市擔任市委書記，他是黨內人脈最廣泛、據稱也是手段最強勢的領導人之一。他企圖打入政治局中核心領導集體，但一切所作所為最終都只是失敗的政治操作。胡錦濤及其政治親信採取了一連串糾結且時至今日仍撲朔迷離的行動，拔掉薄熙來的市委書記之職，也讓他永久失去角逐第五代國家領導人的機會，無法進入即將在二〇一三年接班的領導集體中。

薄熙來在治理重慶所採行的政治舉措，包括重新使用一九六六年至一九七〇年之間文革最激烈時期所流行的極端口號、讚揚共產黨的紅歌以及以「打黑」為由進行的大規模的政治迫害（包括許多起死刑判決）。儘管薄熙來與崇尚毛澤東思想的父親薄一波在文革時期飽受迫害，但上述種種政策卻足以讓他的政治生涯留下一筆推行改革的經歷。直到二〇一二年為止，政府針對薄熙來政治迫害的調查尚未進入公開階段，但薄熙來與他的家庭成員以及他在國外的財經與法律專家親信顯然與此案關係匪淺。不論薄熙來做了什麼，他顯然都破壞了胡錦濤原先謹慎而不動聲色的自信，也干擾了在二〇一三年將權力轉移至第五代領導集體的既有計畫。

前總理溫家寶早期的政治生涯，是在胡耀邦與趙紫陽先後擔任總書記的時期，開始擔任中共中央辦公廳主任一職，經歷較為特殊。兩位政治前輩在大權旁落之前，皆願意支持較為彈性的經濟政策，至少在表面上也願意聆聽人民的聲音，並根據輿論調整決策。

溫家寶的外在表現顯然更為親民，甚至有點民粹主義的影子。在二〇〇八年春天前往汶川大地震震央視察時不禁掉淚後，他也成功地塑造出一種能夠放下身段、尊嚴，為社會悲劇流淚的形象。往後幾年，溫家寶也成為中國政府在面臨天災人禍時的對外發言角色。舉凡二〇一一年，中國引以為傲的高鐵發生的追撞事故、礦災以及大規模水汙染等等，都是溫家寶負責對外公關。然而，針對胡、溫兩人的行事作風，我們並沒有絕對的鑑別與定義標準。例如，二〇一二年就曾有某位知名維權律師獲准遷居美國，而且無論是國內外的中國藝術家也都獲准在一定範圍內保有自我表現的自由空間（並且能開設自己的工作室）。不過，我們顯然難以根據一定的標準定義這些舉措究竟應屬於誰的決策。

二〇一〇年末，溫家寶以促進雙方經濟互利的談話目的前往印度參訪時，他在演講時鋪陳的長久停頓，為的就是讚揚聖雄甘地為印度社會做出的道德與政治貢獻。他也同時強調，甘地在世時所信奉的價值，與中國所信奉的價值或有共鳴之處。雖然印度的文化與習俗也許和中國大相逕庭，但溫家寶在對話之間，選擇將中國放在一個非西方世界的脈絡之中，也建議中印之間可以考慮共同分享彼此擁有的知識與經驗的可能性。「世界有足夠的空間供中印發展，」溫家寶對他在臺下的中、印聽眾如此說道，「二十一世紀是亞洲的世紀，也是中印兩國大有作為的世紀。」[14]

在如今全球經濟現況與道德基礎已陷入危疑不安之際，我們已能更敏銳地觀察到中國從十七世紀中葉迄今陸續積累的一些課題，包括從女真入主建立清朝開始，到十九世紀中葉往後的百餘年間所受到的沉重打擊，以及實行各種社會實驗時所犯下的、有如排山倒海般的一個又一個錯誤。如今中國已經準備好與世界各國建立相當意義的夥伴關係，共同承擔風險與冒險犯難，一起構築屬於我們的世界史。

注釋

1 見勞倫斯・蘇利文（Laurence Sullivan），《中華人民共和國歷史字典》（*Historical Dictionary of the People's Republic of China*, Lan ham: MD, 2007），頁一一七。更多相關細節，請參見林和立（Willy Wo-lap Lam），《胡錦濤年代的中國政治：新領導，新挑戰》（*Chinese Politics in the Hu Jintao Era: New Leaders, New Challenges*, Armonk, NY: East Gate, 2006）

2 《經濟學人》，二〇一一年六月二十五日，頁四。

3 湯瑪斯・J・坎帕聶拉（Thomas J. Campanella）的《水泥巨龍：中國的城市革命及它為世界帶來的意義》（*The Concrete Dragon: China's Urban Revolution and What It Means for the World*, New York: Princeton Architectural Press, 2008）一書中，記載著優質的城市調查結果。

4 有關地震與救災行動的詳細說明，請見《伯克夏百科全書》（Berkshire Encyclopedia）的第二一七頁以及第二四三四頁的「汶川」以及「溫家寶」兩個條目。

5 潘公凱（Philip P. Pan），《走出毛澤東的陰影》（*Out of Mao's Shadow: The Struggle for the Soul of a New China*, New York: Simon and Schuster，2008），頁一九八，二〇三至二〇四。

6 有關趙紫陽喪禮的更多細節，見《走出毛澤東的陰影》，頁十五。

7 見蘇利文，《中華人民共和國歷史字典》「工業」條目，頁二七一。

8 《經濟學人》，二〇一一年八月二十七日，頁五八。

9 謝淑麗（Susan L. Shirk）編，《改變媒體，改變中國》（*Changing Media, Changing China*, Oxford: Oxford University Press, 2011），頁一五〇三。

10 前揭書，頁二〇三。

11 《紐約時報》，二〇〇九年十二月二十四日。憲章全文請見林培瑞（Perry Link）編，《沒有敵人，沒有仇恨——劉曉波選集》（*Liu Xiaobo: No Enemies, No Hatred: Selected Essays and Poems*, Cambridge: Harvard University Press, 2012），頁三〇〇至三一〇。

12 見蘇利文，《中華人民共和國歷史字典》，頁一二一至一二八。

13 有關藝術發展，見巫鴻（Wu Hung），《現代中國藝術的主要文獻》（*Contemporary Chinese Art: Primary Documents*, New York: Museum of Modern Art, 2012）；關於三峽大壩的社會成本，見季雲飛（Ji Yunfei），〈三峽大壩與遷移問題〉，《藝術季刊》第六十九期第三輯，頁七十三至七十八。（Ji Yunfei, "Three Gorges Dam Migration", *Art Journal 69*, no.3 (Fall 2010)）

14 《紐約時報》，二〇一〇年十二月十六日，頁B11；二〇一〇年十二月十七日，頁A8。

歷史與現場 273

追尋現代中國：從共產主義到市場經濟（三版）

The Search for Modern China (Third Edition)

作者	史景遷（Jonathan D. Spence）
翻譯（二版）	溫洽溢
翻譯（三版新增內容）	孟令偉、陳榮彬
審訂	陳榮彬
中英文校訂	臺大翻譯所團隊（黃怡瑋、吳侑達、蔣義、蔡惟方、Jonathan Siu Wai Lee Jr.、徐嘉煜）
責任編輯	蔡佩錦、石瑷寧、陳怡慈
執行企劃	林進韋
美術設計	SHRTING WU
內頁排版	SHRTING WU、薛美惠
協力美編	苗銀川
董事長	趙政岷
出版者	時報文化出版企業股份有限公司 108019 台北市和平西路三段240號1-7樓 發行專線｜02-2306-6842 讀者服務專線｜0800-231-705｜02-2304-7103 讀者服務傳真｜02-2304-6858 郵撥｜1934-4724 時報文化出版公司 信箱｜10899臺北華江橋郵局第99信箱
時報悅讀網	www.readingtimes.com.tw
電子郵件信箱	ctliving@readingtimes.com.tw
人文科學線臉書	http://www.facebook.com/jinbunkagaku
法律顧問	理律法律事務所｜陳長文律師、李念祖律師
印刷	勁達印刷有限公司
初版（原文二版）	2002年10月
二版一刷（原文三版）	2019年8月23日
二版六刷	2022年1月22日
定價	480元

時報文化出版公司成立於一九七五年，並於一九九九年股票上櫃公開發行，於二〇〇八年脫離中時集團非屬旺中，以「尊重智慧與創意的文化事業」為信念。

ISBN 978-957-13-7911-1｜Printed in Taiwan

追尋現代中國：從共產主義到市場經濟（三版）／史景遷（Jonathan D. Spence）著；溫洽溢, 孟令偉、陳榮彬 譯. -- 二版. -- 臺北市：時報文化, 2019.8｜面；14.8x21公分. --（歷史與現場; 273）｜譯自：The search for modern China｜ISBN 978-957-13-7911-1（平裝）｜1.中國史 2.中華人民共和國｜628.7｜108012389